高职高专汽车类专业技能型教育教材

汽车音响结构原理与维修

主　编　付百学　李　伟
副主编　邢　韬　吕德刚

机 械 工 业 出 版 社

本书共分五章，主要介绍了汽车音响的组成、分类及特点，汽车音响的配置原则及配置方案，汽车音响电路识读方法，汽车音响的结构与工作原理，汽车音响防盗与解码方法，汽车音响的检修以及汽车音响改装实用技术等内容。本书可作为高职高专汽车类专业（方向）的教材，还可供从事汽车音响技术应用与研究的工程技术人员参考阅读。

图书在版编目（CIP）数据

汽车音响结构原理与维修/付百学，李伟主编. —北京：机械工业出版社，2012.2（2024.8重印）

高职高专汽车类专业技能型教育教材

ISBN 978-7-111-36698-0

Ⅰ.①汽…　Ⅱ.①付…②李…　Ⅲ.①汽车-音频设备-结构-高等职业教育-教材②汽车-音频设备-检修-高等职业教育-教材　Ⅳ.①U463.67

中国版本图书馆CIP数据核字（2011）第257461号

机械工业出版社（北京市百万庄大街22号　邮政编码100037）
策划编辑：杜凡如　责任编辑：杜凡如　版式设计：张世琴
责任校对：申春香　封面设计：马精明　责任印制：郜　敏
北京富资园科技发展有限公司印刷
2024年8月第1版第9次印刷
184mm×260mm · 14.25印张 · 349千字
标准书号：ISBN 978-7-111-36698-0
定价：36.00元

电话服务
客服电话：010-88361066
010-88379833
010-68326294

网络服务
机　工　官　网：www.cmpbook.com
机　工　官　博：weibo.com/cmp1952
金　　书　　网：www.golden-book.com
机工教育服务网：www.cmpedu.com

前　言

随着国民经济的快速发展和人民生活水平的日益提高，汽车逐渐走进人们的日常生活。国内外汽车均安装了各种档次的汽车音响设备，以满足使用者的舒适需要。电子技术日新月异的发展和人们对生活质量的高追求，使得现代汽车音响设备不断采用新技术，将声音、图像、信息和通信融为一体，具有收音、CD、VCD、TV、导航、通信、传真、电脑等一系列综合功能，形成多功能、数字化、高性能、大功率的汽车多媒体音响系统。

本书介绍了汽车音响的组成、分类与特点，汽车音响的配置原则及配置方案，汽车音响电路识读方法，汽车音响的结构与工作原理，汽车音响防盗与解码方法，汽车音响的检修以及汽车音响改装实用技术等内容。在编写过程中从基本概念、基本组成入手，由浅入深地讲述，注重反映实用性，体现汽车音响技术最新发展动向。书中内容深浅有度，教学内容重点突出，内容层次结构合理，便于教学和自学。本书可作为高职高专汽车类专业（方向）的教材，对从事汽车音响技术应用与研究的工程技术人员也具有参考价值。

本书是机械工业出版社高职高专汽车类专业技能型教育教材，由付百学、李伟任主编，邢韬、吕德刚任副主编。编写分工：付百学（第1章1.1节和1.2节）、朴振华（第1章1.3节、第4章4.1节）、邢韬（第2章）、李伟（第3章）、吕德刚（第4章4.2节、4.3节、4.4节和4.5节）、俞小敏（第5章）。

由于编者水平有限，书中难免有错误和不妥之处，恳请广大师生和读者批评指正。

编者

目　录

第 1 章 汽车音响基础知识

学习目标：

- 了解汽车音响的组成和分类。
- 掌握汽车音响性能的评价指标。
- 了解汽车音响的特点和发展趋势。
- 了解汽车音响的配置原则。
- 掌握汽车音响的配置方案。
- 了解汽车音响电路图的类型。
- 掌握汽车音响电路的组成。
- 掌握汽车音响电路图的识读方法。
- 能结合实例识读汽车音响电路图。

随着数字音响技术的发展和人们对乘车舒适性要求的不断提高，汽车音响已由最初单一的汽车收音机、放音机发展为集视听娱乐、通信导航和辅助驾驶等多种功能于一体的综合性多媒体车载电子系统。激光唱机取代磁带播放机，成为中高档轿车音响的主流，MD 和 MP3 开始成为汽车音响的选装配置。大中型旅行客车和长途客车配置了带卡拉 OK 功能的车载 VCD 多媒体系统，部分高档轿车配置了车载 DVD 多媒体系统。更先进的汽车音响系统可以打电话、发传真、收发电子邮件，并兼有防盗、辅助安全驾驶等功能。

1.1 汽车音响的组成、分类与特点

1.1.1 汽车音响的组成

汽车音响主要由主机信号源、音频处理器、功率放大器、扬声器、视频系统（多媒体）、电源及供电电路等组成，如图 1-1 所示。其主要部件的车上位置如图 1-2 所示。

（1）主机（信号源） 主机是汽车视听系统的节目源，包括汽车收音机（调谐器）、磁带放音机、CD 唱机、车用 VCD 或 DVD 等。目前，普通中低档车用视听系统的信号源主要是车用收/放音机、VCD，高档汽车视听系统的信号源主要是收音机、DVD，还可选择 MP3 和 MD 唱机。

① 收音机是无线电波接收装置，专门接收广播节目，接收的信号有调幅（AM）和调频（FM）两种。调幅又分中波和短波。传统的模拟式收音机，一般用手调谐选台。数字式收

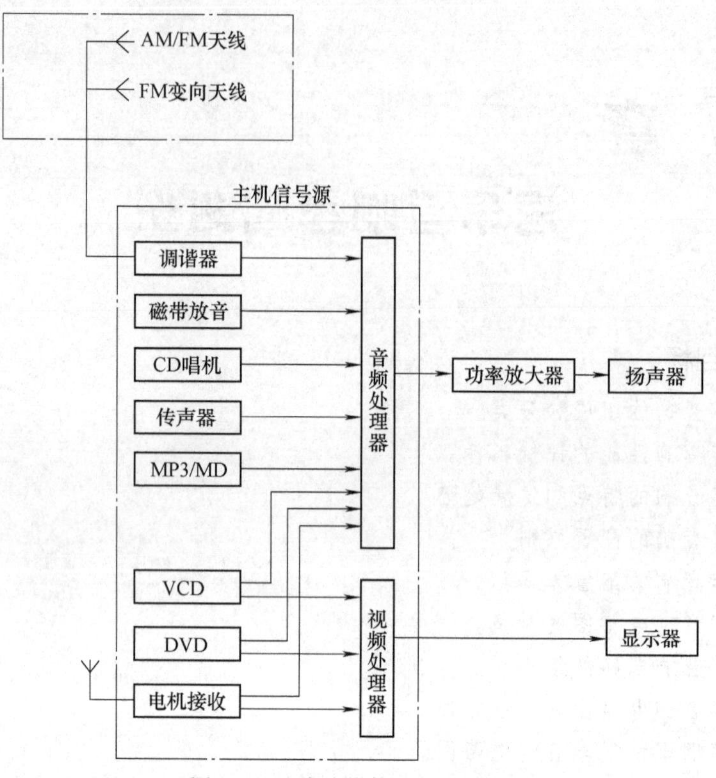

图 1-1　汽车多媒体的基本组成

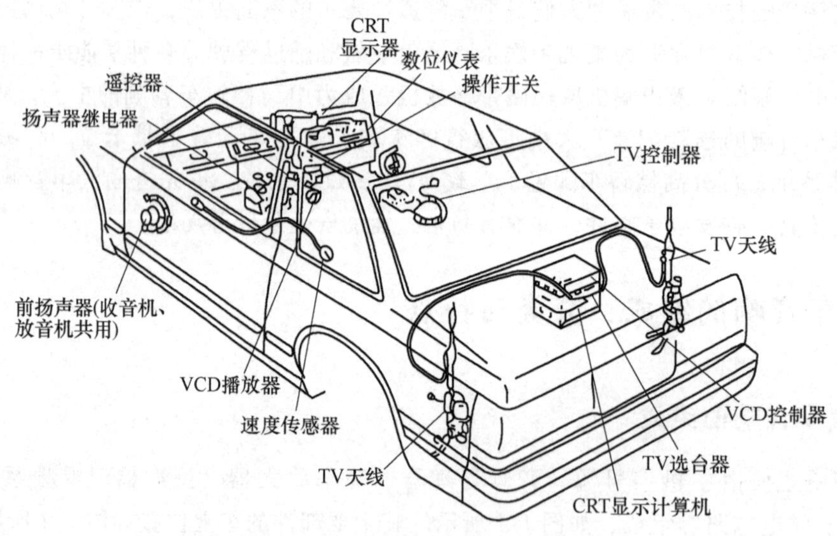

图 1-2　汽车多媒体主要部件的位置

音机是较高级的无线电接收装置，去掉了调谐部分的调台拉线，提高了调谐工作的稳定性，抗振动性能比模拟式好。数字式收音机内部由数字集成电路组成，内部电路输出选台、存储、控制及显示信号，一次可存储 12 ~ 44 个电台，并可实现遥控。

汽车收音机设有 AM 和 FM 波段。手动机械调谐式汽车收音机，FM 波段的高放、本振和混频都置于铁屏蔽盒内，称为 FM 高频头，输出 10.7MHz 的 FM 中频信号；AM 波段有关

元件都焊接在主电路板上。数字调谐式收音机，将 AM 收音电路和 FM 收音电路分别置于两个铁屏蔽盒内，输出经过解调的音频信号；一些集成度更高的机型，AM 和 FM 处理电路采用单片集成电路，将其做在一个铁屏蔽盒里，作为一个组件，输出 AM 和 FM 音频信号。

② 磁带放音机，其本身不带功率放大器和扬声器，用于盒式磁带放音，一般由机芯、电动机、磁头及放音降噪电路、自动选曲电路等组成。汽车磁带放音机没有录音功能，只是一个单卡的磁带放音部分，其机芯结构较家用卡座复杂，增加了磁带进出盒机构和自动返带机构。

③ 传声器将人的声音信号变成音频信号，经过功放电路放大后，即可通过扬声器播放，主要用于高档豪华大客车等。

④ CD 唱机即激光唱机，用于播放激光唱片，是融激光技术、精密伺服技术、微处理器技术和大规模集成电路为一体的高档多媒体系统设备。CD 唱机加载、卸载机构较复杂，有专门的减振系统，且电路板结构与家用 CD 唱机相比也有所不同。由于音响的体积已按 DIN 标准化，因此 CD 唱机与磁带放音不能做成一体。若需二者兼备，则常将主机做在标准盒内，将多碟连放的 CD 唱机放在行李箱内。

⑤ VCD 影碟机用于播放采用 MPEC-1 标准压缩编码的 VCD 激光影碟，其激光拾音器工作方式与 CD 唱机相同，机芯通用。VCD 影碟机增加了数字化音视信号解压缩功能，并经数模转换后输出模拟的声音和图像信号，VCD 影碟机兼容了 CD 唱机的功能。

⑥ DVD 影碟机即数字影碟机，采用 MPEG-2 标准压缩编码，解决了 VCD 影碟机图像清晰度不高等问题，是更高级的激光影碟机。

⑦ MD 唱机采用 ATRAC 技术（压缩比为 1:5），分可录型 MD（有磁头和激光头）和单放型 MD（只有激光头）。MD 是集磁、光、电、机于一体的高科技产品，其体积小、可反复擦录、编辑功能强大，具有 CD 唱机的音质和功能，成为现代汽车视听系统的选装配置。

⑧ MP3 唱机。MP3 是 MPEG-1 layer3 压缩格式（1∶10）的缩写，是数码技术和网络化的产物，同时 MP3 为计算机音频文件格式。生成的声音文件音质接近 CD，而文件大小却只有 CD 的 1/10。通常在 CD 机内集成 MP3 播放功能，用于播放 MP3 格式节目。

（2）功率放大器　功率放大器简称功放，将来自音源的节目信号或前级弱信号进行电压放大和功率放大，推动扬声器还原出声音。按功能不同，可分为前置放大器、功率放大器和环绕声放大器；按使用元器件的不同，可分为“胆机”（电子管功率放大器）、“石机”（晶体管功率放大器）和“IC 功放”（集成电路功率放大器）。

① 前置放大器　又称前级放大器，连接信号源及控制信号的开关，并对各种节目进行必要的处理和电压放大。前置放大器与信号源之间还要设置各种均衡电路，用于实现前、后级的阻抗匹配和频率补偿。

前置放大器主要包括输入电路、音调控制电路和线路放大电路等。输入电路对收音机、激光唱机或磁带送来的信号进行均衡和控制，包括阻抗和频率的均衡。音调控制对节目信号的各段频率成分进行提升或衰减，以满足欣赏时的不同需要。线路放大电路通常将弱信号放大到 0.2 ~ 1V，以便与功率放大器配接。

② 功率放大器对来自前置放大器的电信号进行不失真的电流和电压放大，形成强有力的信号去推动扬声器发声。其组成如下：

a. 等响度控制电路。对小信号中低频和高频部分进行补偿，以弥补人耳的不足；在大

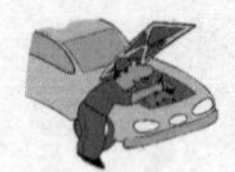

信号重放时，等响度电路不起作用。

b. 音量控制。用手动电位器、电子音量控制和伺服电动机等带动音量旋钮调节重放音量的大小。

c. 功率放大。将来自前置放大器的信号进行电流和电压放大，以推动扬声器发出声音。

d. 保护电路。由于功率放大器工作在大电流和高电压状态，重放时可能会出现过电流、过电压和过热等情况，该电路可自动进行断电，以保护放大电路和扬声器不受损坏。

③ 环绕声放大器。环绕声能使听众更具有临场感，使人在欣赏音乐时有被声音围绕的感觉。

a. 环绕声处理电路。其作用是利用信号延迟法产生环绕声效果。前方音箱重放正面声源，而环绕声处理电路输出经过延迟的环绕信号，以产生一种音乐厅堂的混响效果。

b. 环绕声放大器带动环绕声扬声器发声。环绕声放大器模拟反射声产生环绕声效果，其频响无需很宽，功率无需过大。

（3）扬声器　扬声器俗称喇叭，指主扬声器、环绕扬声器等，主扬声器中通常由低音扬声器、中音扬声器、高音扬声器和分频电路组成。一般环绕声只重放 7kHz 以下的反射声，故只需一只中低音扬声器即可。扬声器是将电信号转换成声音的电-声转换器件，是汽车音响系统的终端元件。

扬声器的种类很多，按换能机理可分为电动式（动圈式）、电磁式（舌簧式）、压电式等；按频响可分为高音扬声器（6～22kHz）、中音扬声器（200Hz～6kHz）、低音扬声器（16Hz～200Hz）和全频扬声器（20Hz～22kHz）；按结构可分为内磁式和外磁式；按外形可分为圆形和椭圆形扬声器；按阻抗可分为 4Ω、8Ω、16Ω 扬声器；按口径，圆形和椭圆形扬声器又可分为不同的口径系列。通常，扬声器口径越大，其功率越大，低频特性越好，但高频特性相对较差。目前汽车上因安装位置的限制，扬声器口径一般为 101.6～152.4mm（4～6in）。汽车音响一般采用电动、外磁式圆形或椭圆形扬声器，大多采用 4Ω 扬声器。扬声器接线柱常采用镀银（镍）铜排，以降低接触电阻，减小线损。

高档轿车的汽车音响安装有音箱，将音频信号转换为声音。目前，音箱根据箱体数量可分为 2.0、2.1、4.1、5.1、7.1 等多种类型。其中，“1” 声道可产生 20～120Hz 的超低音。常见的音箱控制框图如图 1-3 所示，由分频器、低音单元、中音单元和高音单元等组成。分频器将输入的不同频率的声音信号通过 LC 滤波电路分离成高音、中音和低音等不同部分，然后分别送入相应的高音单元、中音单元和低音单元重放。

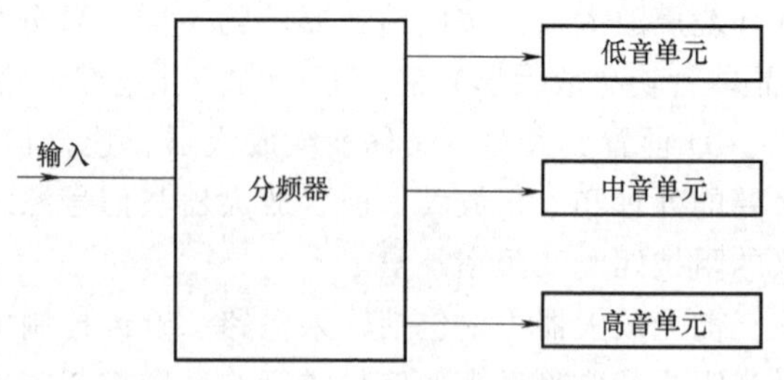

图 1-3　音箱控制框图

（4）视频系统　车载显示器是视频系统必不可少的组成之一，目前轿车 VCD 或 DVD 使用的显示器均为液晶超薄显示器，大型客车通常使用电视机。显示器安装方式有吊顶式、头式（适宜后排旅客）、遮阳板式、1DIN 隐藏式（多与节目源集成）和仪表板式等。节目源有电子观后镜、VCD/DVD、无线电视节目接收机和 GPS 电子地图等。电子观后镜即在车后方加装摄像头，可随时通过显示器判断车后情况。VCD/DVD 用于播放碟片。CD 唱机（CD 换碟机）加装 VCD 解码器或 DVD 播放器或 MP4 播放器，也可播放碟片，

观看丰富的数字节目。无线电视节目接收机加装电视调谐器即可收看无线电视节目。GPS 电子地图主要用于导航、定位等。目前主流 GPS 系统电子地图的显示均与视频系统集成在一起。

(5) 电子分音器　电子分音器用功率放大器放大声音，其功率越大，音质越差，原因是有少量串音也被放大。采用电子分频器，通过切割不同的频段，再送给功率放大器，可保证音源信号不受影响、准确地传输，对各频段可根据需要独立调整。

每个 8 度音程衰减或增加 6dB，其分音斜率为 6dB/Oct。每个 8 度音程即一个倍频程，在一个倍频程（Oct）中衰减 12dB，其分音斜率为 12dB/Oct。分音斜率越大，衰减越快，相邻的两组频率重叠部分越少，频率的划分越清晰。分音斜率越大，衰减电路越复杂。目前最多能做到 48dB/Oct。纯数位化均衡器与数位电子分音器可达到极大的分音斜率。

分频点是高低频率的分割点。电子分音器的分频点可自由调节，而套装扬声器分频器的分频点是固定的。电子分音器需要根据对一些参数的计算确定分频点。电子分音器的超低音部分有一标有 Shssonc 的旋钮，用于增加低频的亮度。Phase 是相位反转旋钮，用于低频。车载电子分音器的尺寸多为 1/2DIN（DIN 是指汽车中控台预留给汽车电器用品的标准安装空间）。

(6) 均衡器　均衡器对声音中各频率成分的幅度进行提升或衰减，改变音调，声音的品质也发生变化，使声音更动听。而电子分音器主要用于分割频率。

在较高级的音源（CD 主机）上有内置均衡器，一般为 3 段均衡（EQ3）、5 段均衡（EQ5）、7 段均衡（EQ7），但其效果不如独立的均衡器。常用的车载均衡器有 15 段均衡（EQ15）、31 段均衡（EQ31）。15 段均衡是按 2/3 倍频程将频率分割成 15 份，其起点频率从 31.5Hz 起，即 31.5Hz、50Hz、80Hz、125Hz、200Hz、315Hz、500Hz、800Hz、1250Hz、2000Hz、3150Hz、5000Hz、12500Hz 和 20000Hz。

均衡器在音频（20Hz~20kHz）范围内，使用倍频程对频率进行刻度，以有限的频点清楚地展示出各种测量值随频率的变化，音频的倍频程与音乐的音程有关。一个倍频程可分成 8 度音程（也叫音阶），改变一个倍频程等于改变 8 度音程。

(7) 汽车音响的电源及供电电路

① 汽车音响的电源。一般汽车音响采用车上不稳压的 12V 电源，因为蓄电池的充电状态、用电负荷、发动机工况等不同，电源电压可能在 10~15V 之间变化，因此汽车音响内都设有稳压电路，为功放以外的电路供电。也有极少数的高档大功率汽车音响采用了大电流、高效率的开关电源，能在蓄电池电压不稳的情况下输出稳定电压，并可正、负双向输出电压，功放电路可方便地接成 OCL 方式。

② 汽车音响供电电路。普通汽车音响正极只有一根供电端，若要求音响不受点火开关控制，可接车上蓄电池正极；若需用点火开关控制音响工作，可接在汽车的附件供电线上。高档汽车音响常有两路供电：一路标记 PERMANENT B+（或 BATTER），表示常供电（蓄电池）端，接车上蓄电池正极，为 CPU 供电，以维持 CPU 时钟工作和记忆用电；另一路标记 ACC（或 IGNITION），为附件（或点火）端。机型不同，这两个端子功能不同：

a. PERMANENT B+（或 BATTER）为主供电端，ACC（或 GNITION）为点火开关检测端，当未转动点火钥匙时，ACC 端无电，此时音响不工作或限时工作（如工作 1h 后自动关机）。

b. PERMANENT B+（或 BATTER）为辅助供电端，ACC（或 IGNITION）为检测端兼主

供电端，当未转动点火钥匙时，ACC 端无电，此时音响不工作或限时工作。

（8）汽车音响配线　汽车音响由线材连接，工作中大部分故障和噪声都产生于线材。因此对于汽车音响的安装布线提出了更高的要求。汽车音响的线材包括电源线、音频信号线、扬声器线、控制线和搭铁线等。

① 汽车音响配线

a. 线材电阻越小，线材上消耗的功率越少，系统效率越高。但即使线材很粗，扬声器本身也会损失一定功率，而不会使整个系统的效率达到 100% 。

b. 线材的电阻越小，阻尼系数越大，扬声器的赘余振动越大。

c. 线材的横截面面积越大，电阻越小，其容限电流越大，容许输出的功率越大。

d. 线材应尽量避免因太短接驳后再用，接驳处最容易发生故障。

e. 电源保险的选择。主电源的熔丝盒越靠近汽车蓄电池越好，保险值大小确定：

保险值 =（系统各功率放大器的总额定功率之和 ×2）/汽车电源电压平均值

② 音频信号线指 RCA 输出信号线，为有屏蔽层的同轴信号线，只作信号传递，不传送功率。

a. 用绝缘胶带将音频信号线接头处缠紧以保证绝缘。当接头处和车体相接触时，会产生噪声。

b. 保持音频信号线尽可能短。音频信号越长，越容易受到噪声信号的干扰。若不能缩短音频信号线的长度，超长部分需要折叠。其长度规格一般有 6m、5m、3m、2m、1m、0.5m 等，其中 5m 最常用。

c. 布线要离开行车电脑单元和功率放大器的电源线至少 20cm。若布线太近，音频信号线会拾取到感应噪声。应将音频信号线和电源线分开布在驾驶座和前排乘客座两侧。当靠近电源线、微型计算机单元布线时，音频信号线必须距其 20cm 以上，若音频信号线和电源线需要互相交叉时，应以 90°角相交。

③电源线

a. 电源线有总电源线和分电源线。若系统简单，只要有一根总电源线即可。若系统复杂，则需要分电源线和分线器，从分线器到各设备的分电源线的长度和结构应该相同。

b. 当电源线桥接时，各个功率放大器之间会出现电位差，从而导致交流噪声，严重破坏音质。当主机直接由电源供电时，会减少噪声，提高音质。

c. 总电源线应有熔丝管保护，熔丝管应尽量靠近电源。分线器本身有熔丝管，可保证分电源线安全。电源线的电流容量值应等于或大于熔丝管的值。

d. 线材规格的大小和所承受的功率有严格规定，线材规格以 AWG 或 g 标称。电源线的线号和功率的匹配参照表 1-1 。

表 1-1　电源线的线号和功率的匹配

线号/g	0	1	2	3	4	5	6	7	8	9	10
放大器最大功率/W	3000	2500	2000	1500	1200	1000	800	600	500	400	300

注：表中的功率放大器效率为 60% 的甲乙类功率放大器。

可见，一个带功率放大器的音响系统的电源线至少是 10AWG 线或更小号数的线。原车音响的电源线号大多在 16 ~20g 之间，所以改线很必要。若采用低于标准的线材作电源线，

会产生交流噪声，严重破坏音质。

e. 将蓄电池接头脏物彻底清除，并将接头拧紧。若电源接头很脏或没有拧紧，接头处会有接触电阻，导致交流噪声，严重破坏音质。用砂纸和细锉清除接头处的污物。

f. 当在汽车动力系统内布线时，应避免在发电机和点火装置附近布线，因为发电机噪声和点火噪声能辐射入电源线。当将原厂安装的火花塞线缆更换成高性能的类型时，点火干扰更强，更易产生点火噪声。

g. 在车体内布电源线和布音频线，遵循原则一致。

④ 扬声器线

a. 不同功率的扬声器应选择不同号码的扬声器线。高音扬声器的连接线要求选用 14 ~ 16g 号线，应注意“集肤现象”。中音扬声器的连接线要求选用 10g ~ 14g 号线，低音扬声器的连接线要求选用 10g 或更小号码的线。

b. 进入车门的线应注意保护，应考虑门的开闭和车窗升降对线材的影响。

c. 扬声器线与扬声器的连接应采用焊接。

d. 扬声器线均为双股线。通常两股线的颜色不同，或有不同的标识，代表两股线的不同极性，即 + 极、- 极。布线时应注意各连接点极性的统一。

⑤ 控制线

a. 控制线是音响各设备的开机信号线，通常从 CD 机头引出，使各设备的开关受 CD 机头控制。若 CD 机头上无此线，可在汽车的 ACC 线上引出。禁止用扬声器信号做控制信号。

b. 有些系统，CD 机头输出的开机信号的电流太小，而后级设备需要稍大的电流起动。此时可使用一个继电器解决该问题。首先从主电源线上分一根线连接继电器的电源输入端，继电器的另一输出端连接后级设备的控制线输入端，将 CD 机头的信号输入到继电器内，使继电器工作，将主电源线上的电流引入后级设备的控制信号输入端，使后级设备开启；反之，继电器不工作，后级设备关闭。

⑥ 搭铁线（接地线，即接汽车金属构架）

a. 搭铁线与电源线同样重要，尽量选用与电源线同粗的搭铁线。

b. 搭铁线布线方法。用砂纸将车体搭铁点处的油漆去除干净，紧固搭铁线。若车体和搭铁端之间残留车漆，则会使搭铁点产生接触电阻。与脏污电源接头类似，接触电阻会导致交流噪声，从而严重破坏音质。

c. 将音响系统中各个模块的搭铁集中于一处。否则，音响各组件之间存在的电位差会产生噪声。主机和功率放大器应分别搭铁。复杂系统，应使用分线器，各分搭铁线通过分线器合成一总搭铁线搭铁，搭铁线的分线器上没有熔丝（电源分线器上有熔丝）。

d. 不要靠近行车电脑布线。主机搭铁点靠近行车电脑搭铁点或固定点时，会产生行车电脑噪声。

e. 搭铁点应尽可能靠近搭铁线输出点，使搭铁线最短，搭铁线过长会增加噪声产生的可能，同时增加电阻。

（9）熔丝　熔丝用于保护原车的电源、电器设备和音响系统。在车上加装有独立电源的音响设备（包括其他电器设备）必须在电源与设备之间加装负载值正确的熔丝，过大不起保险作用，太小容易烧毁。熔丝和功率的匹配见表 1-2（电压为 14V）。

表 1-2 熔丝和功率匹配表

熔断电流/A	5	7.5	10	15	30	50	60	80	100	120
功率/W	35	55	70	105	210	356	420	560	700	840

使用比推荐值略小的熔丝会更加安全。当一条熔丝熔断时，用相同规格的熔丝更换后，若很快又烧毁，应查找问题出处，而不能换上更大规格的熔丝。熔丝分塑料熔丝和玻璃管熔丝两类。

① 塑料熔丝

a. 微型熔丝。微型熔丝在汽车中广泛使用，负载为 2～30A，用各种颜色标识负载值。

b. ATC/ATO 熔丝。其外形尺寸比微型熔丝稍大，透明，可直接看到熔丝部分的情况，负载值和微型熔丝相同。目前使用量超过了微型熔丝。

c. MAXI 熔丝。其外形尺寸比 ATC/ATO 熔丝大一倍，其负载值为 20～80A。

② 玻璃管熔丝

a. AGC 熔丝。该熔丝普遍用于主机、解码器显示器等电流较小的设备电源线上。外形尺寸一般是直径为 6.3mm、长为 20mm，而直径为 5mm、长为 20mm 的，多用于美国设计的汽车音频设备，负载值为 2～20A。

b. AGU 熔丝（保险胆）。在音响的改装中最常用到，外形尺寸直径为 10mm、长度为 37mm，负载值为 10～80A，可高达 120A，AGU 熔丝常用熔丝盒或熔丝管。

熔丝盒为开放式，有利于散热，但不防水；熔丝管为密封式，有利于防水，但散热困难。

1.1.2 汽车音响的分类

汽车音响主要有卡带机、碟片机两种类型。卡带机采用模拟技术，用录音磁带作为音源；碟片机采用数字技术，其音源有 CD、MD、MP3、VCD 和 DVD 等。汽车音响按档次的高低分普通、中级、高级和超高级 4 种类型。

（1）普通汽车音响　用于普通型车辆，原车安装和市场零售较多。机体质量较轻、机内线路布局比较单一，主要特点如下：

① 电位器开关启动电源。

② 微型压动开关完成收音与放音转换。

③ 采用单片功放电路设计。

④ 微型压动开关完成 AM、FM 频段的转换。

⑤ 采用基础型放音机械。

⑥ 采用刻盘指针移动指示选台位置，通过调谐器电感量的变化进行选台。

（2）中级汽车音响　多数系原车安装，少量市场零售，机体较重，机内线路布局相对合理，特点如下：

① 电位器开关启动电源。

② 微型压动开关完成收、放音电路的转换。

③ 采用双片功放电路设计。

④ 电子电路控制 AM、FM 等频段的转换。

⑤ 采用基础型音响机械。

⑥ 数码电路控制显示器。

⑦ 计算机自动完成选台。

（3）高级汽车音响　原车安装，一般机体较重，机内线路及放音机械整体结构复杂，主要特点如下：

① 电子电路控制机器电源开关。

② 电子电路控制收、放音转换。

③ 功放电路设有单片、双片、4 片和 8 片。

④ 电子电路控制 AM、FM 等频段的转换。

⑤ 放音机械与原机设计相配套。

⑥ 数字电路控制显示器。

⑦ 计算机自动搜索完成收音机选台。

（4）超高级汽车音响　CD 唱机与收放机共用功放电路，包括单碟、6 碟和 10 碟等，主要特点如下：

① 单碟机。由收放机主机控制。

② 多碟机。由脉冲电路控制（主机直接控制）或无脉冲电路控制（遥控器控制）。

1.1.3　汽车音响性能评价指标

（1）灵敏度　指收音机接收微弱信号的能力，表示在规定的音频输出信噪比下，产生标准功率输出所需要的最小输入信号强度。灵敏度数值越小，灵敏度越高，调谐器性能越好。高级汽车音响，AM 收音机灵敏度在 15μV（信噪比为 20dB 时）以下；FM 收音机灵敏度在 1.5μV（信噪比为 30dB 时）以下。

（2）信噪比　即放大器输出的声音信号功率（或电压）与噪声功率（或电压）之比。信噪比越大，汽车音响性能越好。高级汽车音响，磁带放音机信噪比大于 50dB；AM 收音机信噪比大于 45dB，FM 收音机信噪比可达到 60dB；CD 唱机信噪比可达到 90dB。

（3）失真度　指谐波失真，又称为谐波畸变。音响系统重放后的声音比原输入信号多出的谐波成分，由放大器的非线性引起。失真度常用各谐波成分之和的有效值与原信号有效值的百分比表示，又称为总谐波失真。除谐波失真外，还有相位失真、音调失真和瞬态失真等。高档汽车多媒体系统，收音机的失真度在 0.1%（1kHz，1W）以下；CD 唱机的失真度在 0.01% 以下。

（4）输出功率　标称输出功率即额定输出功率，指应该达到的最低限度的不失真输出功率。普通汽车多媒体系统输出功率在 2×10W 左右，中高档汽车多媒体系统在 4×30W 左右。

（5）选择性　指收音机选择不同电台，分离邻近电台的能力。将收音机调谐在某一电台信号频率上，再将收音机调偏规定的频偏 Δf，逐渐加大输入信号强度，使收音机达到标准功率，此时的输入信号强度与调谐时的信号强度的比值换算成分贝，即收音机选择性的标称值。高档汽车音响系统，AM 收音机的选择性可达到 40dB；FM 收音机的选择性可达到 70dB。

（6）抖晃率　放音时，磁带经过磁头时产生的不规则运动，引起放音信号频率的变化称为抖晃率。抖晃率一般在 200Hz 以下。

(7) 整机频率特性　又称频率响应特性或有效频率范围，指汽车音响能够重放音频信号的频率范围及在此范围内允许的振幅偏离量。汽车音响的频率范围越宽、振幅偏离越小，则频率特性越好。高级汽车音响的频率响应可达到 20Hz ~ 20kHz。

(8) 左右声道串音衰减　又称为立体声分离度，指立体声放音设备的左、右声道信号互相串扰的程度。若分离度过小，立体声效果将被减弱。高级汽车多媒体系统，磁带放音机的左、右声道分离度可达到 40dB；FM 收音机的立体声分离度可达到 35dB；CD 唱机的左、右声道分离度可达到 75dB。

(9) 带速误差　磁带放音机以 4.76cm/s 恒速走带，采用这一恒速走带标准，不同磁带的节目信号间才能互换使用。带速误差以磁带的实际走带速度与标准走带速度之差的百分比表示。高级汽车音响系统带速误差为 ±1.5%。

(10) 计权　由于人耳对声音的反应受多种因素影响，测量时若加入听觉校正电路，则称为计权。常用的计权电路有抖晃计权电路、315Hz 计权电路（Y 电路）和 A 计权电路。

1.1.4　汽车音响的特点

(1) 电话减音功能　当使用车载电话时，此功能会自动调低系统的声音，或使系统处于静音状态。当电话中断后，主机自动恢复原来音量。

(2) 驾驶座声场模拟系统　根据驾驶人的选择，将左方、右方扬声器发出的声音延迟若干秒，模拟出一个驾驶座在中央的声场，以使音质定位达到完美的境界。

(3) DSP（数字信号处理器）　由于各种汽车的音响环境、声音都不够完美，因此需要用 DSP 进行声场校正。

(4) 智能语音识别系统　一些高档音响装备有语音识别系统，能根据人的语音进行操作。驾驶人驾驶车辆时，能通过语音命令直接进行视听音响系统的操作。

(5) CD/VCD/DVD 采用防振系统　减振装置主要是防振悬架系统和电子减振系统。防振悬架包括拉簧、气囊（或橡胶阻尼）及硅油减振器等，能衰减振动。电子减振系统采用大容量的缓冲存储器预读数据。一般车用 CD 唱机采用弹簧、气囊双重避振方式缓冲行车中的振动，更先进的则采用电子避振系统（ESP）。

(6) 与导航系统兼容的 DVD/VCD 系统　高档轿车的 DVD/VCD 视听系统也是车载卫星导航系统的一部分，当放入数字地图光盘后，显示器将显示数字地图，配合导航系统，实时指出汽车行驶路线。

(7) 具有安全功能的 DVD　高档轿车的 DVD 系统，当车辆处于行驶状态时，驾驶人仪表板处的显示器将不会播放视频信号，以免影响驾驶人安全行车。

(8) 采用蓄电池供电　除大型载重汽车外，汽车音响一般为负极搭铁，用 12V 或 24V 直流供电。为了提高输出功率，通常采用低阻抗（4Ω、2Ω 或 1.6Ω）的扬声器。因此，要求汽车音响的功放大电流线性良好、饱和压小、效率高，并具有过热短路保护等措施。

(9) 可伸缩的液晶显示器　液晶显示器为了不占用仪表板位置，通常设计成内藏式。当需要使用显示器时，显示器自动伸出，再翻转到合适的角度。

(10) 具有夜间灯光照明功能　汽车音响设有夜光照明按键，以照亮各按键的操作字符、旋钮位置等。液晶显示器照明，要求从各个角度观看均无反射光。某些高档汽车音响还

设有灯光照明亮度选择键，按键外壳要求亚光、无极光。

(11) 控制面板具有防盗功能　许多高档汽车多媒体系统的控制面板具有熄火隐藏或可拆装功能。对于可隐藏式面板，当关闭点火开关时，液晶显示控制面板变成黑色（与仪表板同色），以避免引起盗贼注意。装用可拆式面板的主机，当驾驶人离开汽车时，可取下音响系统主机的控制面板，即使盗贼拿走主机也无法使用。

(12) 使用密码和其他高新防盗技术　目的是使汽车音响被盗后无法使用。主要有两种类型：

① 当汽车音响被盗时，其主要部分变为不可拆卸或强行拆下即损坏。通常采用电磁铁及其他机械锁定装置。

② 设定密码，当设定密码并进入防盗警戒状态后，只要系统电源被切断，即使重新接通电源，音响系统不会再工作（锁止）。只有输入正确密码后，音响系统才能恢复工作。当输入密码错误时，音响系统不工作，且处于休眠状态，即便再输入正确的密码，音响系统仍处于休眠状态。

(13) 天线系统　汽车音响采用金属外壳全封闭式结构，起屏蔽效应，必须用外接天线。由于汽车的移动性，也不宜采用带方向性的天线。汽车音响天线的类型如下：

① 车窗外装拉杆式天线。装在车头或前窗左侧，常带有三节拉杆，全部拉出时长度为 1.2~1.4m，也有些货车和大型客车采用单节天线，长度约 0.8~1m。天线材料一般采用不锈钢或镀铬铜管。

② 车头或车尾内装天线。内装天线分手动和自动两种，手动天线装在左前翼子板内，用时用手拉出，共 3 节，拉出总长度为 1~1.1m；自动天线装在左前翼子板或车后尾部，为 3~5 节，音响开机时给天线提供电源，天线底部的小电动机运转，天线自动伸出，关机后天线缩回。

③ 玻璃夹层天线。安装在后风窗玻璃夹层中，对汽车外观无影响，且天线永不磨损。与拉杆式天线相比，其电性能在 AM 时稍差，灵敏度要低 5~10dB，要加一级无线信号放大器。放大器多安装在 C 柱护板内，与之配套的汽车音响常标有“窗式天线专用”字样。

(14) 其他特殊功能　部分高档汽车音响还具有多功能大屏幕 LCD 以及线路输出（LINE OUT）端口，LINE OUT 端口可连接大功率专用汽车音响功放。部分高档汽车音响具有遥控及 I^2C 总线控制功能，使汽车音响的音量调节、高低音调节、音量平衡调节等实现数字化。

1.1.5　汽车音响的技术发展情况

1. 车载调谐新技术

数字无线信号传送是车载调谐器发展的动向，这是一项革命性的技术，它将具有 CD 质量的声音传送给收音装置，提供可以重新配置的计算解决方案，提供全部可编程的片上系统（SAC），而且高效、低能耗，更节省材料。有助于进一步实现诸如电子地图、卫星广播（XM、Sirus、H Radio、DAB、Word Space 等）以及数字视频广播等车载信息娱乐技术。这些卫星无线信号应用程序中，有的还能接收为某辆车定位发送的信号，可获得实时天气预报和交通状况信息。另外，导航系统能够利用此项技术在车辆被窃或发生紧急情况时搜寻车辆下落或救援。如德尔福的卫星数字调谐器可接收 100 个频道的卫星广播娱乐节目，用户看到的调谐器界面仍然十分简单，与普通 AM 调谐器相类似，区别在于它装有 CRT 或 LCD 显示器，同时可提供更多的附加信息，如频道、音乐类型、歌曲和艺术家名字等。

2. 汽车放音新技术

汽车音响的放音技术向数码技术方向发展。高级汽车音响带有 DAT 数码音响、DSP、MP3 技术等，形成了数字化、逻辑化、大功率的 Hi-Fi 立体声系统。汽车音响的音质优劣除了主机配置外，扬声器非常重要。因为优质扬声器需要复杂的技术，价格昂贵，但其产生的高、低音效果普通扬声器无法达到。轿车车厢空间有限，汽车音响扬声器不可能带大音箱，需要利用仪表板、车门、后围隔板等部件与扬声器有机地结合，形成一种类似音箱的构造原理，消除声波的相互叠加现象。扬声器的安装位置影响汽车音响的音质效果，同一对扬声器在不同的安装位置会产生不同的效果。

轿车音响向大功率、多路输出、多扬声器环绕音响、多碟式 CD 等方向发展。世界音响制造商针对轿车的特殊环境，充分考虑车厢的音响效果，采用高新技术制造轿车音响设备，其播送的音响效果完全能与家用音响相媲美。如 LS400 型轿车的 AM/FM 音响系统有 5 个放大器，7 个分频扬声器（包括 2 个拱形高频扬声器、4 个宽频带扬声器和 1 个后装式低频扬声器），使整个车厢充满立体声的环绕感受。

3. 汽车激光唱机和视频新技术

汽车音响的发展趋势从机械式转向电子式，即不使用机芯，而使用存储卡；不采用机械控制，而采用电脑控制。如德尔福公司开发的全新汽车内置后座音响和可视系统，具有许多先进的技术，可在欣赏者周围产生令人震撼的动听乐色，并具有完整的中央频道为驾驶人和乘客带来图像效果，可根据各种车辆的特殊要求进行定制，并使用了波尔克动态平衡变频器技术和宽带变频器以及数字信号处理系统。该系统能和车顶内饰有机结合，让坐在后座的乘员也能欣赏 DVD 电影、看电视和玩游戏。液晶显示器直接安装在车顶内饰上，在播放时，显示器能向下翻转，平时显示器折叠存放。声频/视频控制面板与显示器相邻，包括耳机插孔、音量调节和游戏机接口。DVD 播放机和车辆本身的接收器集成，可插在特定的安装槽中，能播放 DVD 碟片和音乐 CD，并拥有红外线遥控功能，能与汽车现有的音响设备集成，并与电视、游戏机兼容。

4. 多媒体汽车音响

汽车音响采用多媒体技术，如阿尔派 CVA-1004 多媒体音响系统，将车用影音系统控制电路、LCD 显示器、四声道功放电路等组合在一起，预留了多种输入和输出接口，包括 XM 卫星广播接收机的接口、卫星定位系统接口、大容量硬盘驱动器接口、DVD 转换播放器接口以及前级输出接口等。

① 具有四声道功放电路，其输出功率为 4×45W，为高性能的 MOS 场效应管功放电路，能驱动目前配置的标准车用扬声器放音。此机还具备超低音电平控制功能，可方便地控制超低音信号的强度，以便在车内得到强劲的低音效果。

② 采用 6.5inLCD 显示器，可自动收回和伸出，以调整视角。增加了无线遥控功能的接口，可外加无线遥控器控制整机工作。

③ 具有 DVD 转换播放器控制接口和 AV 输入接口，能外加影音信号源设备，能播放 DVD、CD 光碟。

④ 预留的 XM 卫星广播接收机接口，能使车用音响系统升级，接收卫星广播的最新高

保真音乐节目。

⑤ 预留的硬盘驱动器接口，能使车内增加一个大容量的影音信号源设备，硬盘驱动器可录入数千首音乐节目，或若干部电影的影音视频信号。

⑥ 预留的卫星定位系统接口，能使工作站成为卫星定位系统的一部分，LCD 显示器能清晰地显示汽车所在位置。

⑦ 具有高低音调节和总音量控制功能。LCD 显示器可显示工作状态和参数，显示 TXT-CD 的文字和字符。

⑧ 可增加阿尔派的电视调谐器，以便在车内收看电视节目。

阿尔派汽车多媒体音响系统能代表目前车用影音设备的发展方向，即多功能、大容量数码存储、带卫星定位系统、具备升级的多种接口和预留的控制操作功能，连接因特网功能，以便收听和收看网上节目等。

5. GPS 导航系统汽车音响

VM-680TV 音响为驾驶人提供了五位一体的娱乐平台，具有放碟片、看电视、听音乐、收广播、打游戏等功能。播放电影时，广视角的彩色液晶屏能播放出高清晰的画面，色彩鲜艳、层次丰富、动感十足，乘车者从各个角度都可欣赏到逼真的图像。该系统向下兼容 VCD/CDIP3/CD-ROM 等碟片，抽屉式 10 碟设计，换碟轻松快捷。播放 CD 或 MP3 音乐碟时，其四通道功放通过数字环绕声技术，营造出完美的音场效果。该系统具有电视接收功能，可使用户及时掌握时事新闻。

总之，汽车音响向多媒体、多功能、使用便利的方向发展，随着电子技术和计算机技术的不断进步，汽车音响的功能将进一步得到完善。

1.2　汽车音响的配置

1.2.1　配置原则

音响包括声音再现系统（即音响设备），与听音环境有关，同时也是人耳对听到声音的主观评价。由于车内空间狭小，同时存在各种噪声以及由驻波引起的共鸣，音响环境相对较差。汽车音响配置原则如下：

1. 系统平衡原则

（1）价格平衡　汽车音响的档次要与汽车的听音环境相配合，例如：高档轿车通常车内噪声较小，车体较厚，隔音效果好，可配置高档音响。

（2）匹配平衡　音响各组成部分，即主机、功率放大器、扬声器和线材等，要进行合理选择与使用，切忌某一部分使用相差悬殊的设备器材。

2. 大功率输出原则

一套音响系统，主机或功率放大器的输出功率一定要大，输出功率越大，能控制的音频线性范围越大，驱动扬声器的能力越强。小功率放大器易引起声音失真，还会烧毁功率放大器或扬声器线圈。

3. 音质自然重放原则

音响系统频响曲线的平滑性是评价音响优劣的主要参数。

1.2.2 汽车音响配置的构成

1. 音源（主机）配置

根据汽车中控台给定的位置确定使用 1DIN 或 2DIN 规格的机头，再对功能进行选择。若使用前置信号输出，即 RCA 信号输出，应考虑其输出组数：

（1）1 组 RCA 输出　其后级（功率放大器）只有两路 RCA 输入，即只有左、右声道分离。

（2）2 组 RCA 输出　其后级（功率放大器）为四路 RCA 输入，即前左、前右、后左、后右四声道分离。

（3）3 组 RCA 输出　其后级（功率放大器）为四路 RCA 输入，另外加了两路低音输出。

若要求较高，可使用电子分音器。应注意音源输入和处理过的信号，输出到功率放大器的连接组别要对应。若后级功率放大器只有 1 组 RCA 输入，采用电子分音器时，应使用多台功率放大器与之对应。

2. 功率放大器和扬声器配置

（1）阻抗匹配　若功率放大器的阻抗为每声道 2Ω，相关扬声器的阻抗应为 2Ω；若选用 4Ω 的扬声器，则功率将减半；若选用 1Ω 的扬声器，则功率放大器发热，以致烧毁。

（2）功率匹配　功率放大器的持续输出功率稍大于扬声器的功率（大于 25% 最佳）。例如：功率放大器的持续输出功率是 200W，而扬声器的功率是 300W，当调音调至功率放大器的满负荷 200W 时，而扬声器还有 100W 的余量；若不清楚功率放大器已到极限，继续加大音量，此时输出功率超过功率放大器的持续输出功率，产生失真。失真信号是一种类似直流的电信号，容易烧毁扬声器的音圈。若条件所限，只有小功率的功率放大器配大功率的扬声器，则应注意控制音量，防止失真。扬声器采用交变电源供电，禁止使用直流电源。通常用小电池，只能以触碰的方式测试扬声器，不能长时间通电。

（3）频率匹配　功率放大器常采用全频段功率放大器，很少用低音专用功率放大器。低音专用功率放大器只用于低音，其输出信号频率在 250Hz 以下，而中高音扬声器不能重放低频。全频段功率放大器有低频段和中高频段、全频段的选择，即高频信号通过 HL（高通），全频段信号通过 OFF（全通），低频段信号通过 LP（低通）。低音专用功率放大器只在特定条件下使用。

1.2.3 配置方案

1. 主机 +4 扬声器

配置方式如图 1-4 所示，主机内置功率放大器直接输出四路高电平信号至两对扬声器重放。通常原车都采用这种简单的配置。受主机内部空间限制，其效果达不到外置功率放大器的强劲及高清晰的解析度。

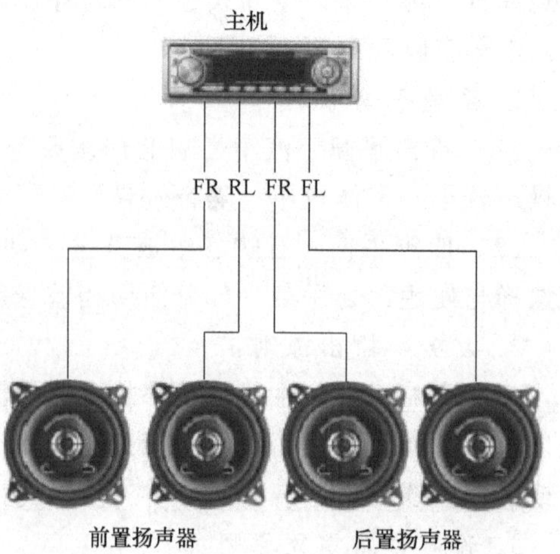

图 1-4　主机 +4 扬声器

2. 主机 +4 路功率放大器 +4 扬声器

配置方式如图 1-5 所示，前置扬声器用套装，以获得较好的声场定位；后置扬声器采用低音较好的扬声器，使声音更饱满。该配置方式最常见，适于欣赏传统音乐、流行歌曲、交响乐等的中高档轿车。

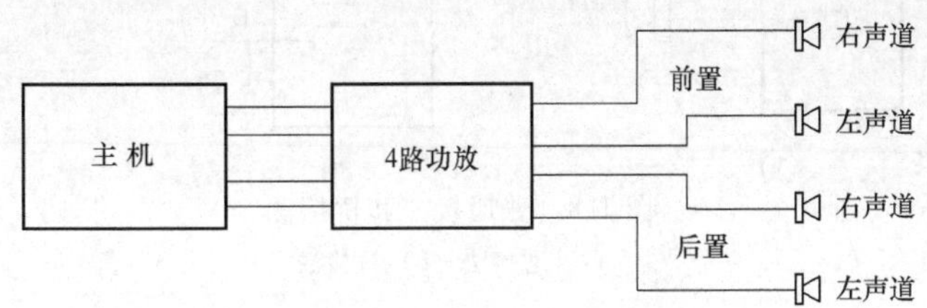

图 1-5　主机 +4 路功率放大器 +4 扬声器

若主机只有 1 组（2 路）RCA 信号输出，如图 1-6 所示，可用 2 根分音线分成 4 路输出，其左、右声道不能调节。使用分音线分音后，得到的电平值只有原来 RCA 信号的 1/2，增益控制要适当增量，否则会影响系统的信噪比。

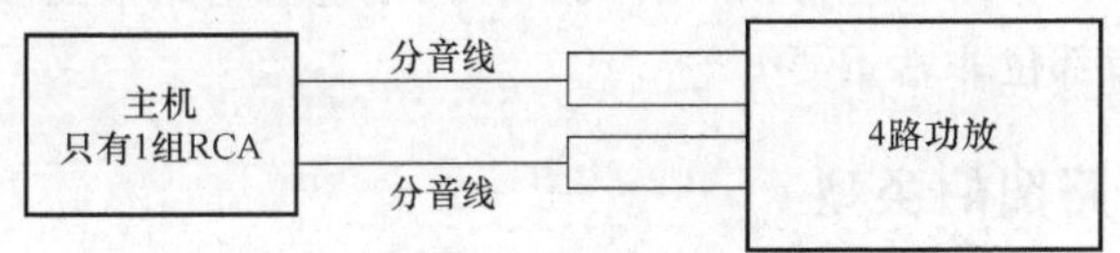

图 1-6　只有 1 组 RCA 的主机输出

3. 主机 + 功率放大器 +4 扬声器 + 超低音扬声器

配置方式如图 1-7 所示，为较高级配置，从高音到低音效果都很好。4 声道功率放大器具有无衰减前级输出，系统具有扩展超低音（BASS）特性。装有超低音的系统最适合于播放爵士乐、摇滚乐和重金属音乐。某些中档车型为消除噪声，提高低音部分的声压级，也采用此种配置方式。

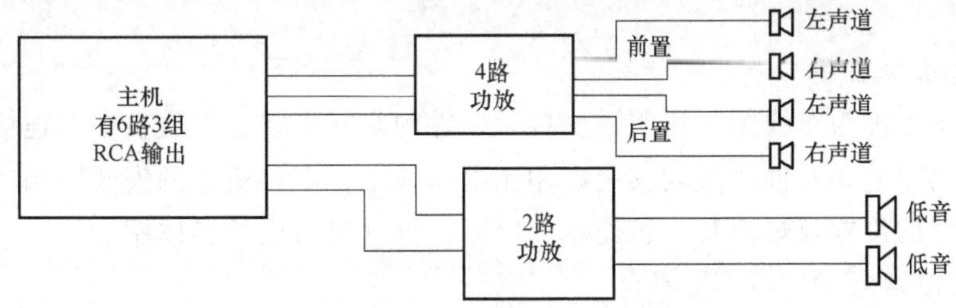

图 1-7　主机 + 功率放大器 +4 扬声器 + 超低音扬声器

功率放大器通常为 2 路输出，如图 1-8 所示。超低音扬声器通常只用 1 只。桥接可在功率不增加的情况下声功率增加 1 倍，输出阻抗减少 1/2。而普通接法，只接在一路输出上，另外一路未接的电功率会转换成热能，易烧毁功率放大器。

4. 主机 + 电子分音器 + 均衡器 + 大电容 + 若干个功率放大器 + 若干扬声器 + 若干低音扬声器

该类组合较复杂，常用于比赛用样车。不要求做到配置平衡，应计算各输出部分的功率、频率的分配及声场的布局，以决定相应配置。

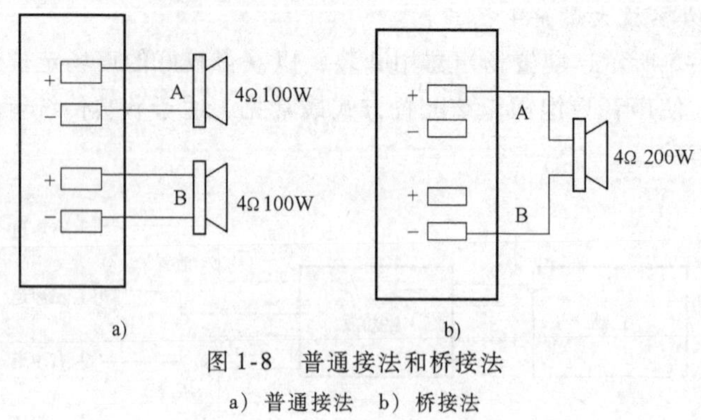

图 1-8　普通接法和桥接法

a）普通接法　b）桥接法

1.3　汽车音响电路识读

虽然不同厂家、不同机型的汽车音响采用了不同的电路及元器件，但其所处理信号的流程相同，其基本电路结构一致。检修汽车音响时，熟记整机电路框图和电路原理，清楚信号流程，对快速判断故障部位非常重要。

1.3.1　汽车音响电路图的类型

汽车音响电路图分框图、安装图和电路原理图三种类型。

1. 音响电路框图

电路框图用方框和连线表示电路的工作原理和构成概况，用于表示某一部分（单元电路）的电子线路的组成及其关系。每一部分可用一个方框表示其功能，每一方框再用文字或符号说明，各方框之间用线条连接，表明各部分的相互关系。不必画出元器件及其之间的具体连接情况。方框图可清楚地表示出各部分的关系，便于从整体布局上掌握汽车音响电路。

2. 音响电路安装图

电路安装图也称为布线图，用于说明各元器件的实际形状、在设备中的连接方式和安装位置。目前电路中的元器件一般均安装在印制电路板上，电路板上的安装图用实物或符号表示出每个元器件的位置及焊接孔。较简单的电路，可画出对应的实体图。

3. 音响电路原理图

电路原理图说明电路元器件之间、执行电路之间、单元电路之间、元器件和单元电路之间的连接关系及工作原理，是设备调试与维修的依据。电路原理图中各个元器件旁注明了元器件的代号（或参数值），借助原理图分析电路中电流的走向，即可了解电路图对应设备的工作原理。

1.3.2　汽车音响电路的组成

汽车音响电路主要由电源稳压滤波电路、放音机芯、前置放大电路、开关及音量调节电位器、功率放大器、收音电路、音箱及天线等组成。

1. 电源稳压滤波电路

我国汽车电路均为负极搭铁，从汽车音响内引出的黑色电线为负极搭铁线。汽车音响的电源稳压滤波电路如图 1-9 所示。

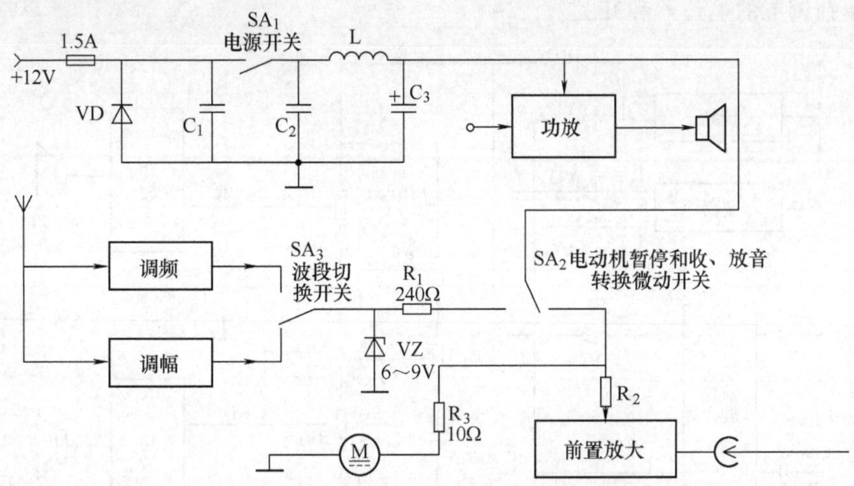

图 1-9　汽车音响电源稳压滤波电路

+12V 电源引入线上装有 1.5～2A 熔断器，在机壳外面的塑料熔断管内，线的颜色多为红色或蓝色。L 为滤波电感。二极管 VD 是电源极性反接保护二极管，正常时处于截止状态，一旦电源极性接反，将正偏导通，使熔断器熔断，以保护汽车音响电路不致受损。

当 SA_2 处于放音位置（磁带进入盒舱到位后）时，电源经 SA_2 给电动机和前置放大电路供电；当 SA_2 处于收音位置（磁带从盒舱内弹出后）时，电源经 SA_2 和由 R_1、VZ 组成的稳压电路对收音部分供电。

数控音响微处理器的供电多采用 5V 电源，由三端子稳压块或分立元件组成的简易串联型稳压电路，将整机供电稳压为 5V。微处理器内存储器保持电压直接取自蓄电池的供电，不受点火开关控制，如图 1-10 所示。

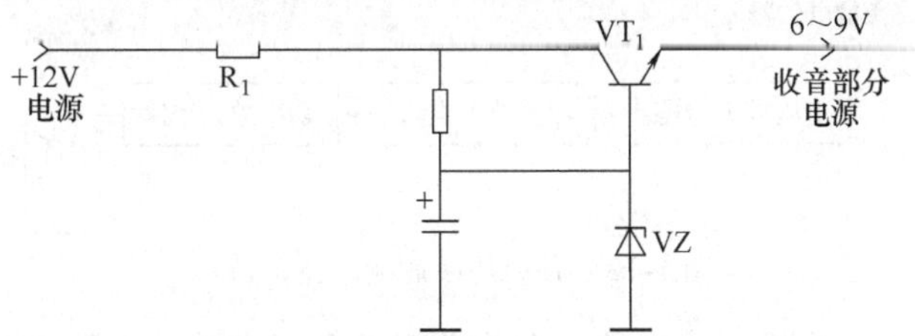

图 1-10　收音电路的另一种稳压方式

2. 放音前置放大电路

磁带放音前置放大电路将磁头感应到的音频信号进行放大和频率补偿后，送给后级电路（一般为音调或音量电路），该电路大多采用一块前置均衡放大集成电路（如 BA328、LA3160、LA3161、μPC1032、M5152L 等）。放音前置放大电路的供电与驱动磁带的电动机同步，受机芯上的收音/放音切换开关控制。

3. 开关及音量调节器、电位器电路

汽车音响多数机型采用集电源开关、双声道音量、音调调节于一体的 4 联或 5 联同轴异

步电位器，单声道汽车音响则采用 2 联或 3 联，一般安装在面板左侧。如图 1-11 所示，RP_{1-1}、RP_{1-2}为左、右声道音量电位器；RP_{2-1}、RP_{2-2}为左、右声道音调电位器；RP_3 为双声道平衡调节电位器，与收音调谐轴做成同轴异步电位器，安装在面板右侧。部分豪华机型安装了多个单独调节的电位器和开关。

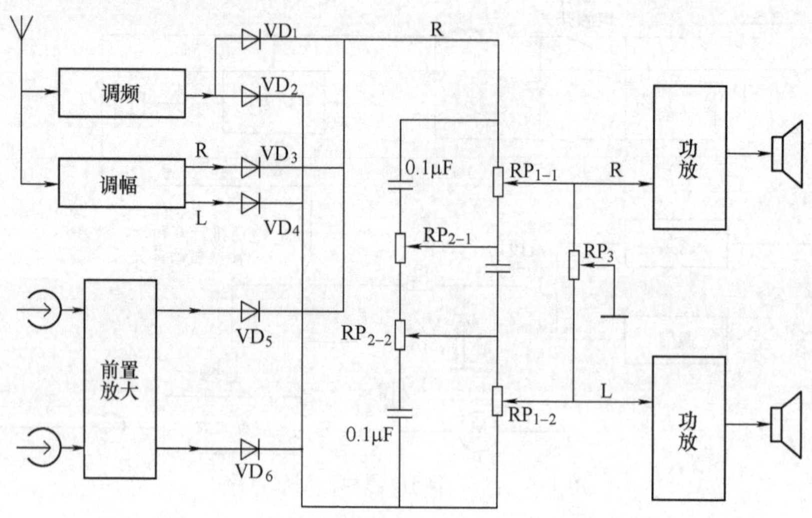

图 1-11　开关及音量调节器、电位器电路原理图

4. 音频功率放大电路

音频功率放大器对音频信号先放大信号电压，再放大信号电流，实现功率放大。音频功率放大器主要由前置电压放大电路、中间激励放大电路（也叫推动级）和后置功率放大电路组成，如图 1-12 所示。电压放大电路对输入信号进行电压放大，根据机器对音频输出功率的要求不同，由一级或数级电路组成；激励放大电路用于推动功率放大器，对信号电压和电流进行同步放大，其静态电流较大；功率放大电路对信号进行电流放大。音频功率放大器的负载是扬声器，其输入信号来自音量电位器。

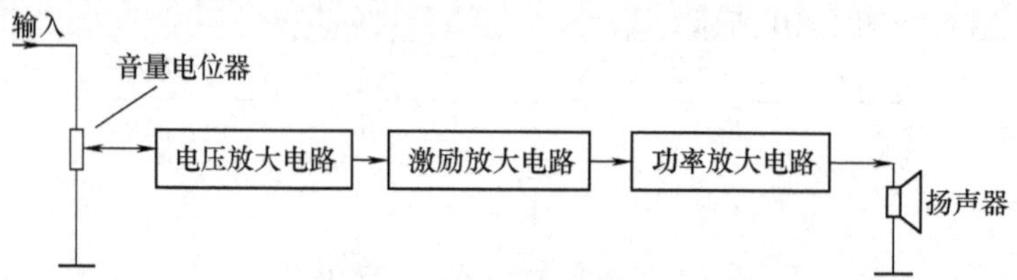

图 1-12　音频功率放大电路框图

音频功率放大电路均采用集成电路，分为单声道和双声道，少数高档机型具有多声道。

（1）单声道功放　采用 12V 供电的机型，多数采用一块 TDA2003，在 4Ω 扬声器上输出功率为 5W；个别机型采用 TA7227P 等双声道功放集成电路接成 BTL 方式，输出功率可达 17W，但此时扬声器两端不能搭铁。

（2）双声道功放　采用 12V 供电的机型，有的采用两块 TDA2003，有的采用 TDA2004、TA7240AP、AL4445、AN7168、μPC1185H、LA4440 等双声道功放集成电路。某些高档汽车音响为了提高音响效果，采用两块 TA7270P 等双声道功放集成电路接成 BTL 方式。

（3）多声道功放　功放电路以四声道为多，将前左、前右、后左、后右 4 组扬声器单元各用一个通道且同时驱动其发声，例如 CCR-800DH 型汽车音响中的 TDA7381A。

5. 收音电路

收音电路如图 1-13 所示，其调幅电路由天线、输入回路、混频电路、本振电路、中放电路和检波电路等组成，调频电路由天线、高放电路、混频电路、本振电路、中放电路和鉴频电路等组成。

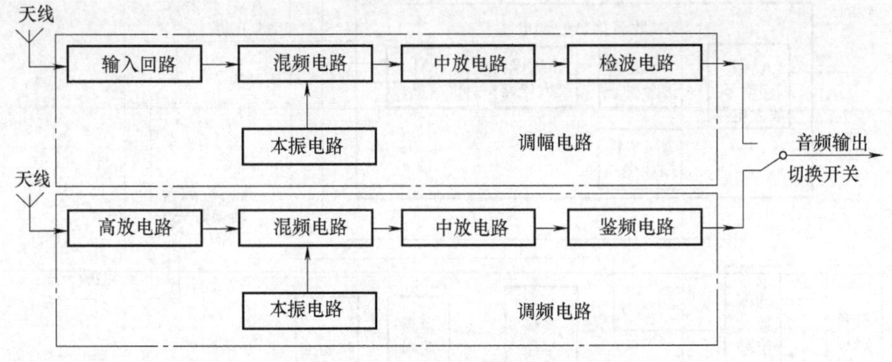

图 1-13　收音电路框图

调幅电路：从天线接收到的高频调幅信号送入输入回路后，与本振电路产生的本机振荡信号一起加到混频电路（变频）上。混频后差拍出中频信号，中频信号只改变载波频率，原音频包络线没有改变，中频信号可更好地得到放大。中频信号经中放电路放大后加到检波电路，经检波后输出音频信号，再经调频/调幅切换开关后输出。

调频电路：从天线接收到的高频调频信号送入高放电路后，经高频放大后与本振电路产生的本机振荡信号一起加到混频电路上，混频后差拍出中频信号加到中放电路上进行放大，再加到鉴频电路上检测出音频信号，该信号经调频/调幅切换开关后输出。

对于数字调谐式 AM/FM 型汽车音响，一般采用调频头完成调频的高放、本振、混频功能，以 DBL1018 或 LA1140 处理从调频头获得的中频信号，以 DBL1085 或 LA3370 作为立体声解码器，以 LA1135 进行调幅接收。数字频率显示用的 AM 本振频率取自 LA1135，FM 本振频率取自调频头。选台用同步识别信号分别取自 DBL1018 或 LA1140 及 LA1135。

1.3.3　典型汽车音响电路

1. 普通汽车音响

以 AM/FM 立体声放音电路为常见，如图 1-14 所示，各单元电路采用的元器件有所不同，又可分为 4 种类型。

① AM 收音及 FM 立体声收音均为集成电路，AM 收音为分立元件，放音电路为双声道均衡放大集成电路。

② FM 收音高放电路是一个组件，中放（FM、AM）及 AM 高频放大电路共用一块集成电路，立体声收音单用一块集成电路，磁带放音用一块集成电路。

③ AM 收音电路单用一块集成电路。与 AM 收音电路为分立元件类型的音响基本相同，仅将分立元件用 AM 收音集成电路代替。

④ FM、AM 收音电路为组件。将调幅收音信号处理电路和调频收音信号处理电路安装在一起形成组件，用金属屏蔽罩套住。组件相对独立，便于安装和生产，但检修不便。有些组件采用片状安装，结构紧凑，当其出现故障时，需更换整个组件。

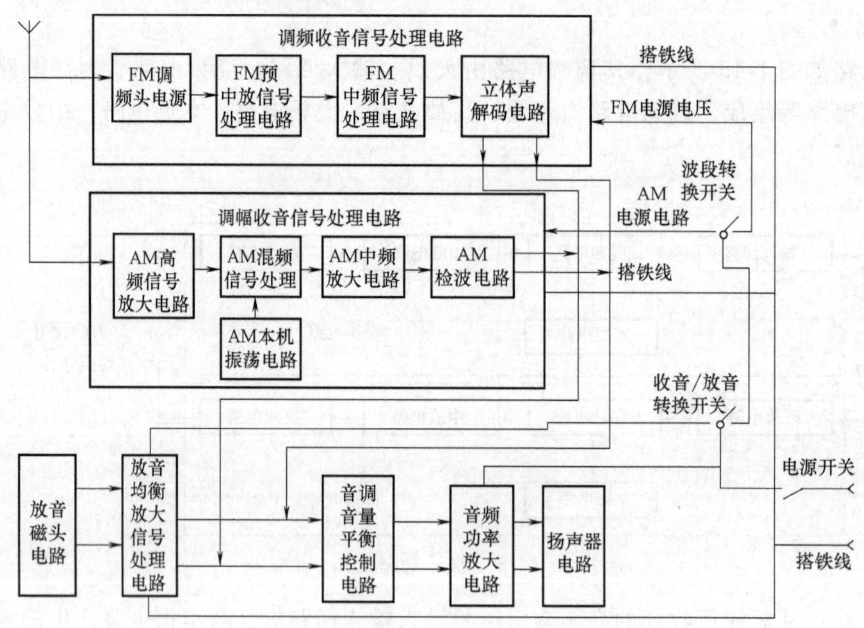

图 1-14 普通汽车音响典型电路框图

2. 数字调谐与数字显示汽车音响

收音电路以一块数字调谐式微处理器为主组成，包括数字调谐选台用的各种电路和数字显示驱动电路，可直接驱动 LCD 显示所接收电台的频率。采用电子调谐式收音头，可接收 AM、FM 波段的节目。放音电路以一块双声道均衡放大集成电路为主组成，其电路原理框图如图 1-15 所示。

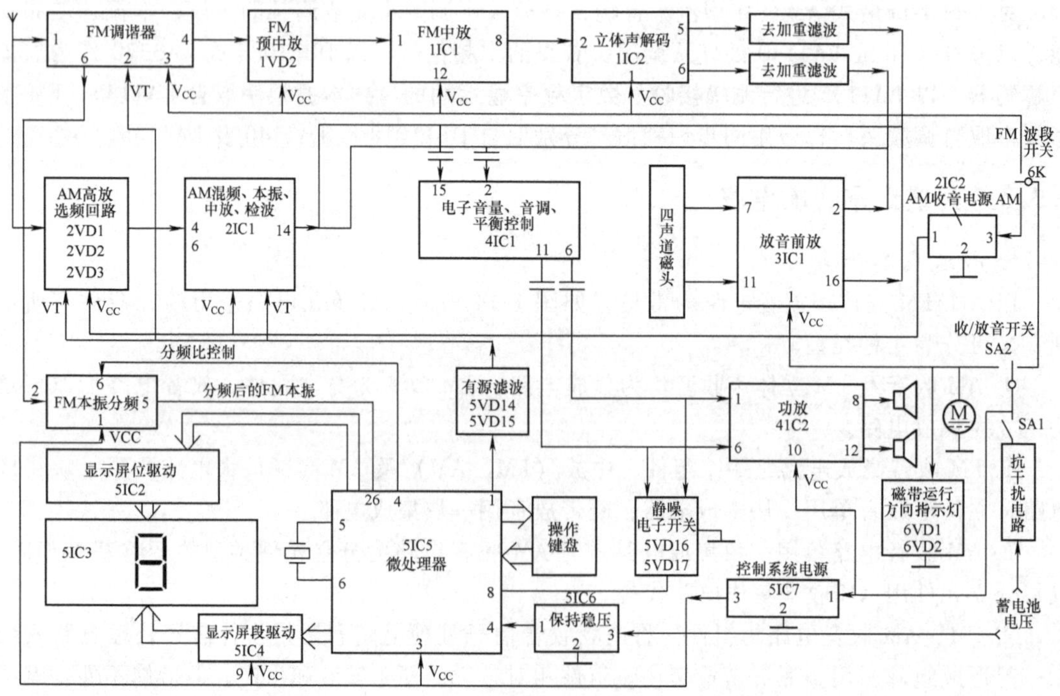

图 1-15 数字调谐与数字显示汽车音响电路原理图

3. 数字显示汽车音响

收音电路由 AM 及 FM 收音高放电路、中放电路、AM 及 FM 立体声解码电路组成，其电路有的机型采用 1 块集成电路（如 TA8132），有的将 FM 高放电路作为组件（FM 收音头），而另用两块集成电路完成其他两种功能（如 TA7640AP）；也有的将 AM、FM 收音电路分开。

AM、FM 收音电路分开时，其信号流程如下：

FM 收音电路：FM 收音头组件→FM 中放电路（1 只预中放晶体管和 1 块集成电路或仅 1 块集成电路）→立体声解码电路（1 块集成电路）→音频放大电路。

AM 收音电路：AM 高放→中放→检波（用分立元件或 1 块集成电路）→电路音频放大电路。

收音频率显示电路由频率计数、显示驱动集成电路（如 LC7265、LC7267）、数字分频集成电路（如 LB3500）和发光二极管（LED）显示器等组成，可直接显示所接收电台的频率。

放音电路由 1 块双声道均衡放大集成电路为主组成，如图 1-16 所示。

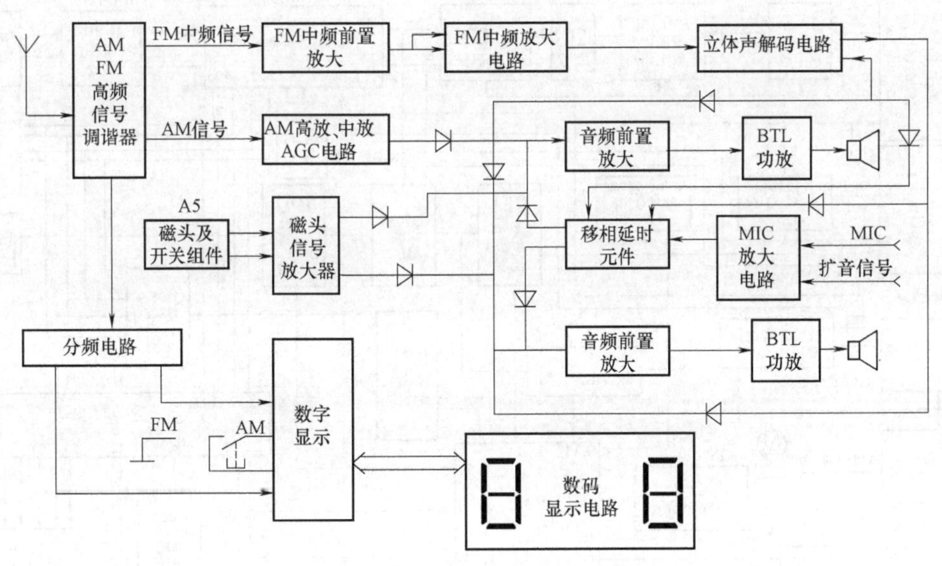

图 1-16　数字显示汽车音响电路框图

4. 单片收音集成电路汽车音响

收音电路以 1 块单片收音集成电路（如 TA8127、TA8122、AL1816、L，A1817、M51535P、CXA1238、CX20029 等）为主构成，如图 1-17 所示。放音电路以 1 块双声道均衡放大集成电路为主构成。

5. IIC 总线控制红外遥控数字调谐与数字显示汽车音响

收音电路以数字调谐式微处理器为主构成，能遥控开机与关机、本机键控、IIC 总线控制，采用数字调谐方式对音量调节、音量平衡调节、高低音音调调节等进行控制，具有数字调谐、数字显示汽车音响等功能。CCR-800DH 系列高级汽车音响的电路原理框图如图 1-18 所示。

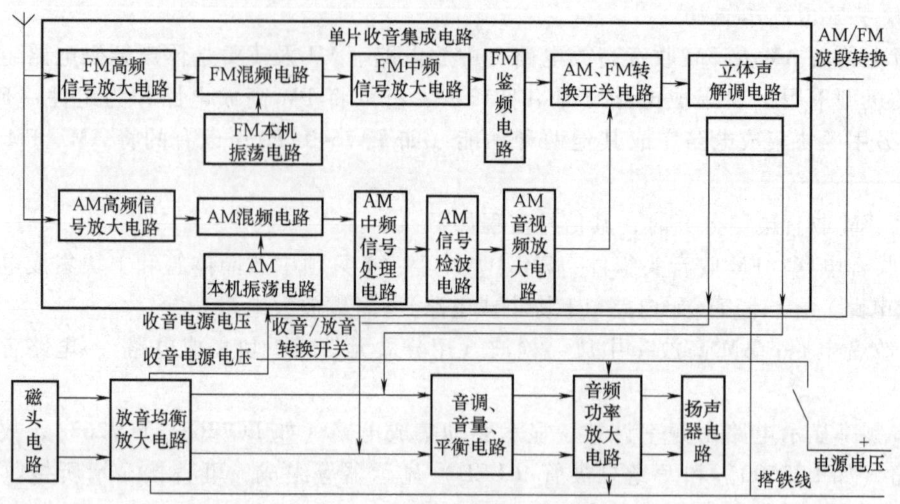

图 1-17　单片收音集成电路框图

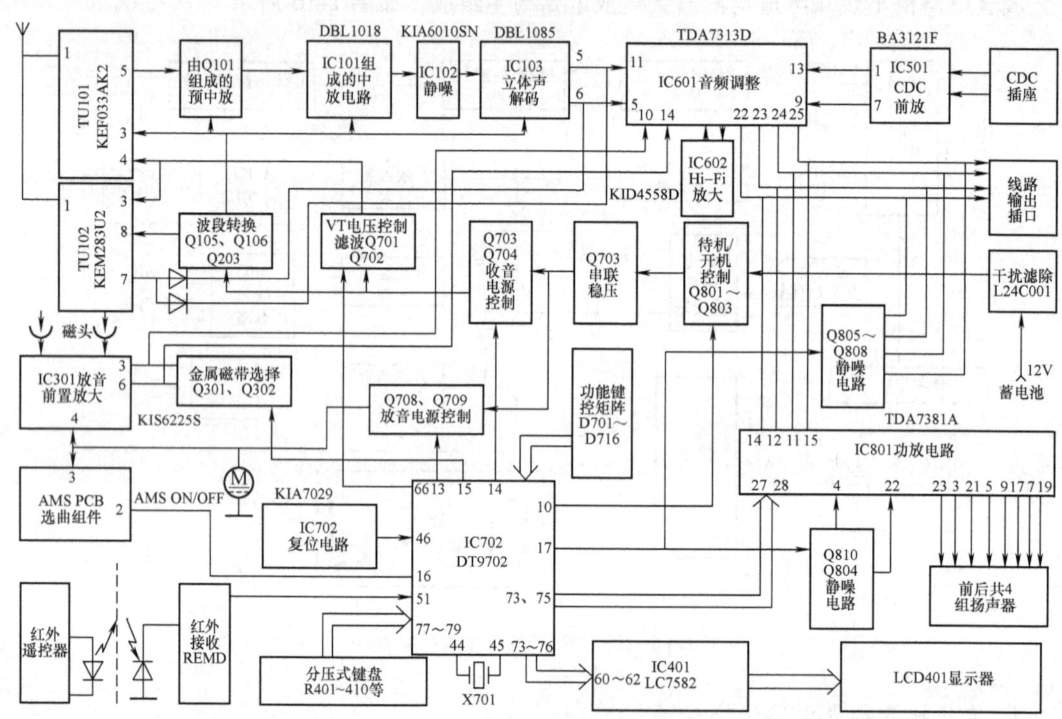

图 1-18　高级汽车音响电路原理框图

6. 汽车 CD 唱机

CD 唱机即激光数字唱机，可与调谐器、磁带放音机进行组合，主要由唱盘驱动系统、激光拾音器、伺服系统、信号处理系统、信息存储与控制系统等组成，其原理框图如图1-19所示。

激光拾音器中的小功率激光二极管发出波长约为 0.78μm 的红外线光束，通过透镜入射到唱片铝膜上，凹凸的数字信号坑对激光产生反射，经光拾音器转换成与声音对应的高、低电平脉冲信号。该信号经高频放大器，由其内部比较得到“1”或“0”的串行数字信号，

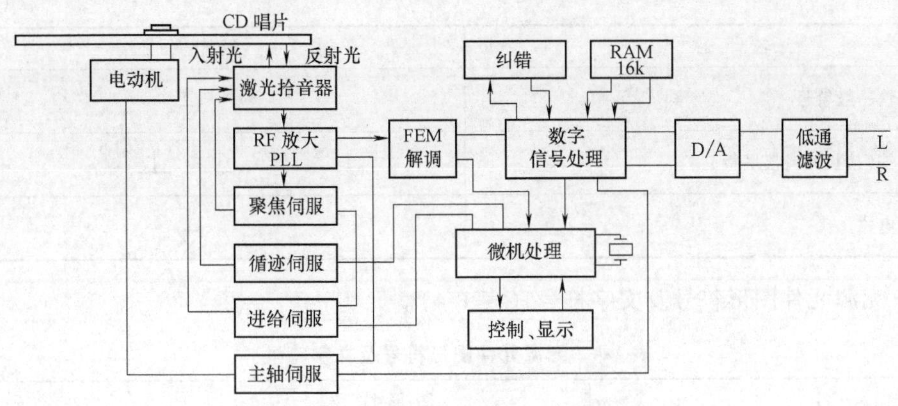

图 1-19 汽车 CD 唱机原理框图

并加到数字信号处理电路，进行 EFMC8-14 位调制，帧同步信导检出、纠错处理和电动机速度检测控制等处理，将处理后的数据加到数模转换器（D/A），变成模拟信号输出。

1.3.4 汽车音响电路图常用图形符号

（1）电压、电流和接线元件的图形符号及文字符号（表 1-3）。

表 1-3 电压、电流和接线元件的图形符号及文字符号

名　称	图形符号
直流	——
交流，50Hz	∼ 50Hz
低频（工频或亚音频）	∼
中频（音频）	≈
高频（超音频、载频或射频）	≋
交、直流	≂
正极	+
负极	—
按箭头方向单向旋转	↷
双向旋转	↶↷
端子	○
导线的连接	┬
导线的交叉连接	┼
导线的不连接（跨越）	┼
插座（内孔）或插座的一个极	—(—<
插头（凸头）或插头的一个极	▬— ←—
插头和插座（凸头和内孔）	—(▬— 或 —<<—

（续）

名　　称	图形符号
搭铁一般符号	
搭铁（接机壳或接底板）	
等电位	

（2）无源元件图形符号及文字符号（表1-4）。

表1-4　无源元件图形符号及文字符号

名　　称	图形符号	文字符号
电阻器		R
电阻器	*	R
可变（可调）电阻器		R
0.125W 电阻器	*	R
0.25W 电阻器	*	R
0.5W 电阻器	*	R
1W 电阻器	*	R
有两个固定抽头的电阻器		R
熔断电阻器	*	R
电位器		RP
压敏电阻器	u	RV
热敏电阻器	θ	RT
磁敏电阻器	×	R
光敏电阻器		R
电感器、线圈、绕组、扼流圈		L
带磁心铁心的电感器		L
磁心有间隙的电感器		L

（续）

名　称	图形符号	文字符号
电容器		C
极性电容器	+	C
可变（可调）电容器		C
双连同轴可变电容器	*	C
微调电容器		C
热敏极性电容器	+ θ	C
压敏极性电容器	+ U	C
具有两个电极的压电晶体		B
具有三个电极的压电晶体		B
具有两对电极的压电晶体		B

* 现已取消，仅用于理解旧的简图和国外的图。

(3) 天线、指示灯等图形符号及文字符号（表1-5）。

表1-5　天线、指示灯等图形符号及文字符号

名　　称	图形符号	文字符号
天线一般符号		W
环形(框形)天线		W
磁棒天线(如铁氧体天线)(如不引起混淆,可省去天线一般符号)		W
折叠偶极子天线		WD
原电池或蓄电池		GB
原电池组或蓄电池组	*	GB
灯和信号灯一般符号		H
闪光型信号灯		HL
蜂鸣器		HA
传声器(话筒)一般符号		BM
扬声器一般符号		BL
扬声—传声器	*	B
唱针式立体声头	*	B
单音光敏播放头		B
单声道录放磁头		B
单声道录音磁头		B
消磁磁头		B
双声道录放磁头	2	B

* 现已取消，仅用于理解旧图和国外进口图。

（4）半导体器件图形符号及文字符号（表 1-6）。

表 1-6　半导体器件图形符号及文字符号

名　　称	图 形 符 号	文字符号
半导体二极管		VD
发光二极管		VD
温度效应二极管	θ	VD
变容二极管		VD
单向击穿二极管(稳压二极管)		VD
双向击穿二极管		VD
反向二极管(单隧道二极管)		VD
双向二极管,交流开关二极管		VD
双向二极晶闸管		VS
晶闸管		VS
光控晶体闸流管		VS
PNP 型半导体管(晶体管)		VT
NPN 型半导体管(晶体管)		VT
NPN 型半导体管,集电极接管壳		VT
具有 P 型基极单结型半导体管(单结晶体管)		V
具有 N 型基极单结型半导体管(单结晶体管)		V
N 型沟道结型场效应晶体管		VT

（续）

名　称	图形符号	文字符号
P型沟道结型场效应晶体管	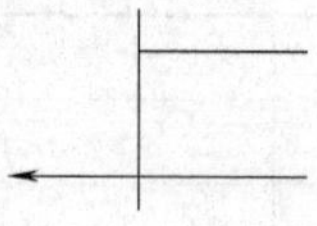	VT
增强型、单栅、P沟道和衬底无引出线的绝缘栅场效应晶体管	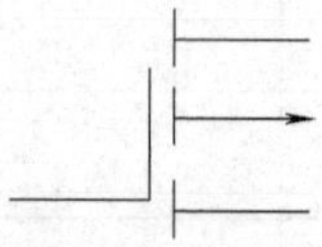	VT
增强型、单栅、N沟道和衬底无引出线的绝缘栅场效应晶体管	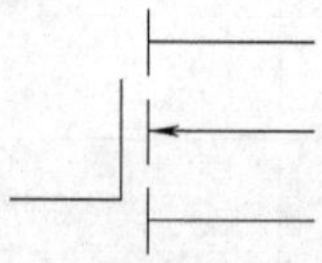	VT
增强型、单栅、P沟道和衬底有引出线的绝缘栅场效应晶体管	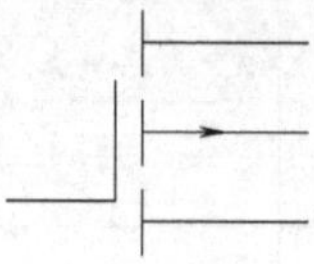	VT
增强型、单栅、N沟道和衬底与源极在内部连接的绝缘栅场效应晶体管	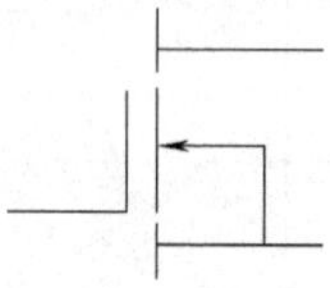	VT
耗尽型、单栅、N沟道和衬底无引出线的绝缘栅场效应晶体管	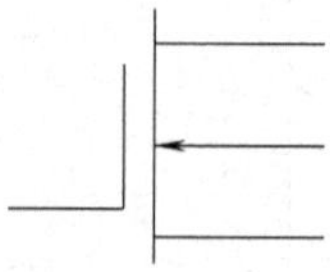	VT
耗尽型、单栅、P沟道和衬底无引出线的绝缘栅场效应晶体管	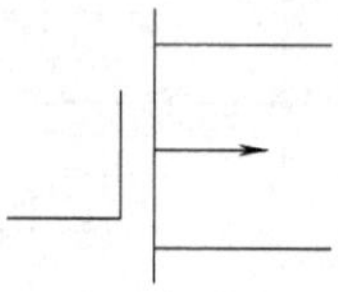	VT
耗尽型、双栅、N沟道和衬底有引出线的绝缘栅场效应晶体管	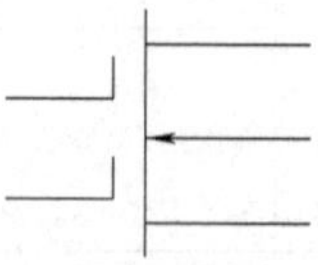	VT
光敏二极管	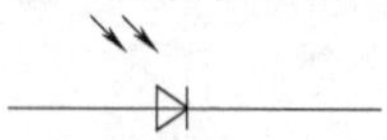	VD
光电池	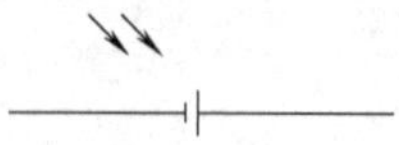	BP
PNP型光电晶体管	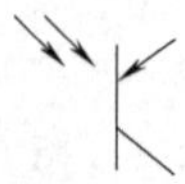	VT

（续）

名　　称	图 形 符 号	文字符号
NPN 型光电晶体管		VT
半导体激光器		
发光数码管		

（5）放大器、整流器等图形符号及文字符号（表 1-7）。

表 1-7　放大器、整流器图形符号与文字符号

名　　称	图 形 符 号	文字符号
放大器一般符号		A
运算放大器一般符号	f ▷ m a_1 — W_1 m_1 — u_1 ⋮ ⋮ ⋮ ⋮ a_k — W_k m_k — u_k	N
整流器		UR
桥式全波整流器		UR
逆变器		UN
整流器/逆变器		U
调频器、鉴频器	f	U
调相器、鉴相器	φ	U
调制器、解调器或鉴别器一般符号		U

（续）

名　称	图形符号	文字符号
光敏二极管型光耦合器		
光耦合器、光隔离器(示出发光二极管和光电半导体管)		
调幅器、解调器	A	U
检波器		
振荡器一般符号	~	G
音频振荡器		G
超音频、载频、射频振荡器		G
多谐振荡器		G
音叉振荡器		G
压控振荡器	U	G
晶体振荡器		G
达林顿型光耦合器		
光电晶体管型光耦合器		
集成电路光耦合器	&	

（6）集成电路图形符号及文字符号（表 1-8）。

表 1-8　集成电路图形符号及文字符号

名　　称	图形符号	文字符号
运算放大器	▷ ∞ − + +	N
数-模转换器	#/n	N
模-数转换器	n/#	N
振荡器	~	G
音频振荡器	≈	G
超音频、载频、射频振荡器	≋	G
多谐振荡器	~	G
放大器		A
可调放大器		A
固定衰减器	dB	
可变衰减器	dB	
滤波器		Z
高通滤波器		Z
低通滤波器		Z
带通滤波器		Z
带阻滤波器		Z
检波器		

（7）数字电路图形符号及文字符号（表1-9）。

表1-9 数字电路图形符号及文字符号

名　　称	图形符号	文字符号	名　　称	图形符号	文字符号
数-模转换器一般符号	#/∩	N	非门、反相器	1	D
模-数转换器一般符号	∩/#	N	3输入与非门	&	D
加法器，通用符号	Σ	D	3输入或非门	≥1	D
减法器，通用符号	P–Q	D	异或单元	=1	D
乘法器，通用符号	Π	D	RS触发器、RS锁存器	S R	D
"或"单元（或门），通用符号	≥1	D	只读存储器	ROM*	D
"与"单元（与门），通用符号	&	D			

1.3.5 汽车音响电路图的识读方法

1. 电路图识读要领

（1）牢记元器件电路符号　看图时必须首先熟悉电路图中各符号所对应的元器件，了解其基本功能。

（2）了解基本常用单元电路　复杂电路由多个单元电路组成，只要切实了解常用的基本电路，学会分析和分解电路，则可看懂一般的音响电路。

（3）会建立原理框图　在熟悉电路图中各符号所对应的元器件并了解其基本功能后，要学会根据工作原理画出框图，并找出各单元电路，才能了解整个电路的大致工作情况。绘制整个原理框图时，应明确框图中包含的元器件和单元电路。

（4）记住"搭铁"符号的意义　搭铁点是电路图中的参考点，常称为零电位点。图中两个或两个以上的"搭铁"符号之间等于用导线连接在一起。

（5）多看音响电路图　记录典型的电路图，通过长期积累，弄懂复杂的数字电路图。

（6）理清直流供电通路　电路只有在正常的直流供电时才能工作，理清直流供电关系，

是读识电路原理图的基础。

（7）熟悉电路的连接规律　对于交流信号，在电路原理图中信号的传输方向通常是从左向右，且信号受到一级一级的放大、处理和传输。输入信号或信号源通常在图的左边，输出信号或执行元件在图的右边。对于直流电路，电压从左向右供给，且电压从右向左逐级下降。对于某一级放大器电路，直流电路从上而下分布，上端是直流电压供给电路，下端搭铁。

2. 识读印制电路板图的要领

（1）印制电路板图表示电路原理图中各元器件在实际电路板上的位置　识读印制电路板图可寻找元器件在实际电路板上的具体位置，为安装、调制与维修作准备。元器件在电路板上的实际位置与电路原理图的位置有较大出入。

（2）搭铁面积大　印制电路板中大面积铜箔线路是电路原理图上的搭铁线，通常搭铁线是相通的，某些组件的外壳等为搭铁。

（3）抓住主要元器件　如晶体管、集成电路等，其在图中的数量较少，容易找到。

（4）寻找元器件的分布规律　虽然印制电路板上的元器件分布不按电路原理图上的排列分布，但某一级电路中的元器件基本上集中在一起，如集成电路各引脚上的元器件在集成电路附近。

（5）寻找某些元器件的特征　如每块集成电路上面都印有型号，根据型号可确定所要找的集成电路。体积最大的电解电容是电源滤波电容。

3. 实例分析

德赛 DS-658 型汽车收放机具有立体声调频/调幅、立体声放音、自动返带放音等功能，其电路框图如图 1-20 所示。其电路主要由收音电路（由 AM 收音、FM 收音及立体声解码等电路构成）、立体声磁带放音前置电路、双声道音频功率放大电路及静音、音调和音量、音量平衡电路等组成，如图 1-21 和图 1-22 所示。

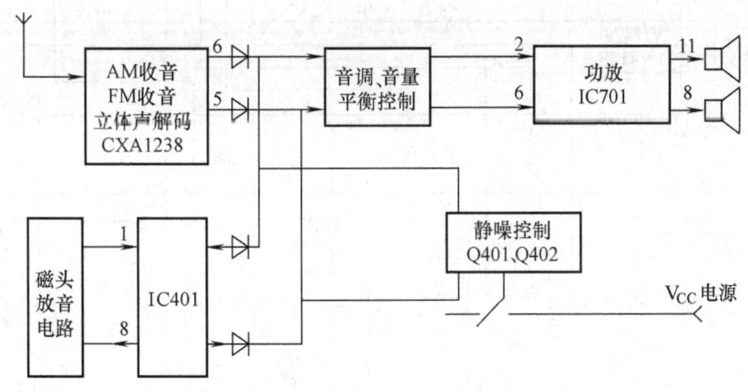

图 1-20　收放机电路框图

（1）收音电路　由 IC101 大规模集成电路 CXA1238 及外围元件组成，CXA1238 内部结构框图和引脚功能说明如图 1-23 所示。

① FM 高频放大电路。天线收到的 FM 信号经 C101、C103、C105FM 调谐电感组成的选频回路后加至 CXA1238 的 18 脚，进入内部的 FM 前置放大电路。电路中 VD201、VD202 可防雷击；C103、$L_{F天}$、C105、C108、L101、C132 等构成 87.5～108MHz 的可调选频回路。

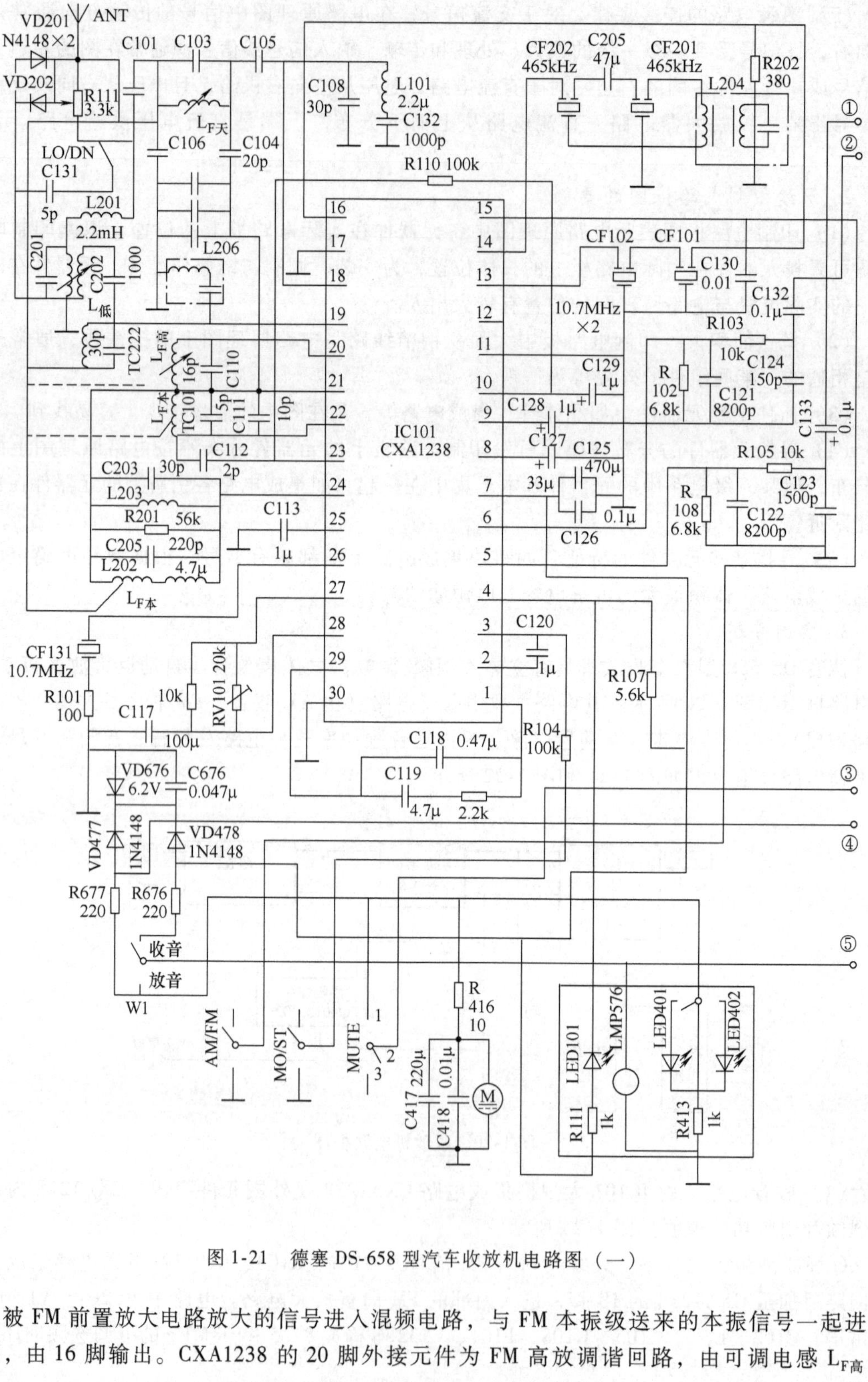

图 1-21　德塞 DS-658 型汽车收放机电路图（一）

被 FM 前置放大电路放大的信号进入混频电路，与 FM 本振级送来的本振信号一起进行混频，由 16 脚输出。CXA1238 的 20 脚外接元件为 FM 高放调谐回路，由可调电感 $L_{F高}$ 和

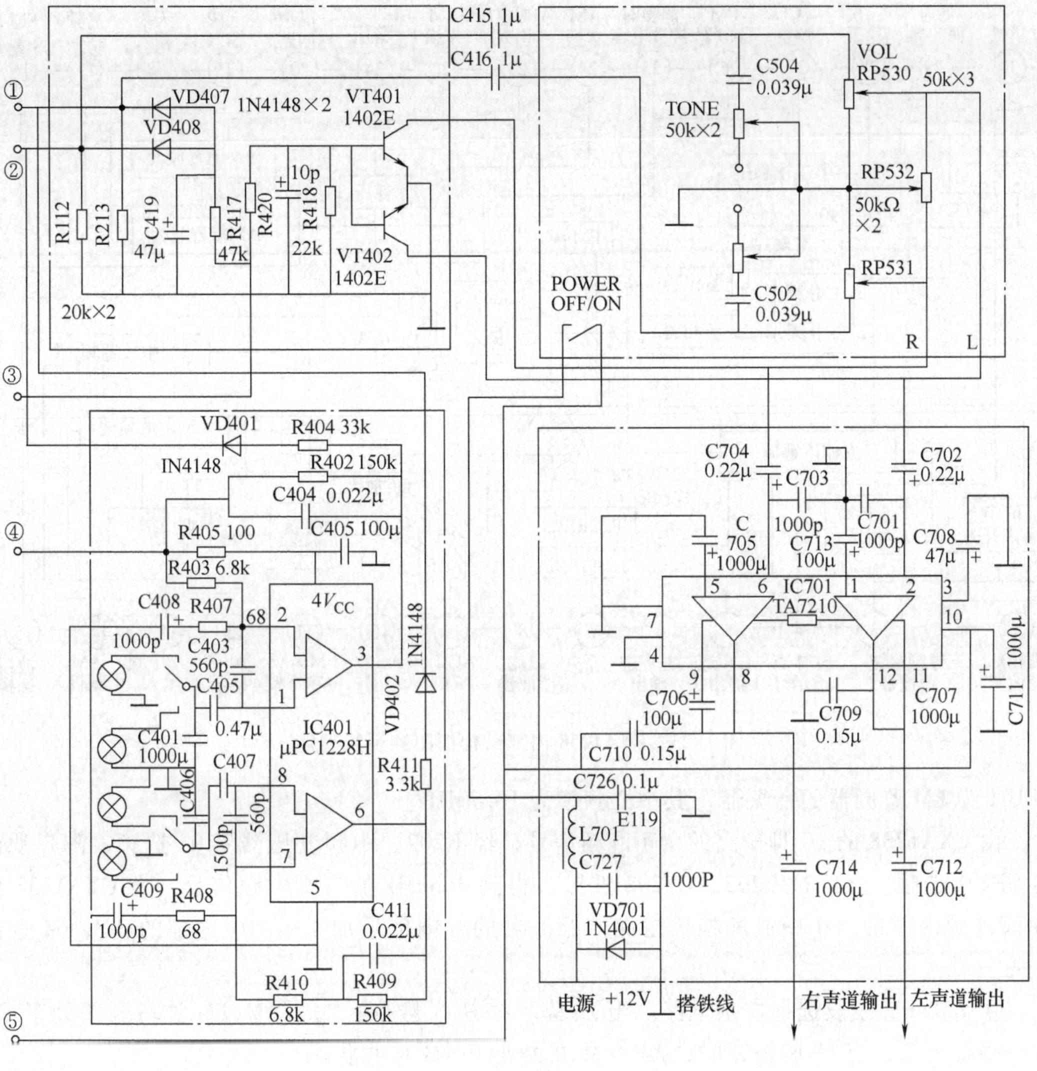

图 1-22　德塞 DS-658 型汽车收放机电路图（二）

C110 组成，改变 $L_{F高}$ 可实现调频。CXA1238 的 22 脚外接由 C111、$L_{F本}$ 组成 FM 本振谐振回路。

② AM 高频放大电路。天线收到的 AM 信号，经由 L201、C201、可调电感 $L_{低}$、C202 等组成的输入选频回路后，由 CXA1238 的 19 脚进入内部的 AM 前置放大电路，进行高频放大，然后与 AM 本振电路送来的本振信号一起在混频电路中混频，由 16 脚输出。

电路中 CXA1238 的 24 脚外接由 C205、L203、C203、L202 及可调电感 $L_{F本}$ 等组成的本机振荡的谐振回路。

③ FM、AM 中放及检波电路。由 CXA1238 的 16 脚输出的 FM 混频后的信号经陶瓷滤波器 CF101、CF102 滤波后，由 CF102 输出 10.7MHz 的 FM 中频信号，由 13 脚进入 FM 中放和鉴频电路。鉴频后的音频信号或 FM 立体声复合信号加于 IC101 内部的 AM/FM 选择开关，

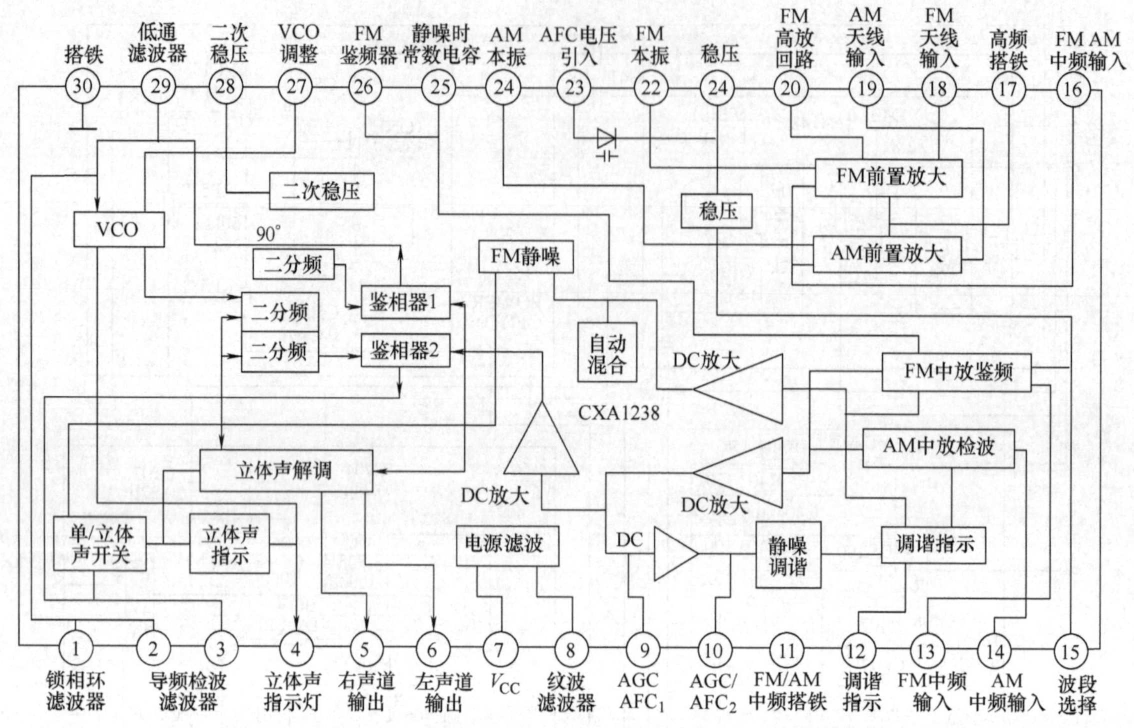

图 1-23　CXA1238 内部结构框图和引脚功能

CF101 为 FM 鉴频器的谐振器，其中心频率为 10.7MHz。

由 CXA1238 的 16 脚输出的 AM 混频信号，经 R202、中频变压器 L204 选频、陶瓷滤波器 CF201 选频，又经过 C205、CF202 选频，得到 465kHz 的 AM 中频信号，由 CXA1238 的 14 脚加到内部的 AM 中放和检波电路。检波后的音频信号加于 IC101 内部的 AM/FM 选择开关。

④ AM/FM 波段选择控制电路。当 15 脚不搭铁（悬空）时，AM/FM 波段开关处于 FM 波段接收状态；当 15 脚搭铁时，AM/FM 开关处于 AM 接收状态。

⑤ AFC（自动频率控制）和 AGC（自动增益控制）电路。在 IC101 内经检波或鉴频后的信号中的直流分量被内部直流放大器放大，滤波后成为 AGC/AFC 控制电压，由 IC101 的 10 脚输出，经 R110 加至 IC101 的 23 脚，控制变容管的电容量，用于修正本振频率。C112 为 AFC 微调电容，C129 为修正 IC101 内部 AGC（AM）电路的时间常数。

⑥ 立体声解码电路。CXA1238 鉴频后的立体声复合信号经两级直流放大后分成三路：一路加至立体声解调电路，一路加至鉴相器 1，一路加至鉴相器 2。

a. 鉴相器 1、VCO（压控振端器）和分频器组成了锁相环路。VCO 产生的 76kHz 振荡信号经二分频为 38kHz 信号。此信号再经二分频，并移相 90°，成为 19kHz，送至鉴相器 1。在鉴相器 1 内与从 DC 放大器送来的立体声复合信号中的 19kHz 导频信号进行相位比较，产生误差电压，经 29 脚外接低通滤波器滤波后送回 VCO，控制其振荡频率和相位，使二分频的 38kHz 成为副载波信号，四分频的 19kHz 信号与 19kHz 导频信号频率、相位完全一致。CXA1238 的 27 脚外接的 RV101 为 VCO 振荡频率微调电阻。

b. 鉴相器 2 可以检出立体声/单声道开关控制信号。当四分频（不移相）后的 19kHz 信号和加入鉴相器 2 的复合信号中的 19kHz 导频信号频率、相位完全一样时，鉴相器 2 输出电压最大。此电压经 IC101 的 2、3 脚外接低通滤波器 C120，经滤波和直流放大后，打开立体声/单声道转换开关。同时立体声指示灯控制电路输出驱动电压，使其 4 脚为低电压，立体声指示灯 LED101 发光。CXA1238 的 4 脚用于检测 IC101 内 VCO 的振荡频率。

c. 加入立体声解调电路的立体声复合信号，在二分频后的 38kHz 副载波信号作用下，解调出左、右声道频率信号，从 CXA1238 的 6、5 脚输出，分别经过各自的去加重电路后送到音频控制电路及放大电路。R102、C121、R103 和 C124 组成了左声道去加重电路；C122、R108、R105 和 C123 组成了右声道去加重电路；C132、C133 为耦合电容。

（2）磁带放音电路　立体声磁头拾取的音频信号经过集成电路 IC401 进行放大。IC401 放音均衡放大电路 μPC1228H 为两级差动放大器构成的双通道音频前置放大集成电路，放音磁头输出的右声道放音信号，经 C406 高频补偿（与磁头线圈电感构成并联谐振于高音频频率），再通过 C407 加至 μPC1228H 的输入端 8 脚；经内部前置放大器放大，由 6 脚输出；经 R411、隔离二极管 VD402、C416 送至右声道音调、音量调整电路。R410、R409 和 C411、R408、C409 组成负反馈低频补偿均衡电路，兼有稳定放大器直流工作点的作用。左声道电路工作原理与其相同。

（3）音调、音量、左右声道平衡电路　RP530、RP531 同轴电位器构成音量控制电路；同轴电位器（50kΩ）和 C502、C504 构成高音衰减式音调控制电路；RP532 为左、右声道平衡电位器。

（4）功率放大电路　IC701 是功率放大集成电路 TA7210，为单列 12 脚封装形式。从音量、音调、平衡电路送来的收音或放音音频信号，经 C704、C702 分别进入左、右声道功率放大电路 TA7210 的 6、2 脚。经功率放大后，分别由 8 和 12 脚输出，通过 C714、C712 推动左、右声道扬声器。

（5）静噪电路　用于消除收音、放音转换时产生的冲击噪声，由静噪开关 mute、VT400、VT402 和 VD407、VD408 等组成。

在正常收音状态下，静噪开关 mute 的触点处于接通状态，静噪开关的“1”触点无电压，“2”触点也无电压，VT401、VT402 截止。同时，VD407、VD408 正极电压为“0”，处于反向截止状态，对电路不产生作用，整机收音正常。

当磁带插入带舱后，先使收音/放音开关接通（静噪开关 mute 的“1”、“2”触点仍接通），转换为放音状态。在磁带盒还未到位时，开关输出端电压通过静噪开关 mute 后分成两路：一路经电阻 R417 对 C420 充电，加至 VT401、VT402 的基极，VT401、VT402 导通，将前级输入的音频信号短路，起到静音作用；另一路通过 R419 对 C419 充电，加至 VD407、VD408 正极，VD407、VD408 导通，VD401、VD402 反向截止，封锁均衡放大器输出的信号，也起到静音作用。

当磁带盒到位后，磁带盒机构带动机内有关的触点使静噪开关 mute 的“3”、“4”触点接通，mute 开关“2”触点电压消失。但因 C420、C419 仍有电压存在，需经一定时间才能足够小，使 VT401、VT402、VD407、VD408 截止，整机进入放音状态。

4. 测绘汽车音响电路的方法

以电源输入端为主线，将所有元器件的电流通路表示清楚，按以下步骤进行：

（1）编号　对所有元器件统一编号（若原印制电路板上有编号，则用原编号）。

（2）定色　分辨电源正、负端引线，凡与电源相连的元件焊点、印制电路的接点均可用彩笔画成红色；凡与搭铁（电源负极）相连的所有焊点、接点均画成绿色。

（3）绘出电路草图　为防止出现漏查和重查现象，每查一个接点（或焊点），必须把与此点相连的所有元件和引线查完后再查下一个点。边查边画，同时用铅笔将装配点已查过的部分逐一做个记号。

（4）复查　画完草图后，再将草图与装配图对照检查，看有无错、漏之处。

（5）整理草图　将草图整理成标准电路图。

标准电路图应保证电路符号、元件代号使用正确，元件供电通路清晰，元件分布合理、均匀、美观，编号书写清晰。

本章小结

• 汽车音响主要由主机信号源、音频处理电路、放大器、扬声器系统、视频系统（多媒体）、电源及供电电路等组成，主要有卡带机、碟片机两种类型。汽车音响按档次的高低分普通、中级、高级和超高级4种类型。汽车音响性能用10种评价指标进行评价。

• 汽车音响以系统平衡、大功率输出和音质自然重放为配置原则，考虑音源配置、功率放大器和扬声器配置，确定4种合理的配置方案，供不同的音响选用。

• 汽车音响电路主要由电源稳压滤波电路、放音机芯、前置放大电路、开关及音量调节电位器、功率放大器、收音电路、音箱及天线等组成。不同厂家、不同机型的汽车音响采用了不同的电路及元器件，但其所处理信号的流程相同，其基本电路结构一致。检修汽车音响时，正确识读汽车音响的框图、安装图和电路原理图，清楚信号流程，对快速判断故障部位非常重要。

复习思考题

一、填空题

1. 汽车音响主要由＿＿＿＿＿＿、＿＿＿＿＿＿、＿＿＿＿＿＿、＿＿＿＿＿、＿＿＿＿＿及＿＿＿＿＿等组成。

2. 音频处理电路包括＿＿＿＿＿、＿＿＿＿＿、＿＿＿＿＿和＿＿＿＿＿等。

3. 主机（信号源）是汽车视听系统的节目源，包括＿＿＿＿＿、＿＿＿＿＿、＿＿＿＿＿、＿＿＿＿＿或＿＿＿＿＿等。

4. 功率放大器简称功放，将来自音源的节目信号或前级弱信号进行＿＿＿＿＿放大和＿＿＿＿＿放大。按功能不同，可分为＿＿＿＿＿、＿＿＿＿＿和＿＿＿＿＿。

5. 扬声器又称喇叭，指主扬声器、环绕扬声器等，主扬声器中通常由＿＿＿＿＿扬声器、＿＿＿＿＿扬声器、＿＿＿＿＿扬声器和＿＿＿＿＿组成。

6. 汽车音响的线材包括＿＿＿＿＿＿、＿＿＿＿＿＿、＿＿＿＿＿＿、＿＿＿＿＿＿和＿＿＿＿＿等。

7. 汽车音响主要有＿＿＿＿＿机、＿＿＿＿＿机两种类型。汽车音响按档次的高低分＿＿＿＿＿、＿＿＿＿＿、＿＿＿＿＿和＿＿＿＿＿4种类型。

8. 汽车音响性能评价指标包括＿＿＿＿＿、＿＿＿＿＿、＿＿＿＿＿、＿＿＿＿＿、

＿＿＿＿＿、＿＿＿＿＿、＿＿＿＿＿、＿＿＿＿＿、＿＿＿＿＿和＿＿＿＿＿。

9. 汽车音响的配置原则包括＿＿＿＿＿原则、＿＿＿＿＿原则和＿＿＿＿＿原则。

10. 汽车音响电路图分＿＿＿＿＿、＿＿＿＿＿和＿＿＿＿＿三种类型。

11. 汽车音响电路主要由＿＿＿＿＿、＿＿＿＿＿、＿＿＿＿＿、＿＿＿＿＿、＿＿＿＿＿、＿＿＿＿＿及＿＿＿＿＿等组成。

12. 汽车 CD 唱机即激光数字唱机，可与调谐器、磁带放音机进行组合。主要由＿＿＿＿＿、＿＿＿＿＿、＿＿＿＿＿、＿＿＿＿＿和＿＿＿＿＿等组成。

二、**判断题**

1. 先进的汽车音响系统可打电话、发传真、收发电子邮件，并兼有防盗、辅助安全驾驶等功能。（　）

2. 汽车音响的扬声器系统包括 4 ~ 8 只扬声器，其布置方式通常为仪表板内的左前、右前和两前门护板内左中、右中以及行李箱内的左后、右后。（　）

3. 普通中低档车用视听系统的信号源主要是车用收放音机、VCD，高档汽车视听系统的信号源主要是收音机、车用 DVD 机，还可选择 MP3 和 MD 唱机。（　）

4. 数字式收音机是较高级的无线电接收装置，去掉了调谐部分的调台拉线，提高了调谐工作的稳定性，抗振动性能比模拟式好。（　）

5. 传声器将人的声音信号变成音频电信号，经过汽车音响的功放电路放大后，即可通过扬声器播放。主要用于中档豪华大客车等旅游车辆。（　）

6. CD 唱机用于播放激光唱片，是融激光技术、精密伺服技术、微处理器技术和大规模集成电路为一体的高档多媒体系统设备。（　）

7. DVD 影碟机用于播放采用 MPEC-1 标准压缩编码的 DVD 激光影碟，其激光拾音器工作方式与 CD 唱机相同，机芯通用。（　）

8. DVD 影碟机增加了数字化音视信号解压缩功能，并经数模转换后输出模拟的声音和图像信号，DVD 影碟机兼容了 CD 唱机的功能。（　）

9. VCD 影碟机采用 MPEG-2 标准压缩编码，解决了 DVD 影碟机图像清晰度不高等问题，是更高级的激光影碟机。（　）

10. 功率放大器将来自音源的节目信号或前级弱信号进行电压放大和功率放大，推动扬声器还原出声音。（　）

11. 前置放大器连接信号源及控制信号的开关，并对各种节目进行必要的处理和电压放大，与信号源之间还要设置各种均衡电路，用于实现前、后级的阻抗匹配和频率补偿。（　）

12. 功率放大器对来自前置放大器的电信号进行不失真的电流和电压放大，形成强有力的信号去推动扬声器发声。（　）

13. 一般环绕声只重放 17kHz 以下的反射声，故只需一只中低音扬声器即可。（　）

14. CD 机加装 VCD 解码器或 DVD 播放器或 MP4 播放器，也可播放碟片，观看丰富的数字节目。（　）

15. 汽车音响系统由线材连接，工作中大部分故障和噪声都产生于线材。（　）

16. 熔丝盒为开放式，有利于散热，但不防水；熔丝管为密封式，有利于防水，但散热困难。（　）

17. 汽车音响的卡带机采用模拟技术，用录音磁带作为音源，碟片机采用数字技术。（　）

18. 灵敏度指收音机接收微弱信号的能力，灵敏度数值越小，灵敏度越高，调谐器性能越好。（　）

19. 信噪比越大，汽车音响性能越好。高级汽车音响，磁带放音机信噪比大于 50dB；AM 收音机信噪比大于 55dB，FM 收音机信噪比可达到 80dB；CD 唱机信噪比可达到 90dB。（　）

20. 高级汽车多媒体系统，收音机的失真度在 0.1%（1kHz，1W）以下；CD 唱机的失真度在 0.01% 以下。（　）

21. 普通汽车多媒体系统输出功率在 2×20W 左右，中高档汽车多媒体系统在 4×30W 左右。（　）

22. 音响系统机芯的放音抖晃率小于 0.15%。（　）

23. 高级汽车音响系统带速误差为 ±1.0%。（　）

24. 由于各种汽车的音响环境、声音都不够完美，因此需要用 DSP（数字信号处理器）进行声场校正。（　）

25. 高档轿车的 DVD 系统，当车辆处于行驶状态时，驾驶人仪表板处的显示器将不会播放视频信号，以免影响驾驶人安全行车。（　）

26. 音响的主机、功率放大器、扬声器和线材等，要进行合理选择与使用，切忌某一部分使用相差悬殊的设备器材。（　）

27. 若功率放大器的阻抗为每声道 2Ω，相关扬声器的阻抗应为 2Ω；若选用 4Ω 的扬声器，则功率将减半；若选用 1Ω 的扬声器，则功率放大器发热，以致烧毁。（　）

28. 功率放大器的持续输出功率稍大于扬声器的功率（大于 45% 最佳）。（　）

29. 音响电路用安装图和连线表示电路的工作原理和构成概况，用于表示某一部分（单元电路）的电子线路的组成及其关系。（　）

30. 音响电路框图用于说明各元器件的实际形状、在设备中的连接方式和安装位置。（　）

31. 音响电路原理图说明电路元器件之间、执行电路之间、单元电路之间、元器件和单元电路之间等连接关系及工作原理，是设备调试与维修的依据。（　）

三、简答题

1. 简述汽车音响的组成及组成部件的功用。
2. 介绍汽车音响的特点。
3. 介绍汽车音响性能的评价指标及其评价方法。
4. 汽车音响的分类及其特点。
5. 画图分析主机 +4 路功率放大器 +4 扬声器的特点。
6. 介绍汽车音响电路图的类型，并进行对比分析。
7. 叙述汽车音响电路的组成及其特点。
8. 介绍汽车音响电路图的识读方法。

实训项目 1　汽车音响的总体认知

车辆型号	车辆识别代码	音响型号

一、实训目标

1. 掌握汽车音响的基本组成和控制原理。
2. 掌握汽车音响元部件的车上安装位置。

二、知识准备

填写汽车音响控制系统的基本组成简图。

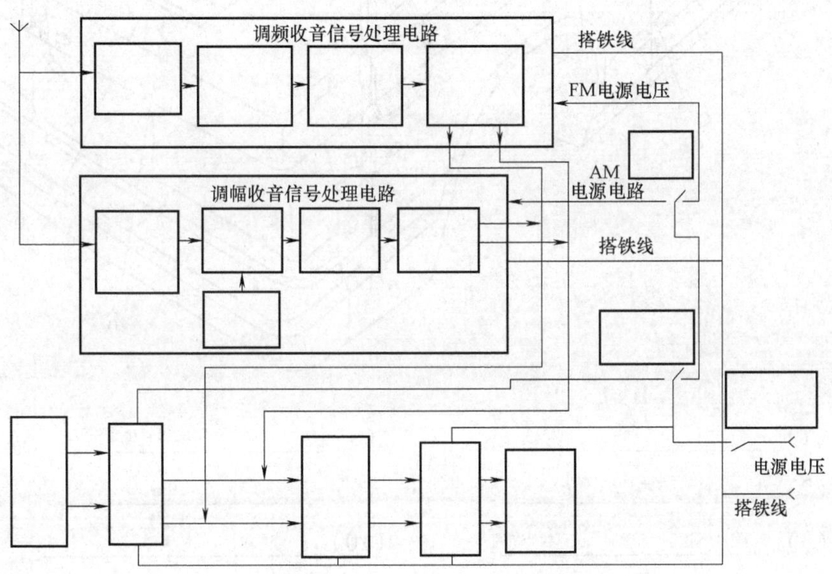

三、操作步骤

结合整车或实验台，指出各元器件在车上或实验台的安装位置。

填写图中 1 ~ 14 号元件的名称。

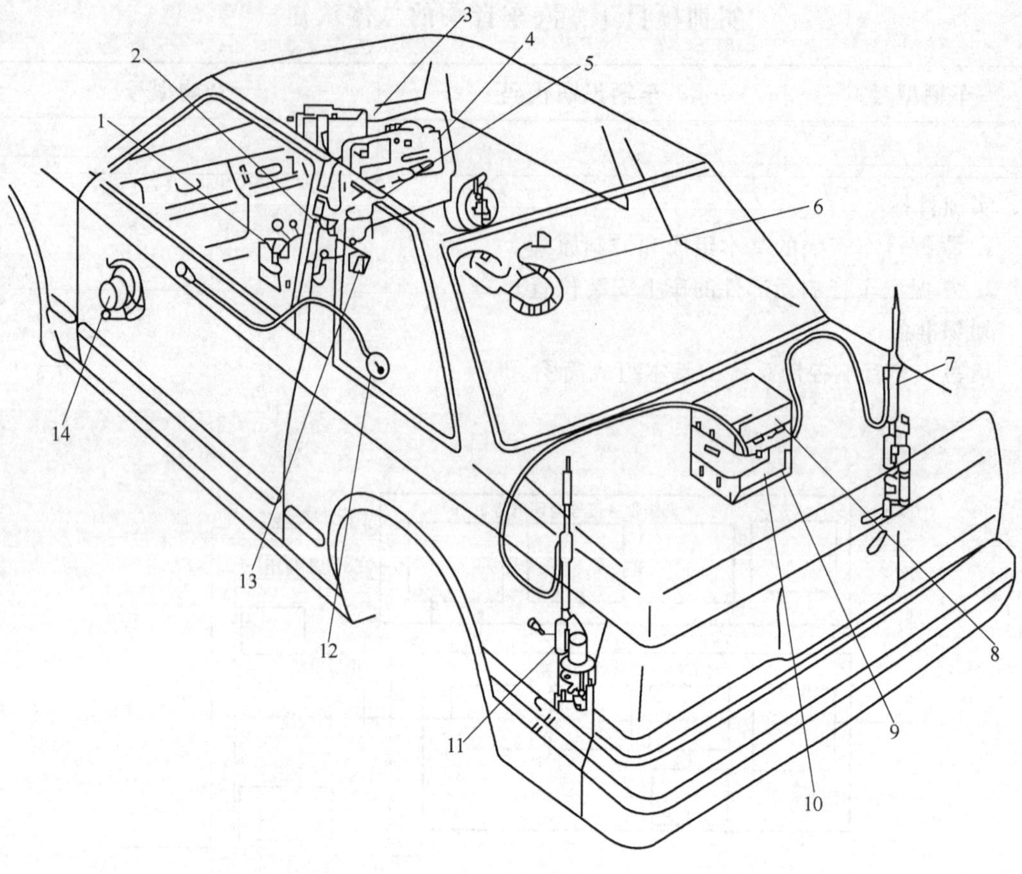
1
2
3
4
5
6
7
8
9
10
11
12
13
14

（1）______________。　（8）______________。

（2）______________。　（9）______________。

（3）______________。　（10）______________。

（4）______________。　（11）______________。

（5）______________。　（12）______________。

（6）______________。　（13）______________。

（7）______________。　（14）______________。

四、实训小结

____

____

____

第 2 章 汽车音响的结构与工作原理

学习目标：

- 掌握调谐器的类型和基本组成。
- 能正确分析调谐器调幅接收电路。
- 能正确分析调谐器调频接收电路。
- 掌握汽车磁带放音机的组成和工作原理。
- 了解汽车 CD 唱机的类型与特点。
- 掌握汽车 CD 唱机的组成和工作原理。
- 掌握车用 VCD 影碟机的组成和工作原理。
- 掌握车用 DVD 影碟机的组成和工作原理。
- 了解卫星导航汽车音响的特点。

汽车音响的信号源（或主机）主要有调谐器、放音机、CD、VCD、DVD、MP3、MD 和传声器等。汽车音响通常由机械和电路两大部分组成，其中电路部分可分为收音和放音两部分，收音部分又可分为调幅（AM）和调频（FM）两部分，功放部分与收/放音、磁带、CD 放音共用。普通汽车音响整机电路框图如图 2-1 所示。

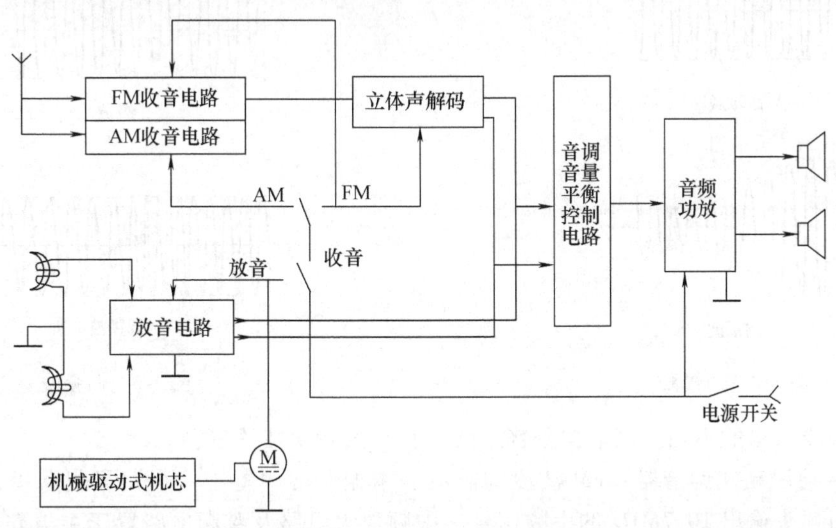

图 2-1　汽车音响整机电路框图

2.1 调谐器

收音机是汽车音响的信号源之一，用于接收广播电台发送的调频和调幅信号，并对广播信号进行处理得到音频信号。汽车收音机与普通收音机不同，其内部不包括低频功率放大器、扬声器、天线等部件，称为调谐器。

2.1.1 调谐器的类型和基本组成

1. 调谐器的类型

按调谐方式的不同，调谐器分手动调谐和自动（数字）调谐两种。

按调谐器接收信号的不同，调谐器分 AM 调谐器（接收调幅信号）和 FM 调谐器（接收调频信号），两者通常组合为调幅/调频调谐器（AM/FM 调谐器）。

高频载波的幅度按调制信号（音频信号）的变化规律而变化的过程称为调幅（AM），其波形如图 2-2 所示。高频调幅波的振幅随音频信号的瞬时值的大小成正比例变化，振幅的包络线与音频信号的波形一致，包含音频信号的所有信息，而高频载波的频率和相位不变。使高频载波的频率按调制信号变化的规律而变化的过程称为调频（FM），其波形如图 2-3 所示。调频波的幅度不变，高频载波的频率发生变化，音频信号的幅度越大，调频波的瞬时频率越高，音频信号幅度越小，调频波瞬时频率越低。

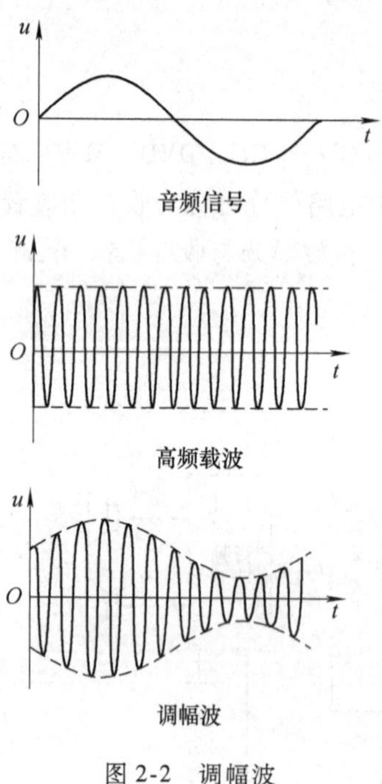

图 2-2 调幅波

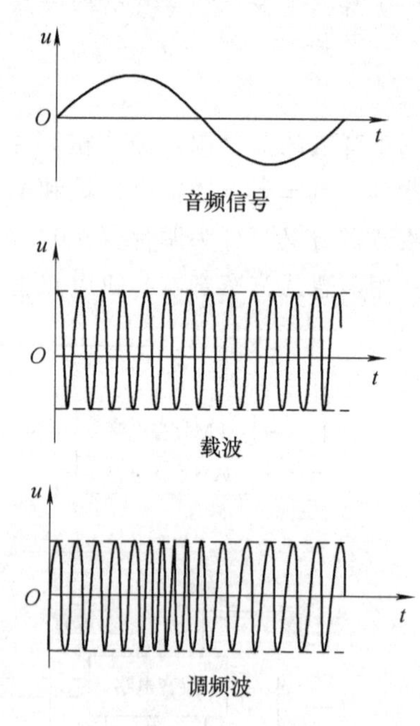

图 2-3 调频波

按调谐器结构的不同，调谐器分普通式、数字式和集成式三种。

（1）普通手动式调谐器　FM 波段的高放、本振和混频置于一个铁屏蔽盒里，称为 FM 调频头，调频头输出 10.7MHz 的中频信号。中频放大电路及鉴频电路置于主电路板上，AM 波段有关组件置于主电路板上。

（2）数字式调谐器　通常将 AM 收音电路和 FM 收音电路分别做在两个铁屏蔽盒里，输出经过解调的音频信号。

（3）集成式调谐器　AM 和 FM 处理电路采用单片集成电路，将其作为一个组件置于铁屏蔽盒内，输出 AM 和 FM 音频信号。

上述各种类型的调谐器，输出经过解调的 AM 和 FM 音频信号，其中调频输出为立体声的左（L）和右（R）双声道音频信号。

汽车音响通常采用调幅的中波波段（535～1605kHz）和调频波段（88～108MHz），较高级的汽车音响调幅中波有两个波段（AM1 和 AM2），调频有三个波段（FM1、FM2 和 FM3）。数字调谐器每个波段都可存储若干个电台。

2. 调谐器的基本组成

调谐器主要由高频放大器、本机振荡器、混频器、中频放大器和检波器等组成。其输入来自天线的射频信号，输出为小功率的音频信号，此音频信号经共享的功放电路放大后，推动扬声器还原成声音。调谐器的电路框图如图 2-4 所示。

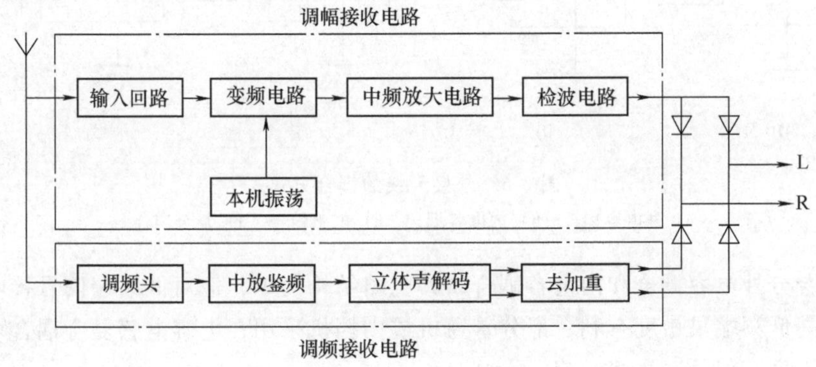

图 2-4　调谐器电路框图

2.1.2　调谐器调幅接收电路

普通超外差式调谐器简称为调幅调谐器，由输入回路、变频电路、中频放大电路、调幅检波电路、音量音调控制电路和功放电路组成，如图 2-5 所示。高档汽车音响通常还有一级

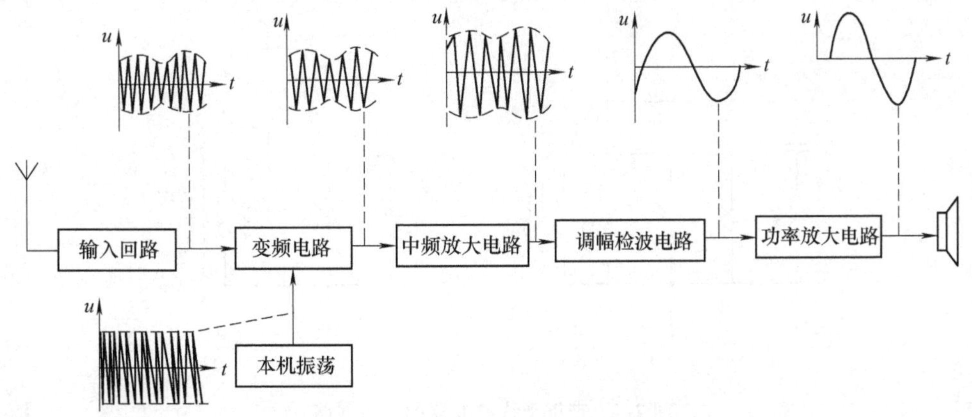

图 2-5　调谐器调幅接收电路框图

高频放大电路、独立的本机振荡和混频电路。

1. 输入回路

输入回路又称输入调谐回路或选频电路，是指从天线到第一个放大器之间的电路。输入电路将天线接收到的各种高频（电台）信号输送到选择回路，选出要接收的电台信号，送到下一级（变频）电路，并抑制掉不需要的各种信号。

（1）带外接无线的输入回路　汽车音响为适应其特殊接收环境的要求，提高收音的灵敏度，使之能接收远距离电台的微弱信号，通常采用外接天线。外接天线与输入回路之间可采用电容耦合、电感耦合和电容电感复合耦合等三种方式，如图 2-6 所示。

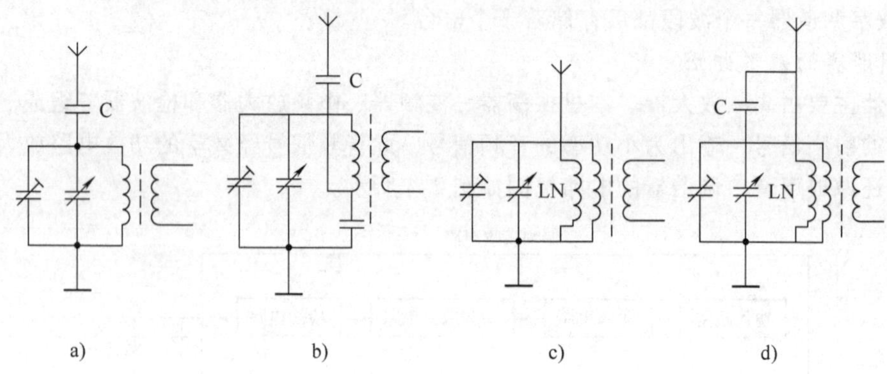

图 2-6　外接天线的耦合方式

a）外电容耦合　b）内电容耦合　c）电感耦合　d）复合耦合

电容耦合分外电容耦合和内电容耦合，其电路结构简单，但对低频端信号接收不利；电感耦合对提高低频端灵敏度有利，部分普通机或中档机采用；电容电感复合耦合可提高整个波段内的灵敏度，仅用于高档音响。

（2）带抗干扰滤波器的输入回路　当频率为 465kHz 或其附近的信号出现在接收天线时，或存在汽车电器干扰信号时，由于一般输入回路的选择性较低，此干扰信号一旦漏过输入电路，经后面的放大电路，会对调谐器产生强烈干扰，影响正常收听。因此，必须在输入回路中加一个中频滤波器，滤掉干扰信号。一般有串联谐振和并联谐振两种，其电路如图 2-7 所示。中频滤波器可采用陶瓷滤波器或晶体滤波器。

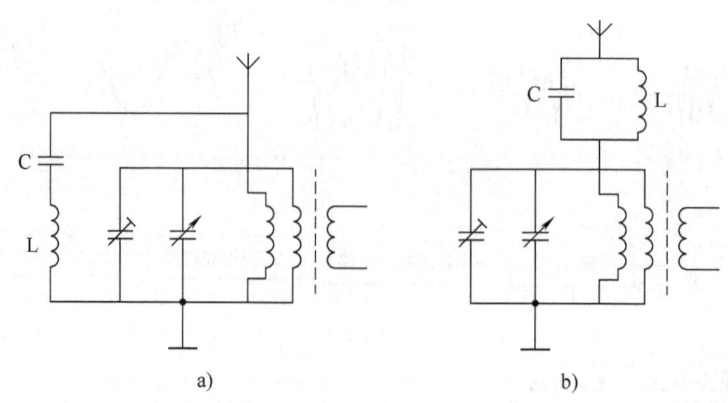

图 2-7　带抗干扰滤波器的输入回路

a）串联谐振　b）并联谐振

（3）汽车音响天线输入回路　如图 2-8 所示，AM、FM 共用汽车音响天线，对于 AM，同轴电缆输入端的阻抗：电容为 80pF 左右，电阻为 5 ~ 10Ω；对于 FM，电阻为 75Ω。拉杆天线在缩进时，电容量还要增加 5 ~ 10pF；设计电路时，以全部拉出为标准。输入回路中设计一个半可变电容器，装车后用旋具从车外调整。

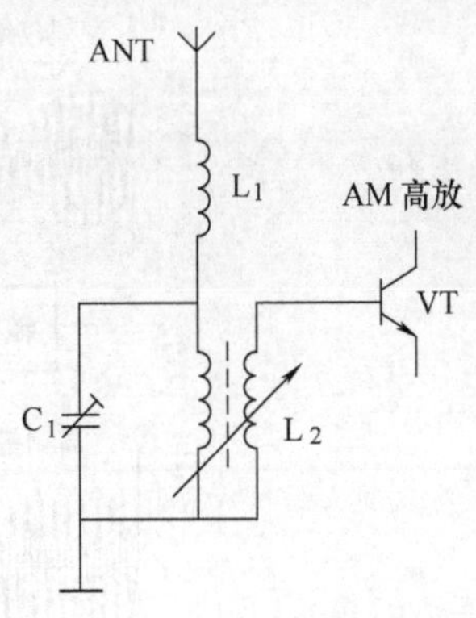

图 2-8　汽车音响天线输入回路

2. 高频放大电路

高频放大电路用于提高整机的灵敏度、选择性和信噪比。AM 超外差式调谐器通常不加高放级，但因汽车音响接收环境恶劣，为获得稳定的接收信号，需加一级高放电路。

高放电路常用共发射极和共基极放大电路，若选用超高频管，可采用共发射极放大电路，以获得较高的增益和较好的高频特性。典型的高频放大电路如图 2-9 所示。VT_1 为高频放大管，C_3 为滤波电容，C_2 为隔直兼高频信号耦合电容。发射极电阻 R_2 用于稳定 VT_1 的工作点，C_4 为发射极旁路电容。L_3、C_5、C_6、C_7 组成高放级调谐回路。电阻 R_3 用于降低高放级调谐回路的 Q 值，使其通频带不至于太窄，以提高音质。C_8 是隔直兼高频信号耦合电容，VT_2 为变频兼振荡管。

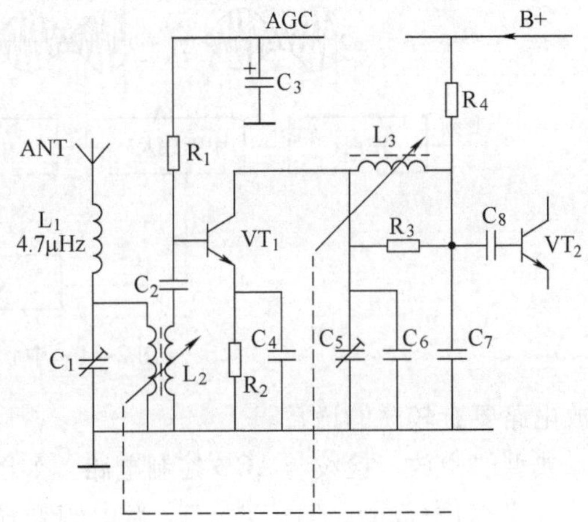

图 2-9　典型汽车音响 AM 高放电路

3. 变频电路

变频电路分自励式变频和他励式变频两种。若非线性元件既产生本振信号，又实现频率变换，则该电路称为自励式变频电路，即变频器。若非线性元件仅实现频率变换，而本振信号由其他元件产生，则称为混频器。包括本振器件在内的整个电路称为他励式变频电路。变频电路将输入电路选出的不同频率的电台信号变为固定频率的中频（465kHz）信号，只变换载波频率，信号的包络线（音频信号）与原高频信号的包络线不变。变频电路由本机振荡器、混频器和选频回路组成，其电路框图如图 2-10 所示。

（1）本机振荡电路　有共基调发、共发调集和共发调基振荡三种类型。

（2）混频器电路　将高频信号与本机振荡信号混合的过程称为混频。根据本机振荡信号注入方式的不同，混频电路可分为基极注入式、发射极注入式和集电极注入式三种。

（3）变频电路　自励式变频电路只用一只晶体管同时完成振荡和混频任务。汽车音响通常采用自励式变频电路，高档音响通常采用他励式变频电路。

4. 中频放大电路

中频放大电路从变频后的混频信号中选出 465kHz 中频信号并进行放大，再将放大后的信号送往检波级。中频放大级直接影响到调谐器的灵敏度、选择性、失真度和自动增益控制等性能指标。典型的中放电路由两级放大器、三级选频回路组成，如图 2-11 所示。第一级放大器受自动增益（AGC）控制，工作点较低，增益不高。为保障电路的总增益，第二级

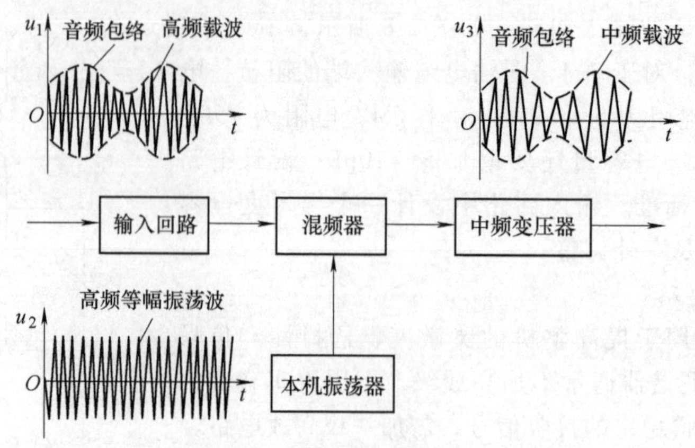

图 2-10　变频电路原理图

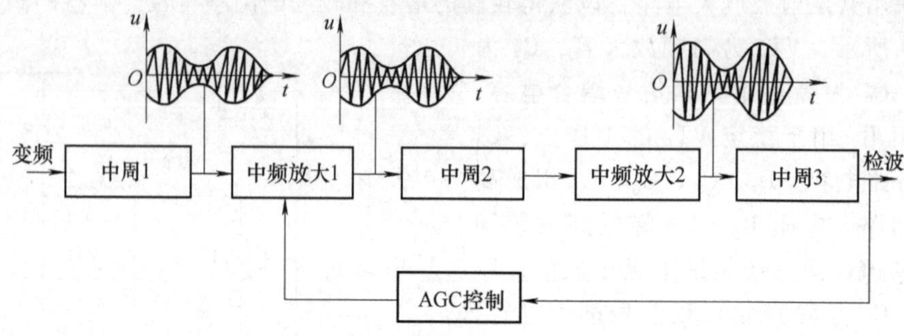

图 2-11　中频放大电路框图

中放电路要有较高的增益。

典型的中放、检波与 AGC 控制电路，如图 2-12 所示。采用两级中放，3 只单调谐中频。VT_2、VT_3 为中放管，T_1、T_2、T_3 为中频变压器，电阻 R_4、二极管 VD_1 为自动增益控制元件。

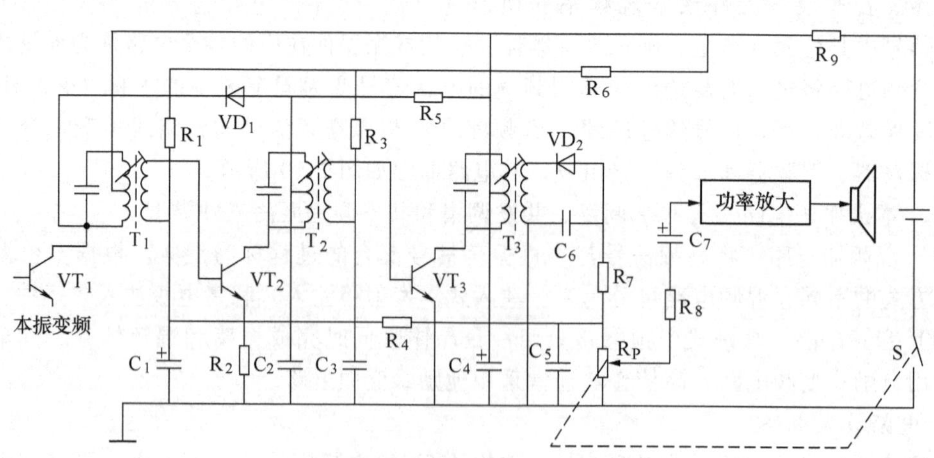

图 2-12　中放、检波与 AGC 控制电路

5. 调幅检波电路

调幅检波电路将音频信号从中频载波上分离出来，也称幅度检波器。目前，二极管检波

器最常用，典型的二极管检波电路如图 2-13 所示。小信号检波二极管工作在非线性区，其效率低且不可避免地要产生非线性失真。

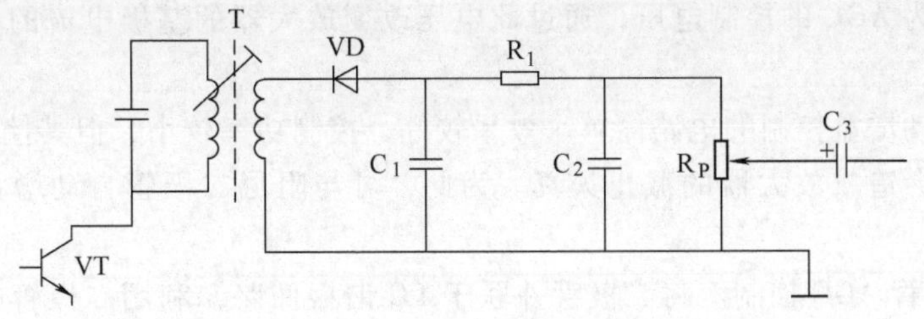

图 2-13　二极管检波电路

检波电路包括检波器件（二极管）和低通滤波电路两大部分。图 2-13 中的 VT 为末级中放，T 为末级中频变压器，VD 为检波二极管，C_1、R_1、C_2 组成Ⅱ形滤波电路，RP 为音量电位器，其电路框图如图 2-14 所示。

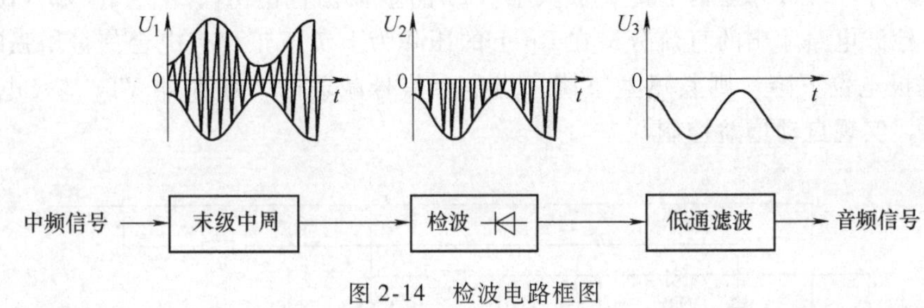

图 2-14　检波电路框图

6. 自动增益控制（AGC）电路

（1）功能及要求　收音机收到电台信号的强弱因不同电台及其距离远近而变化，且强弱差距较大。若为接收远方电台的弱信号而将收音机的增益做得很高，则收听本地强电台时可能造成因放大器饱和而产生非线性失真，声音阻塞；若为收听本地强电台而降低收音机的各级增益，则降低了收音机的灵敏度。尤其是汽车行驶时，接收条件会发生很大变化。为此，收音机中都设有自动增益控制电路（AGC），根据接收电台信号的强弱自动调节接收机的增益，即在信号较弱时，使增益提高；当信号较强时，使接收机的增益自动降低。AGC 电路与中放和检波电路配合使用。要求 AGC 电路控制范围大、工作稳定性好。

（2）基本原理与类型

① 基极电流 AGC 控制。采用随电台信号强弱而变化的电压或电流，实现放大器的自动增益控制。普通收音机的 AGC 只控制第一中放，如图 2-15 所示。汽车音响一般有一级高

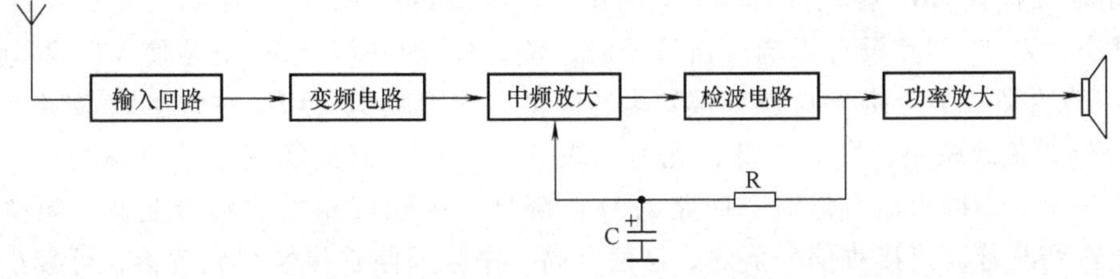

图 2-15　自动增益控制电路框图

放，为获得较宽的控制范围，AGC 要对高放、中放都进行控制。检波器输出电压既有音频信号也有直流分量，其幅值与电台信号的强弱成正比。利用 RC 回路组成的低通滤波器取出其直流成分，作为 AGC 的控制电压，通过此电压改变放大器的基极电流的大小，从而改变放大器的增益。

基极电流自动增益控制的电路简单、效果较好、控制功率较小，但其控制范围窄，当输入信号过大时，会造成放大器的截止失真。为此，可与阻尼二极管自动增益控制电路配合使用。

② 阻尼二极管 AGC 控制。将二极管并联于 LC 谐振回路，利用二极管的反向电阻随反向电压大小而改变的特性，改变 LC 谐振回路的 Q 值，从而改变放大器增益。

（3）AGC 电路的工作原理

① 基极电流 AGC 控制电路原理。典型的自动增益控制电路如图 2-16 所示，R_4、C_1 组成了低通滤波器，从检波后的信号中取出直流分量，形成负反馈电压，控制第一中频放大器 VT_2 的增益，为一级 AGC。静态时，放大器 VT_2 的基极偏置由 R_1、R_4、R_P 和 VD_2 的正向电阻决定，检波电路输出的直流分量在 Rp 上的压降为上负下正，当电台信号增强时，放大器 VT_2 的基极电位下降，则其增益下降；当电台信号减弱时，放大器 VT_2 基极电位上升，其增益增大，实现自动增益控制。

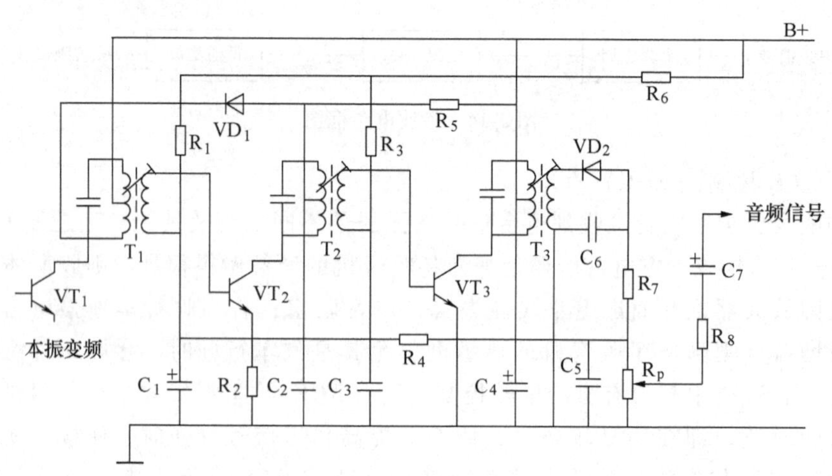

图 2-16　典型的自动增益控制电路

R_4、C_1 用于滤除检波后的音频信号，取出 AGC 直流电压，确定 AGC 的控制策略。若滤波电路的时间常数（R_4、C_1 的乘积）太小，则不能彻底清除检波后的音频成分；时间常数过大，则 AGC 控制速度变慢，跟不上输入信号的变化。

② 阻尼二极管 AGC 控制原理。VT_2 的集电极电流经过 R_5 产生压降，使二极管 VD_1 处于反偏状态，对 T_1 回路没有影响；强信号时，R_4、C_1 的一级 AGC 电路使 VT_2 集电极电流下降，R_5 的压降减小，使 VD_1 反向偏置电压降低，内阻减小，VD_2 并联在 T_1 回路中，使回路 Q 值降低，负载减小，增益降低，此为二级 AGC。该电路能实现自动增益控制，还能自动调节通频带。当接收信号强时，回路的 Q 值降低，中频回路的通频带变宽，频率失真减小，音质得到改善；当接收信号弱时，Q 值升高，中频回路选择性得到改善，可减小其他信号干扰。

2.1.3　调谐器调频接收电路

调谐器调频接收电路如图 2-17 所示，通过输入回路调谐选出所需要的调谐信号，经高频放大级放大后，由变频电路转换成频率固定的中频信号（我国规定调频中频为 10.7MHz）。变频过程只改变信号的载波频率，而不改变原调制信号。再经限幅器限幅，将寄生调幅（干扰信号）“切除”掉，鉴频器将频率的变化转换成电压幅度的变化，从而取出音频信号，经功率放大，推动扬声器发出声音。

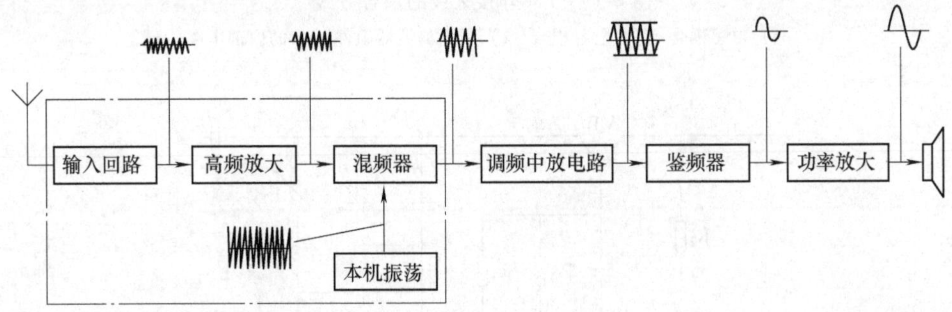

图 2-17　调频接收电路框图

1. 调频头

调谐器调频接收的高放、本振和混频部分置于铁屏蔽盒内，称为调频头。调频头电路由天线输入回路、高频放大电路、混频器和本机振荡电路组成，如图 2-18 所示。调谐器输出 10.7MHz 的中频信号。目前，汽车收音从中频放大到音频输出的信号处理都实现了集成化，部分高级汽车多媒体将调幅收音电路、调频及立体声解调电路全部置于调谐器内，调谐器输出音频信号，且在调谐器内有数字接口，由 CPU 通过总线控制。

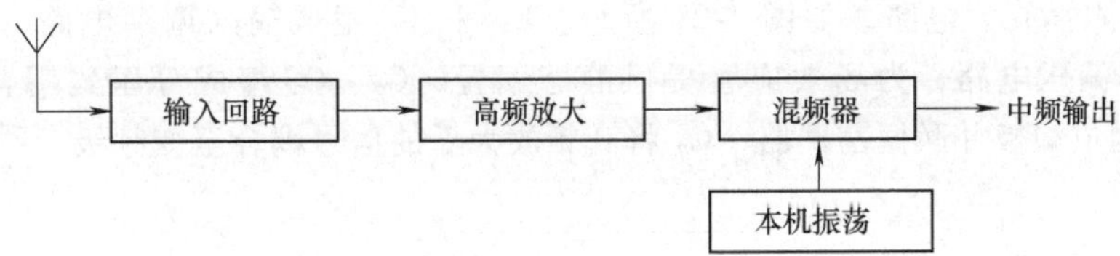

图 2-18　调频头电路

（1）输入回路　分调谐式和不调谐式两种。调谐式输入回路按调谐方式又分为机械调谐和电子调谐两种，机械调谐采用可变多联电容器实现调谐，电子调谐以变容二极管代替可变电容器。

输入回路与天线的耦合方式分电感耦合和电容耦合，如图 2-19 所示。电感耦合通过初、次级合适的匝数比，实现最佳匹配。带通滤波器组件 BPF 的通频带为 86～110MHz，对输入 70MHz 以下或 130MHz 以上的信号均有 20dB 的衰减，能有效抑制带外干扰。

（2）高频放大电路　分晶体管放大电路和场效应晶体管放大电路，晶体管放大电路又分为共基极和共发射极高频放大电路。变频放大电路用于提高调频接收机的灵敏度和选择性，为调谐放大器，对输入回路选出的信号进行放大和进一步选频，以提高整机的信噪比。

共基极高频放大电路，如图 2-20 所示。对于高频信号，C_5 相当于短路，R_2、R_3、R_4

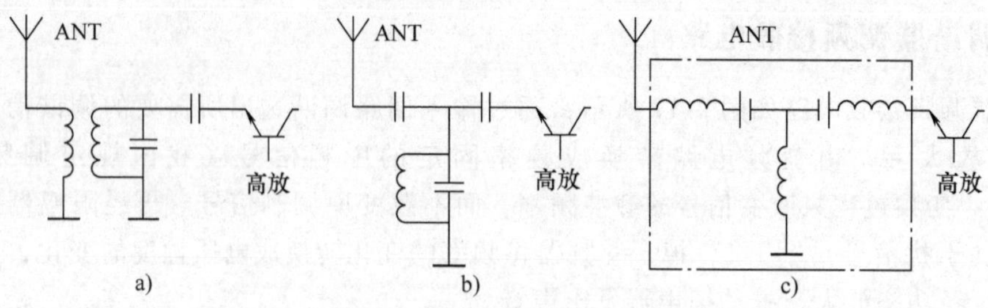

图 2-19　FM 外接天线的耦合方式

a）电感耦合　b）电容耦合　c）带通滤波器组件 BPF 的内部电路

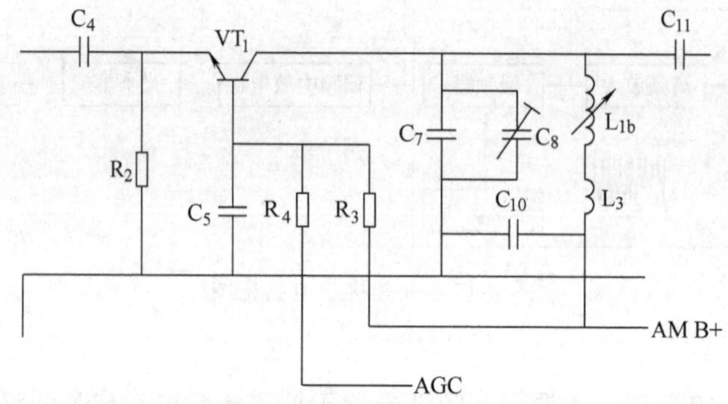

图 2-20　共基极高频放大电路

为晶体管 VT_1 的偏置电阻，R_4 的一端接 AGC 电路，为一级增益可控放大器。C_4 与高放管的输入阻抗并联，对输入信号进行分压。C_7、C_8、L_{1b}、L_3 构成高放调谐回路，为 VT_1 的负载，调谐回路选出的电台信号，经电容 C_{11} 送到混频器。

场效应晶体管放大电路，如图 2-21 所示。$L_天$ 和 C_1 组成输入调谐电路，R_1、R_2、R_4 构成自给栅极偏压电路，为场效应管提供静态偏置，C_2、C_3 组成分压式耦合电路，$L_高$、C_5、C_6、C_8 构成漏极并联振荡回路，C_7 将高频放大后的信号耦合至变频级。

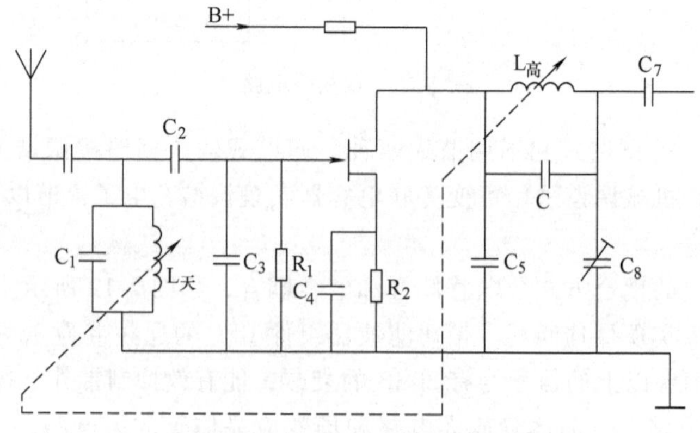

图 2-21　场效应晶体管放大电路

（3）变频电路　由混频器和本机振荡电路组成，其原理与调幅调谐器相同，分自励式和他励式两种类型。自励式变频电路由一只晶体管兼做混频器和本机振荡，大多采用共基方

式；他励式变频电路将混频和本机振荡分开，采用两只晶体管，混频器采用共发射极和共基极两种方式。

(4) 调频中放电路　对 10.7MHz 的中频信号进行选频和限幅放大，有较高的增益和良好的选择性、稳定性，较宽的频带和良好的限幅特性。

2. 鉴频器

鉴频器又称为调频检波器或频率检波器，为频率-电压变换器，将频率变化信号转化为电压变化信号，即从 10.7MHz 的中频载波中取出音频信号。若接收的是立体声信号，鉴频器解调出立体声复合信号。目前汽车多媒体系统，中放及鉴频电路都已实现集成化，多采用移相乘积鉴频器和锁相环鉴频器。

(1) 移相乘积鉴频器（正交相位鉴频器）　由限幅器、移相器（90°移相电路）、乘法器（与门）和低通滤波器组成，如图 2-22 所示。

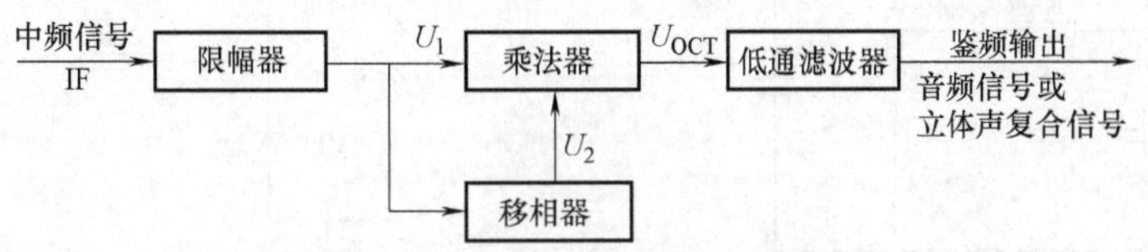

图 2-22　移相乘积鉴频器电路

(2) 锁相环鉴频器（PLL 鉴频器）　由相位比较器、低通滤波器和压控振荡器等组成，如图 2-23 所示。

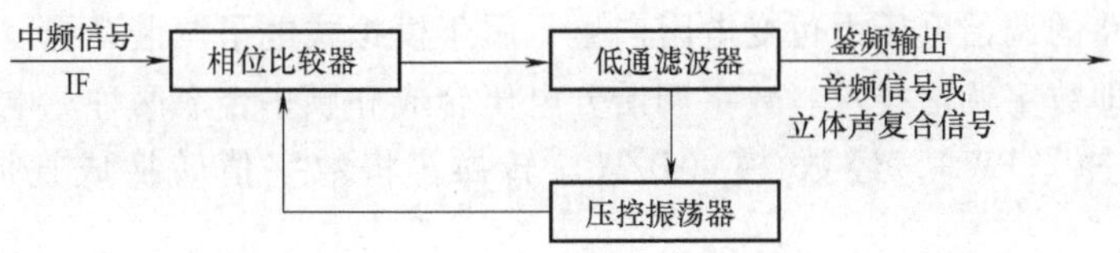

图 2-23　锁相环鉴频器电路

(3) 预加重和去加重　调频发射过程中，将信号的高频端提升称为预加重，通常采用高通滤波器法。为恢复原调制信号，将发射过程中提升的高频分量连同噪声一起降低称为去加重，通常采用低通滤波法。

(4) 调频立体声译码器　从鉴频器输出的立体声复合信号中取出音频信号，恢复 38MHz 的副载波，从复合信号中分离出左、右声道音频信号，分别送入功放电路。调频立体声译码器分频分式译码器（矩阵式译码器）和时分式译码器（开关式译码器）两种。常见的立体声译码器有矩阵式、开关式和锁相环式三种。

2.1.4　数字调谐器

数字调谐系统（DTS）是微处理技术在音响系统领域的具体应用，采用数字调谐技术的调谐器取消了机械式调谐和指针频率指示机构，可实现自动选台、各种信息数字显示、多个电台存储和遥控等功能，操作简单，且性能优于普通调谐器，广泛应用于中高档汽车音响。

1. 电子调谐的基本原理

在变容二极管的两端加上反向直流偏压时，变容二极管的等效电容随着反偏电压的大小

而变化。若将变容二极管接到谐振回路（如本振或高放）时，只要改变反向偏压的大小，则能改变回路的谐振频率。如图 2-24 所示，变容二极管 VD 反偏，R 为隔离电阻，用于防止高频信号进入电源，C 为隔直电容，调节可变电阻 R_p，即可改变二极管 VD 的反向偏压，回路的谐振频率随之改变。电子调谐实际为调容调谐。

电子调谐基本电路的 VD 两端存在高频电压，使其容量随高频信号电压的瞬时变化而改变；由于 VD 是非线性元件，会造成谐振特性曲线的畸变，产生高频非线性失真。为此，对两变容二极管施加相等的调谐电压，如图 2-25 所示，高频电压对两管的相位相反，作用互相抵消，以补偿上述不足。

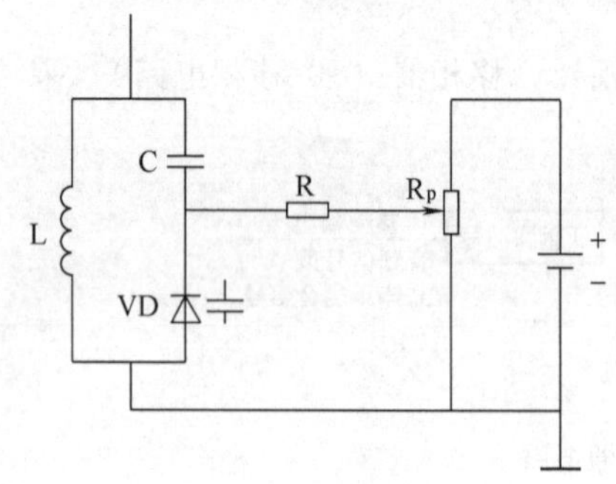

图 2-24　电子调谐基本电路

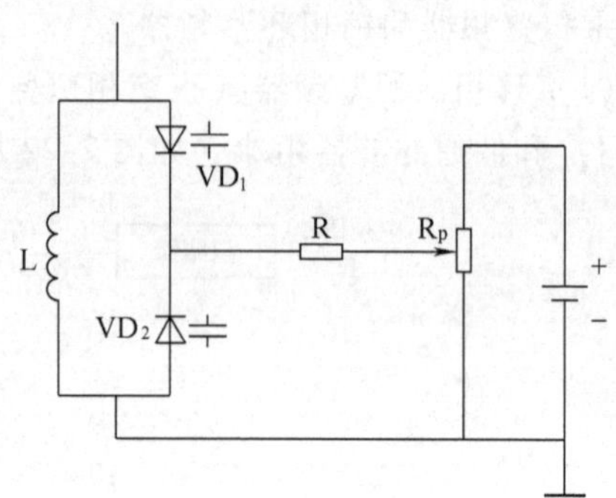

图 2-25　电子调谐修正电路

2. 电压合成数字调谐系统

电子调谐电路的调谐电压由可变电阻产生，属于模拟式电子调谐系统。调谐电压的大小采用电子控制，即数字调谐技术。数字调谐分电压合成和频率合成两种。电压合成是由数字芯片输出调宽脉冲（PW），经数/模（D/A）转换，将数字值转换成直流电压作为调谐电压。

电压合成为早期采用的初级数字调谐方式，简称 VS 方式，如图 2-26 所示。控制器收到键盘指令后，输出相应的 PW 方波，传给 D/A 转换器，将数字信号转换成模拟电压，以对本振回路实行电调谐。另外，本振频率经预置分频和计数后，显示器显示接收的电台频率。该调谐方式的控制精度取决于 D/A 转换器，为获得较高的控制精度，常采用脉宽（PW）调制方式的 D/A 转换器，如图 2-27 所示。CPU 根据键控指令，输出 PW 方波，其周期为常数 T，脉冲宽度为 t，占空比 $D=t/T$。CPU 输出方波的占空比（或脉宽）随着键盘输出指令的变化而变化，经倒相及低通滤波后生成调谐电压，VT 用此电压控制振荡器的谐振频率。图 2-28 所示为 CPU 输出的不同占空比的方波信号。

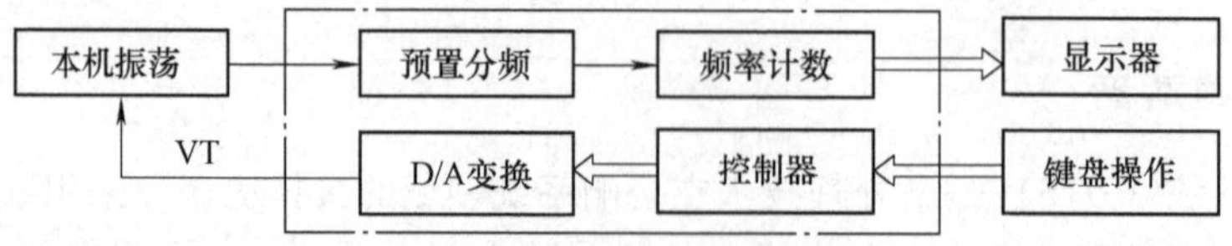

图 2-26　电压合成框图

电压合成方式结构简单、成本低，且 D/A 转换器的输出电压相对稳定，没有锁相环路在跟踪锁定过程中可能产生的动态噪声。但其温度稳定性差且调谐精度不高，本振频率容易受温度的影响而漂移。为此，汽车音响采用了锁相环式（PLL）频率合成数字调谐器。

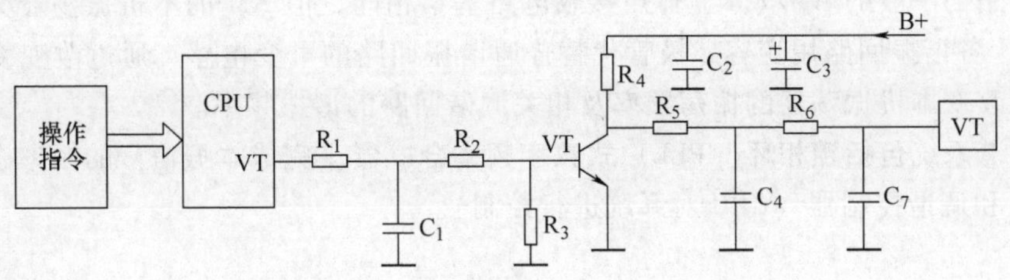

图 2-27　电压合成 D/A 转换电路

3. 锁相环式频率合成数字调谐器

(1) 数字调谐器的特点

① 波段、电台频率、时间等信息采用显示器数字显示，无需频率指针和刻度盘，显示误差小。

② 功能强大，调谐快速准确，能实现手动或自动调谐、多个电台记忆存储、各电台浏览选听等功能。

③ 调谐精度高，频率稳定性好，能完全消除调谐偏差。

④ 采用按键操作，易于遥控。

⑤ 没有易磨损元件，可靠性高、寿命长。

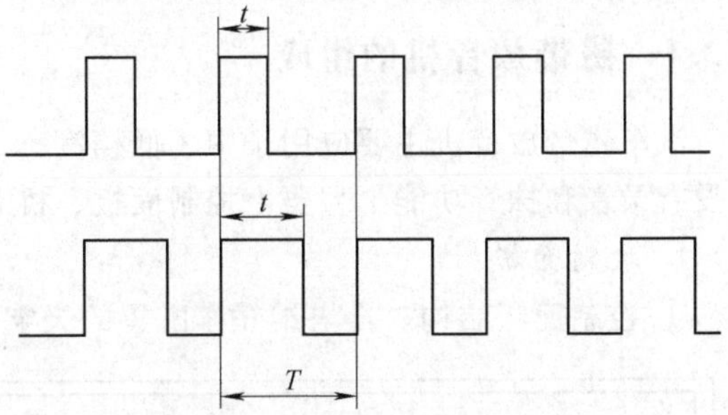

图 2-28　不同占空比的方波信号

(2) 数字调谐器的组成　由信号接收电路和数字调谐控制电路组成，如图 2-29 所示。

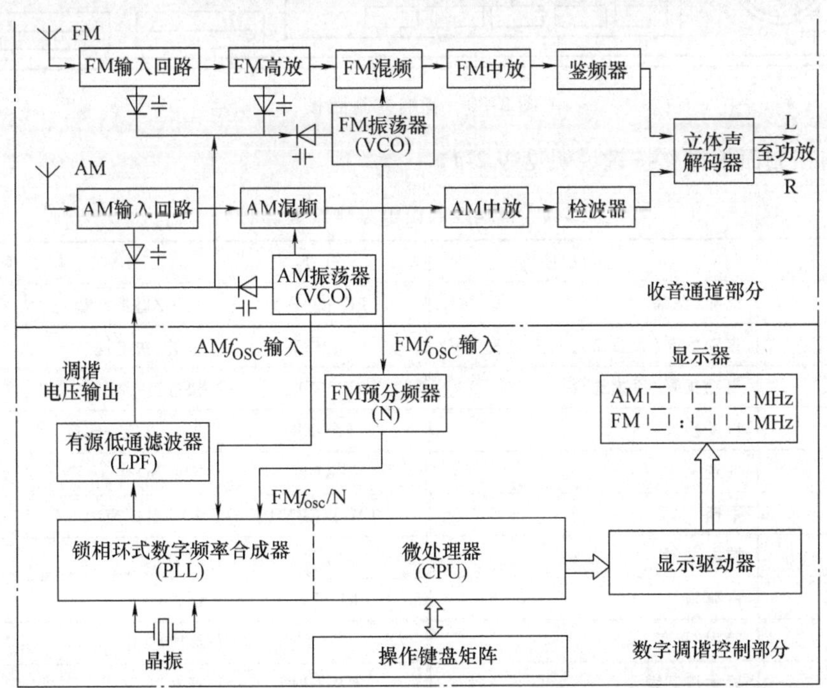

图 2-29　锁相环式频率合成数字调谐器结构框图

信号接收电路与一般的 AM/FM 立体声接收电路基本相同，但 AM 的本机振荡器为压控振荡器（VCO），各谐振回路用变容二极管代替普通谐振回路的可变电感，通过改变变容二极管的反向偏压改变本机振荡器的振荡频率及相关调谐回路的谐振频率。

数字调谐系统包括锁相环（PLL）式数字频率合成器（完成本振信号的频率合成及频率数字显示）和调谐控制器（CPU 对系统进行控制）。

2.2 汽车磁带放音机

2.2.1 磁带放音机的组成

汽车磁带放音机主要应用于中、低档汽车，与普通盒式录音机的结构组成基本相同，只是没有录音和抹音功能，主要由控制面板、机芯、控制电路和磁带等组成。

1. 控制面板

① 控制面板结构。桑塔纳轿车配置的天宝 TB-988 型音响控制面板如图 2-30 所示。

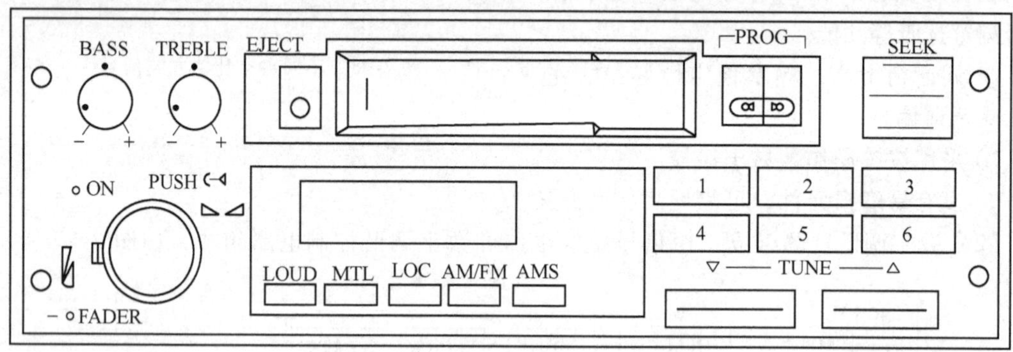

图 2-30 音响控制面板

② 音响控制面板操作按键说明见表 2-1。

表 2-1 音响控制面板操作按键说明

符号	功能说明	符号	功能说明
AM/FM	调频/调幅	FE/EJECT	快进/退带按键
AUTO	自动换向(录音带运行方向改变)	FF/REW	快进/快退键
AS/PS	自动预置/预置选台	F. FWD	快进键
AMS	自动预置存储	FADER	平衡音量对比度
BASS	低音	FADE	声音淡出
BAL	平衡	FM STEREO	调频立体声
BAND	波段选择	JAZZ	爵士乐
CLASSIC	古典乐	KEYING	键控
DX/LO	远程/近程	OUT	线路输出
DISP	显示控制键	ON/OFF	开/关
EJECT	弹出	LOCK	同步

（续）

符号	功 能 说 明	符号	功 能 说 明
LOUD	响度	SEEK	自动搜索
MUTE	静音	SCAN MEMO	自动搜索存储
MD	右声道	STOP	停止
MOND	单声道	SCAN	搜索
MANUD TUNIND KNOB	手动调谐	STOPEJE	停止/退出
MEW	手动存储	SKIP	跳过
POPS	流行乐	ST	立体声
PULL	拉	TUNE	双功能键
PUSH	推	TONE	音调控制
PWP. VOL	音量开关	TAPE	磁带
POWER	电源开关	TREBLE	高音
PUSHPWR	开关	VOL	音量控制
PROG	程序	TUNER	旋钮
ROCK	摇滚乐	VOL UME	音量
REW	倒转	VOCAL	话音

2. 机芯

机芯是音响的放音驱动机构、制动机构以及其他辅助动作机构的总称。音响放音机分单方向运转放音机（用于单声道和双声道）和双方向运转放音机（用于双声道和四声道）。单方向运转的放音机采用一个卷带轮和一组压带轮（包括主导轴），双方向运转的放音机采用两个卷带轮、两组压带轮（包括主导轴）。音响档次不同，放音机的结构有较大差别，多数高档汽车音响均在放音机上加装双电动机控制、微动开关线路连锁控制、继电器控制和驱动集成电路控制等。

（1）机芯类型　分低档、中档和高档三种类型。

① 低档汽车收/放音机机芯。结构、功能简单，只能单面放音，不能自动返转，多用于货车或客车。

② 中档汽车收/放音机机芯。具有自动返带功能，采用高档四磁迹磁头或升降式二磁迹磁头，用于普通轿车、中高档轿车和旅行车。

③ 高档汽车收/放音机机芯。采用全逻辑或半逻辑机芯，具有自动返转、自动进出带、轻触式按键功能。

（2）机芯的组成　主要由磁带定位舱、驱动电动机、主导轴、传动带、卷带轮、压带轮和磁头等部件组成，如图 2-31 所示。

① 恒速走带机构。不同恒速走带机构的原理基本相同。放音时，在主导轴和压带轮的驱动下，磁带以恒速和合适的张力经过磁头，走带速度为 4.76cm/s。走过的磁带要及时卷绕到磁带盒的盘心上。提供磁带一侧的盘心叫供带盘，卷绕磁带的盘心叫卷带盘。在快进或快倒时，驱动机构使卷带盘或供带盘快速旋转，带动盘心快速绕带。微电动机是驱动机构的总动力源。

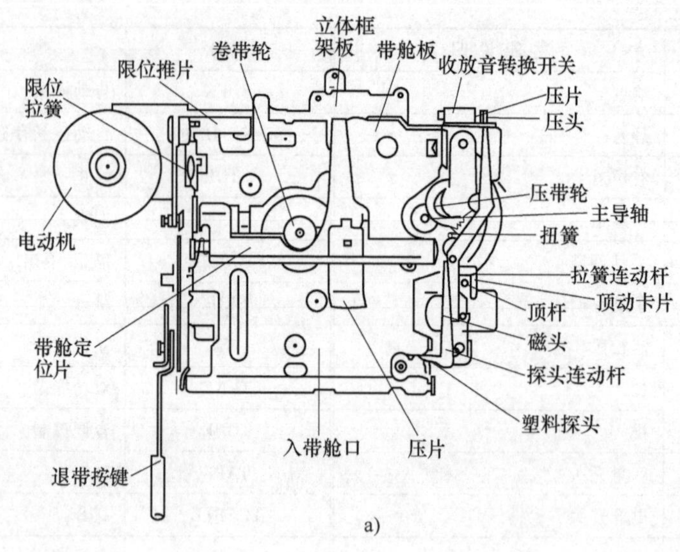

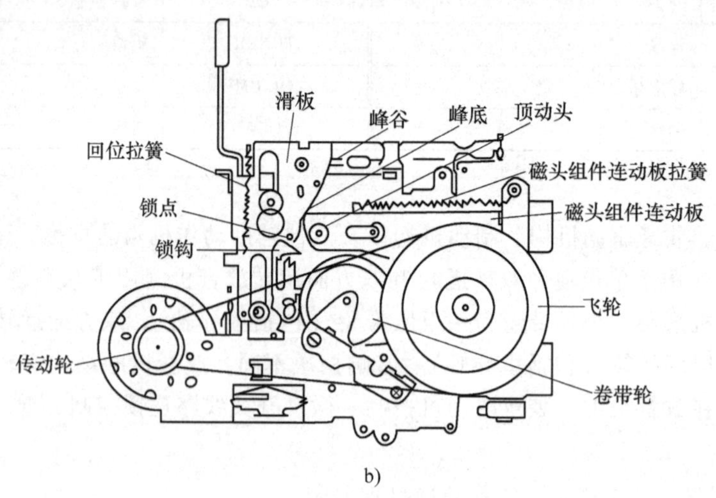

图 2-31　磁带放音机机芯

a）正面　b）背面

机芯驱动机构包括磁带恒速驱动机构、盘心驱动机构和进出盒机构三部分。磁带恒速驱动机构将供带盘上的磁带恒速牵引出来，盘心驱动机构将恒速牵引出来的磁带及时卷绕到磁带盒的盘心上。汽车收/放音机的磁带装载机构有专门的一套进出盒机构。

机芯的主导轴驱动机构如图 2-32 所示。电动机转动时，通过一条橡胶带驱动两个主导轴转动，电动机内部采用稳速机构，使主导轴恒速旋转。压带轮以一定的压力，将磁带压贴于主导轴表面，如图 2-33 所示，磁带则以恒速经过磁头。两个导轴的旋转方向相反，即使电动机的旋转方向不变，当两组主导轴与压带轮分别单独工作时，磁带向两个相反方向走带。

② 传动带（橡胶传动带）。橡胶传动带利用摩擦力将电动机转矩传送给飞轮，使飞轮转动。采用带传动可缓冲、隔离电动机振动，过载时通过打滑保护录音机和磁带。

③ 驱动电动机。它由定子、转子、换向器（整流子）、电刷及外壳等组成。

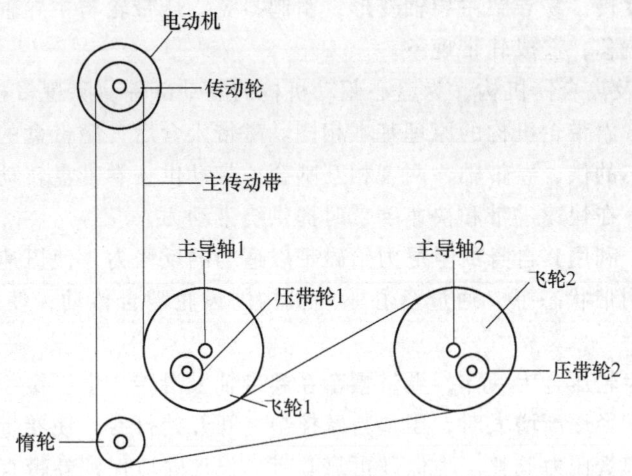

图 2-32　主导轴驱动机构

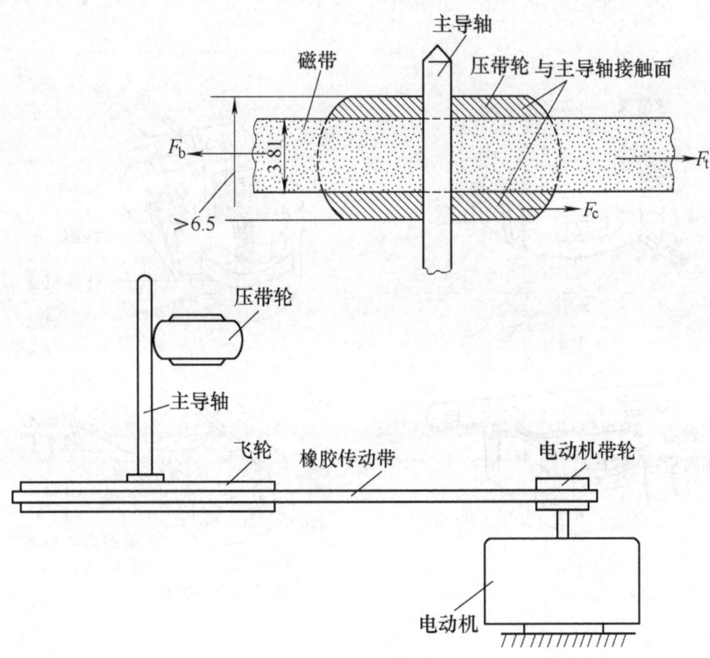

图 2-33　磁带驱动机构

④ 主导轴。以恒速传送磁带，磁带的速度由主导轴的速度与其外径决定。

⑤ 飞轮。利用自身的转动惯量稳定主导轴的转速，其转动惯量越大，抑制中间传动件变动负载对主导轴转速干扰的能力越强。主导轴与飞轮之间通常采用黄铜套紧配合安装，将飞轮主导轴体系一起安装在机芯底板上的含油轴承中。

⑥ 压带轮。磁带紧贴在主导轴上，使磁带由主导轴恒速带动。在金属轮上套一个橡胶轮套，轮套的外形有宽压带轮和鼓压带轮等。鼓压带轮可避免走带时由于压带轮与主导轴间不平行而引起变形，宽压带轮牵引力较大，但易因磁带两边压力不均匀而引起滑动。

压带轮的压力一般在 4Pa 左右，压力过小时，磁带运行中易打滑，造成抖动；压力过大

时，会使走带速度变慢，易导致主导轴变形，引起抖晃。压带轮与主导轴必须严格平行，否则会引起磁带上下偏移，造成轧带现象。

⑦ 供、卷带轮及离合器机构。为盘心驱动机构的驱动部件，除逻辑机芯没有离合器外，其他各种机构的供、卷带轮机构的原理基本相同。磁带入盒后，磁带盒的供带盘心孔和卷带盘心孔分别插入机芯的供、卷带轴，两者相互啮合，带动供、卷带盘转动，提供适当走带张力，实现供、卷带，在快速进带和快速倒带时提供绕带动力。

在放音状态下，利用其自身的阻尼力给磁带以适当的反张力，使恒速驱动过来的磁带不至于松弛；在快速倒带状态下，通过盘心驱动机构的齿轮啮合传动，使供带轮反向高速旋转，将磁带收回。

卷带轴与卷带齿轮压合为一体，卷带帽套在卷带轴上滑转，由压簧、压垫和摩擦垫传递力矩，当磁带卷带直径逐渐增大时，压垫与摩擦垫之间开始打滑，使卷带帽转速降低。离合器摩擦力的大小由弹簧压力调整。为保证可靠卷带，设计时应保证卷带直径最小时的磁带线速度略大于恒速走带速度（4.76cm/s）。

⑧ 磁头。它主要由铁心、线圈、屏蔽罩、工作缝隙、固定支架及导带叉等组成，如图2-34所示。

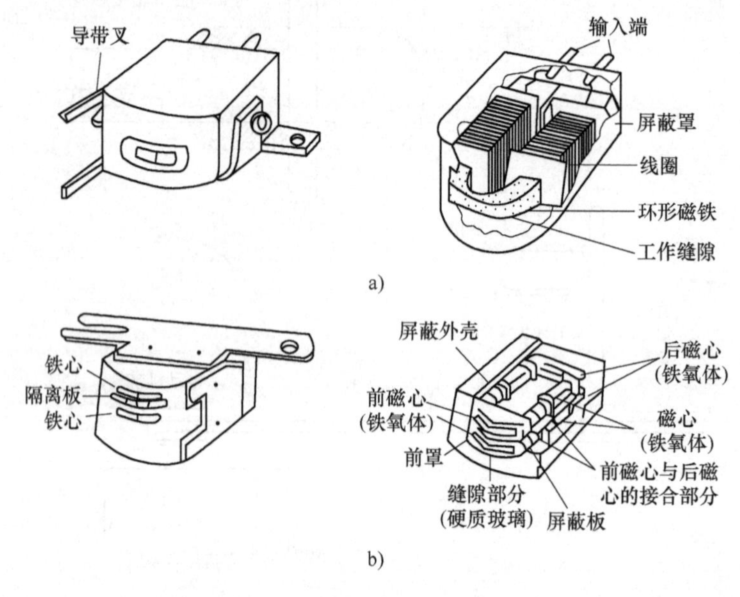

图 2-34　磁头

a）环形磁头　b）立体声磁头

铁心采用坡莫合金、铁氧体、铁硅铝等高磁导材料制成，对于不绕圈的抹音磁头，铁心可采用磁钢等硬磁性材料充磁而成。铁心被前后两个缝隙分割成两个对称部分，铁心前部与磁带相接触的缝隙，称为工作缝隙，它决定磁头的频响特性、使用寿命等；铁心后缝隙录音时将铁心不磁化到饱和程度。为了防止外磁场对内铁心的干扰，磁头铁心都装在由磁导率很高的磁性材料制成的屏蔽罩中，并且磁头正面经过研磨抛光处理。线圈绕在磁头铁心上，交直流抹音，录、放音磁头及录、放两用磁头线圈只有两根引线。导带叉固定在磁头外壳上，保证磁带行走时与磁头工作缝隙相吻合。立体声磁头与上述单声道磁头基本相同，只是录、

放磁头中左、右声道各具有独立的线圈、铁心和工作缝隙。即在同一个屏蔽罩内装有两个同样的铁心，上下叠装在一起，分别用于左声道和右声道。为了减少通道间串音，在两铁心间加一层坡莫合金屏蔽板。放音磁头为磁电转换器件，将磁带上记录下的剩磁转换成相应的电信号。

3. *磁带*

盒式磁带的结构如图 2-35 所示，磁带盘由上、下外壳组成，在磁带盒内装有两个尺寸、形状完全相同的盘心轮，磁带卷绕在盘心轮上，磁带的两端是没有记录信号的引带。在带盘的上、下面有润滑垫片，表面涂有石墨粉或碳粉，起润滑作用，以减少走带时的阻力，还能使磁带卷平整。带盒内还装有两个导带滑轮、导带轴、屏蔽片、磁带压垫等部件。

导带滑轮在磁带卷绕过程中随之旋转，并使磁带有一定的张力。屏蔽片用于减小杂散磁场对磁带和磁头的干扰，以提高磁带录音的信噪比。

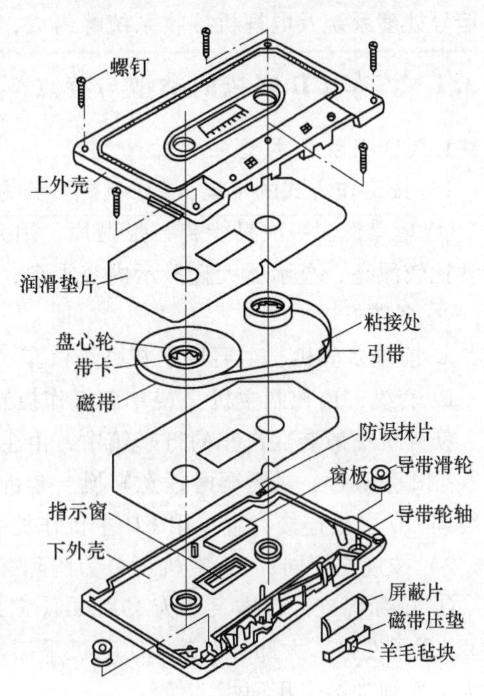

图 2-35　盒式磁带

2.2.2　磁带放音机的工作原理

磁带放音机工作原理如图 2-36 所示。录有音频信号的磁带，以录音时的恒速（4.76cm/s）经过放音磁头的工作缝隙时，磁带上的音频剩磁的磁力线通过磁头铁心形成回路。磁带不断经过放音磁头的缝隙时，铁心上产生的磁通密度也不断变化，变化磁场切割放音磁头的线圈，使线圈两端产生感应电动势，在磁头线圈中产生感应电流，其大小与原来录音音频信号电流的大小成正比。将该微弱的感应信号送到音频前置放大器进行电压放大，再进行功率放大，最后推动扬声器发出原声音。

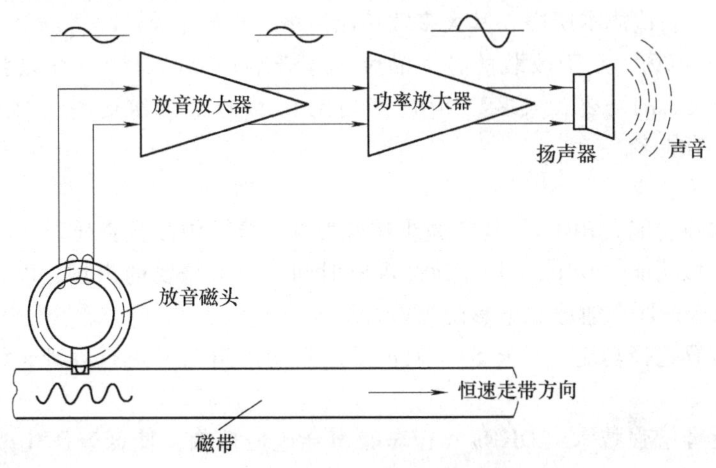

图 2-36　磁带放音机工作原理

2.3 汽车 CD 唱机

汽车碟片机使用的音源有 CD、MD、MP3、VCD、DVD 等，较高档的汽车 CD 唱机可兼容 MD 和 MP3，VCD 是 CD 和 DVD 间的过渡产品，VCD 唱机与 CD 唱机相比，可播放图像。汽车 DVD 属汽车音响的高端产品，主要由控制主机、显示器、多碟背包（换片器）、音视频信号处理系统及电视机接收系统等组成，有些 DVD 唱机还有电子地图、可视倒车雷达等。

2.3.1 汽车 CD 唱机的类型与特点

1. CD 唱机的类型

1）按工作方式的不同，CD 唱机可分为单碟机和多碟机。

① 单碟机。一次只能装一张碟片，用完一张碟片必须取出后再换另一张。单碟机面板通常比较漂亮，显示器大且显示内容丰富，颜色以黑色和银灰色为主。

② 多碟机

a. 前置多碟机，主要用于较高级汽车，结构复杂，其控制系统和换碟系统合而为一。

b. 套机，由控制主机（或单碟机作控制主机）和换片机（俗称背包）组成。

换片机一般装在汽车的行李箱中，由主机控制其工作，换片机按不同的型号可一次性放置 6 ~ 12 张碟片，供需要时任意转换。套机的抗振性比单碟机好，有些换片机可通过 CD 转换线与 CD 主机连接，直接用 CD 主机作控制主机。

2）按规格不同，CD 唱机可分为国际标准和大屏幕机。

① 国际标准。标准尺寸为 178mm（宽）×50mm（高），称为 1DIN（DIN 为德国工业标准），通用性强，大部分车载 CD 唱机采用。大部分欧洲车可直接安装，美国原装 CD 唱机略大，必须加装专用面板。

② 大屏幕机。标准尺寸为 178mm（宽）×100mm（高），称为 2DIN，主要用于日本车系，其档次较高，应用较少。

3）按生产及销售方式的不同，CD 唱机可分为 OEM 和 ODM 两大体系。

① OEM 为汽车生产厂配套的定制产品，即原装音响。其外观与汽车内饰融为一体，安装稳固，但受汽车制造成本所限，其大多数功能简单，音质平常。

② ODM 供应市场，用于改装的各大品牌汽车音响产品。其个性化极强，产品档次繁多，能适应不同层次的需要。大多数 ODM 产品比 OEM 产品档次更高，能用于欣赏更多的音源，音质好，功能多。

2. CD 唱机的特点

（1）音质加强功能（BBE） 用于减少信号失真，提升中高频音质。

（2）声场模拟功能（DSP） 用于改变混响时间，模拟需要的声场，以克服车内声场的压迫感，如模拟音乐厅、迪厅、电影院和体育场等。

（3）听音位置选择功能（L. P. S） 对前后左右的声道信号进行处理，将声场定在车内的不同位置。

（4）数字泛音增强技术（DHE） 行车噪声会遮掩低频，使低音恶化减弱，DHE 用于加强低音。

(5) 采用 12V 直流供电　即小电压大电流供电，要求供电用材质的阻抗非常小，以确保输出功率稳定。

(6) 抗干扰能力强　发动机点火装置和各种用电设备共用蓄电池，通过电源线和其他线路对音响产生噪声干扰。CD 唱机有很强的抗干扰能力。

(7) 抗振技术　汽车在不同的路面上行驶，CD 唱机会产生冲击振动，为此 CD 唱机采用了多种抗振技术。

① 电子抗振。激光拾音器在振动时产生位移，而读不到碟片上的信号，待其回复时已产生了声音的停顿。电子抗振使激光拾音器预读几秒的信号，使振动与播放有一个时间差，再播放的是几秒前读取的信号。因振动产生的停顿在时间差里被修复，可得到没有停顿的连续信号。

② 弹簧减振。广泛使用于单碟机，机芯部分使用弹簧固定，以减少振动。

③ 减振器。主要用于多碟背包。用减振器固定机芯部分的四角，并用弹簧悬挂起来。

(8) 数字双调谐器和定向天线　汽车行驶时，CD 唱机中的收音天线不仅接收直接由发射器发出的信号，还接收经由建筑物和其他障碍物反射的信号，其信号强度、传播时间及相位都有所不同。不同的信号叠加后，效果非常差，数字双调谐器和定向天线的运用可减少因信号叠加而出现的上述现象。

(9) 内置功率放大器　CD 唱机有内置功率放大器，通过机头配线直接驱动各扬声器。

(10) 机头配线　CD 唱机通过机头配线、电源及其他设备连接，相同品牌配线的杆孔位置和形状相同，可通用。不同品牌的 CD 唱机，虽然设计不同，但基本上都有 12V 电源线、ACC 控制线、GND 搭铁线、FL、FR、RL、RR、自动天线控制线和功放控制线 9 条线。

12V 电源线为主电源的输入线。ACC 控制线为控制信号输入线。GND 搭铁线为 CD 机的总搭铁线。FL、FR 为前置左路、右路扬声器线，RL、RR 为后置左路、右路扬声器线，以上 4 根扬声器线都是双股线，共有 8 根线，其中 FL“+”和 FL“－”、FR“+”和 FR“－”、RL“+”和 RL“－”、RR“+”和 RR“－”共四组。每组线中的“+”、“－”极分别接在相应扬声器的“+”、“－”接线柱上。不允许串组接，不要把“+”、“－”极接反。

自动天线控制线在主机启动收音系统时，通过自动天线控制线给自动天线一个信号，使天线电动机运动升起天线，无信号时降下天线。在音响系统中有时为提升系统档次，需加装功率放大器，在开机时主机通过功率放大器控制线给功率放大器一个开机信号。有些主机配线没有这根线，应在车内找 ACC 线接上。

汽车音响能抗高温、严寒、废气、灰尘、潮湿等。目前国内市场音源主机是日系产品占主导地位，如阿尔派、松下、索尼、JVC、先锋、健伍、歌乐等，欧系产品有菲利普、蓝宝等。

2.3.2　汽车 CD 唱机的组成与原理

1. CD 唱机的组成

CD 唱机由机械系统、光学系统、伺服系统、信号处理系统和控制系统等组成，如图 2-37 所示。可实现放音、暂停、快进、快退、编程放音、自动选曲、一曲或多曲重放多种功能，操作方便，使用灵活。

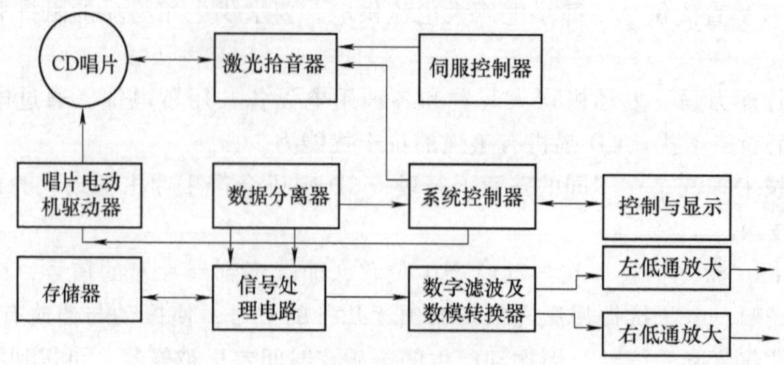

图 2-37　CD 唱机结构框图

(1) CD 唱片

① CD 信号。CD 信号为数字信号，模拟音频信号经过采样量化成为 PCM（脉冲编码调制）信号后，还要经过 EFM（8～14bit 调制）编码处理，并在信号中插入控制与显示信号（子码），进行曲目显示及选曲等特殊重放。记录在唱片上的 CD 信号被分段，每段称为一帧，如图 2-38 所示。帧与帧之间还要插入作为分隔符的帧同步信号。

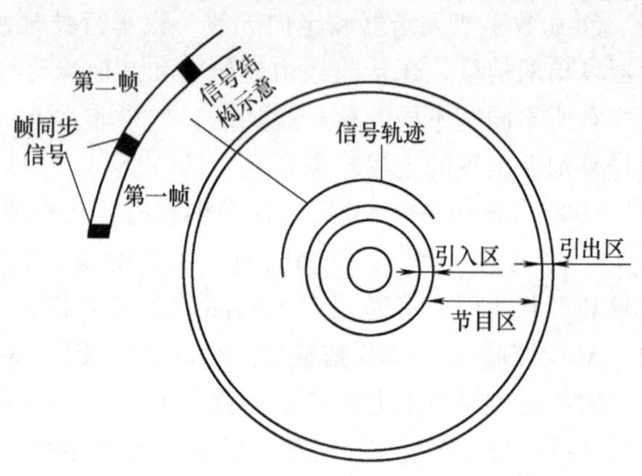

图 2-38　CD 唱片结构

② CD 唱片的信号轨迹。CD 唱片以凸凹的形式记录 PCM 信号，在聚碳酸酯材料的基片上压印有极高密度的凹坑，代表音乐信息及各种辅助信息，如曲目的时间、位置、信道数等。CD 唱片是一种光学形式的数字唱片，记录数字信号，在 CD 唱片上为一系列深度为 0.11μm、宽度为 0.42μm、长度不等的信号坑。信号坑共有 3～11T 九种长度，其中 T 为 CD 信号的时钟周期。

③ 信号的读取。CD 唱片重放时采用光学非接触方式读取唱片上记录的信息。播放 CD 唱片时，激光拾音器发射波长为 0.78μm 的激光束，由 CD 唱机中的聚焦伺服和循迹伺服系统控制，准确照射在 CD 唱片的信号轨迹上，经 CD 唱片反射回的光线量在有信号坑处少，在无坑处几乎全部被反射回来，反射光强度的变化由激光拾音器中的光敏二极管检测，变为电信号。

④ CD 唱片工作特点。如图 2-38 所示，唱片的最里圈部分称为引入区，内容为 CD 唱片的目录（TOC），记录 CD 唱片中的节目数及各节目在唱片中的位置（即从 CD 唱片开始位置到各节目所在位置的绝对时间）等内容，播放时可显示及选曲。CD 唱片最外圈部分称为引出区，指示 CD 唱片上灌录节目的末尾。CD 唱片在进行正常重放时，由内向外进行。

CD 唱片在重放时，不是以恒定转速（或称恒定角速度 CAV）旋转，而是以 1.25m/s 的恒线速度（CLV）旋转。转速变化范围为 500～200r/min，内圈转速快，外圈转速慢，由 CD 唱机中的主轴伺服电路控制。

（2）机械系统　CD 唱机的机械系统由激光拾音器、驱动机构、加载机构和减振机构组成。激光拾音器通过圆柱导轨安装在驱动机构上，用于读取激光唱片上的 PCM 数字信号和伺服信号，激光拾音器中还安装了轴传动装置和自动功率控制电路（APC），确保有恒定功率的激光束始终正确聚焦地跟踪唱片循迹。驱动机构执行滑板伺服和主轴旋转伺服。加载机构支撑驱动机构（包括激光拾音器）和装载 CD 唱片。减振机构减少外界对激光拾音器的冲击振动，可防止音乐信号丢失。

① CD 唱片加载机构与主轴电动机。CD 唱片加载机构是控制 CD 唱片托盘进出机器的装载机构，CD 唱机中设有 1～2 个托盘位置检测开关（OPEN/CLOSE 开关、CLOSE LIMIT 开关或 IN SW/OUT 开关），用于检测 CD 唱片托盘的位置是在机内还是在机外，以及检测唱片托盘运动是否到位，以关闭或接通托盘电动机。主轴电动机（唱盘电动机）带动 CD 唱片做旋转运动。

② 唱片的压片机构。CD 唱片装入唱机后，CD 唱机主轴上端的一个锥形卡盘要从 CD 唱片底部卡入 CD 唱片的中心孔内，将 CD 唱片顶起，使之与 CD 托盘分离，并与位于 CD 唱片上部的一个磁性压盘相配合卡牢 CD 唱片。该动作由主轴电动机机构整体向上移动完成，退片时主轴电动机机构向下移动，松开 CD 唱片。压片机构的动力由托盘电动机提供。

另一种压片机构的主轴电动机机构不动，CD 唱片上部的压盘向下动作，将 CD 唱片压在主轴卡盘上。CD 唱机也设置一个开关（UP/DOWN 开关）检测该动作的完成情况。若 CD 唱机设置了该开关，则其状态正确与否决定了主轴电动机是否开启，即正确执行压片动作后，主轴电动机才能转动。

③ 径向移动系统。CD 唱片旋转时，径向移动系统带动激光拾音器做径向运动，在伺服系统的控制下，激光束才能始终照射在唱片的信号轨迹上读取信息、重放、执行选曲或搜索等操作。径向移动系统的传动机构有齿条型、丝杠型和线性电动机型，其中以齿条型和丝杠型应用较多。在激光拾音器径向移动机构中设有激光拾音器位置检测开关（1～2 个），开关之一的位置相对于 CD 唱片的最内圈位置，称为激光拾音器起始限位开关（START LIMIT SW 或 INITIAL LIMIT SW），用于检测激光拾音器运行到 CD 唱片最内侧时的状态，如图 2-39 所示。当激光拾音器运行到最内侧时，激光拾音器与内侧限位开关接触，开关闭合。另一开关位置相对于激光唱片的最外侧，用于检测激光拾音器运行到 CD 唱片最外侧时的状态。

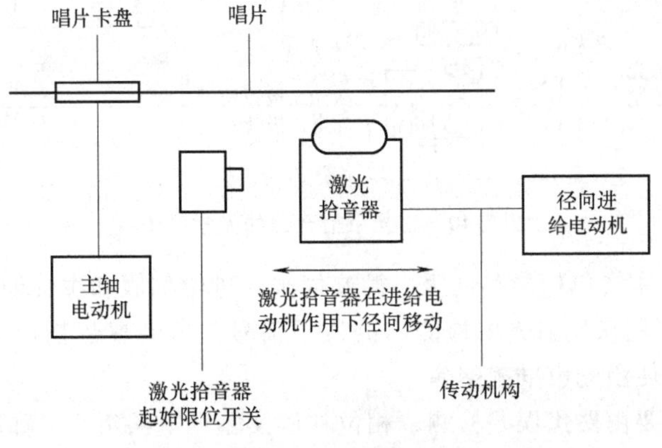

图 2-39　激光拾音器起始限位开关

(3) 光学系统　CD唱片在旋转过程中，由于转盘倾斜、唱片翘曲以及唱片放置不当等将产生上下摆动，其最大幅值可达1mm，超出物镜的焦距范围，为此采用聚焦伺服机构，使尖锐微小的光斑始终照射到唱片信息面上。由于转盘和唱片的偏心以及轨迹径向偏差等原因将引起轨迹径向摆动，其最大幅值可达1.0μm，为此采用径向循迹伺服机构，使光斑始终正确地跟踪轨迹。

半导体激光器产生的激光束通过光学系统到达唱片信息反射层，然后返回到光电检测器。通过光电转换，提取唱片上存储的数字音频信号、循迹误差信号（TE）和聚焦误差信号（FE），以便进行聚焦伺服和循迹伺服处理。

光学系统由激光源、光学器件和光检测器三部分组成，即三光束拾音器光学系统，如图2-40所示。激光二极管发射一束功率恒定的激光，射到衍射光栅后，分裂成三束光。中间的光束为主光束，用于拾取射频信号及聚焦误差信号；两侧光束为辅光束，用于拾取循迹误差信号。三束光分别经偏振棱镜、准直透镜、1/4波长板以及物镜后聚焦于CD唱片上，再由CD唱片反射，经偏振棱镜后射向柱面透镜，聚焦于光检测器，光检测器由6只光敏二极管组成，如图2-41所示。主光束射到A、B、C、D等4只光敏二极管上，旁边两束光分别射向E、F两只光敏二极管上。从A、B、C、D光敏二极管上可拾取射频信号、聚焦误差信号以及寻迹误差信号。

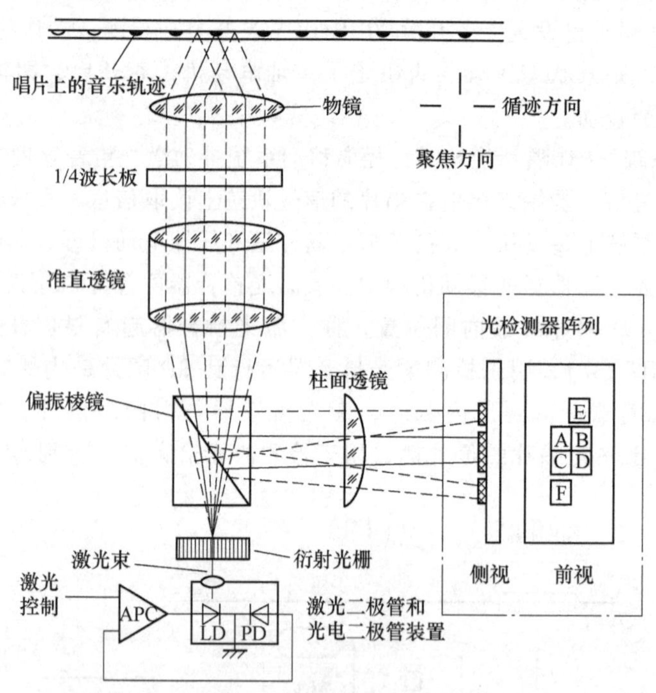

图2-40　三光束拾音器的光学系统

(4) 伺服系统　主要包括聚焦伺服、循迹伺服、进给伺服和主轴伺服。

① 聚焦伺服。利用从反射光中检测出的误差信号，驱动聚焦物镜沿光轴方向移动，跟踪唱片的上下波动，使激光束准确聚焦。

聚焦伺服电路主要由聚焦误差检测、相位补偿及驱动电路组成，如图2-42所示。

聚焦伺服在反射光路径中的柱面透镜使光束形成图像，其形状随唱片的上下波动而改

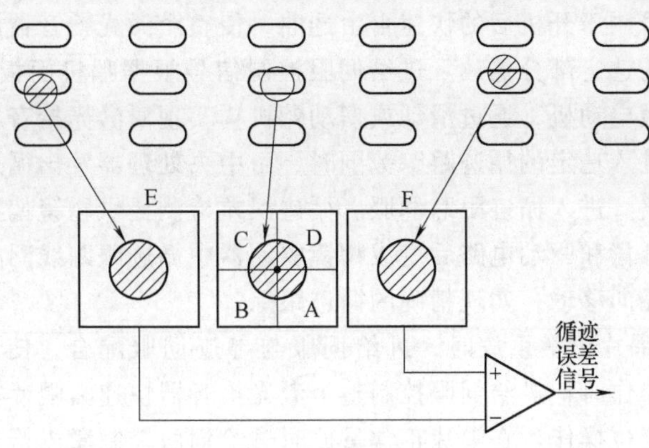

图 2-41　光检测器

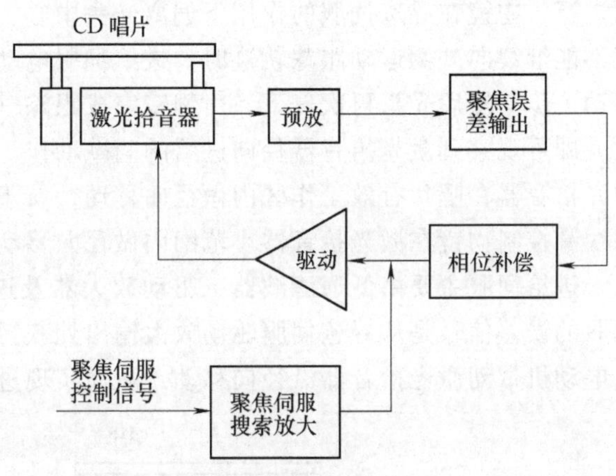

图 2-42　聚焦伺服电路

变，再由四分割光敏二极管组成的光检测器测定光量分布的变化情况。当聚焦准确时，四分割光敏二极管上的成像为圆形，各光敏二极管接收的光量相同，聚焦误差为零，聚焦伺服电路使拾音器的物镜保持不动。若光束聚焦不正确，形成的检测光点将变为椭圆，使 4 个光敏二极管受光量不等。此时，光检测器将产生大小和极性不同的聚焦误差信号，聚焦误差信号经放大处理后，控制聚焦线移动，调节拾音器物镜在垂直位置，使其聚焦准确。

② 循迹伺服。其工作原理与聚焦伺服相似，从反射光中提取误差信号，通过控制光点沿径向移动，以准确跟踪坑点轨迹的移动。循迹伺服电路主要由循迹跟踪误差检测、相位补偿和驱动等电路组成，如图 2-43 所示。

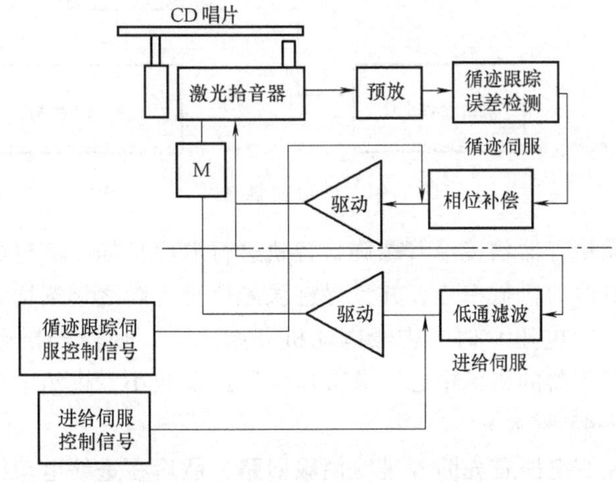

图 2-43　循迹和进给伺服电路

循迹伺服控制信号用于开机后的快速自由选曲，使整个激光拾音器沿唱片径向大幅度移动，以便移到唱片上的选定部分播放。进给伺服控制信号根据唱机面板上的按键输入信息，驱动输出送往进给伺服电动机，通过滑动或摆动臂机构实现对激光拾音器的进给控制。当选曲结束，激光拾音器进入选定的循迹跟踪范围时，由中央处理器发出循迹跟踪伺服控制信号接通循迹跟踪伺服环路，进入循迹跟踪伺服。循迹误差检测提供物镜偏离循迹中心的方向和大小的信息，经相位补偿和驱动电路后变成物镜驱动器中循迹跟踪线圈的电流，产生磁场力使激光拾音器物镜沿径向移动，实现精确的循迹跟踪。

③ 进给伺服。在唱片正常重放时，进给伺服与寻迹伺服配合，使光束跟踪唱片轨迹；在进行选曲、搜索等操作时，进给伺服控制整个激光拾音器快速沿唱片径向运动，在寻迹伺服的配合下完成选曲定位操作。在唱片正常重放时进给伺服控制激光拾音器所做的径向运动是间歇式的，当激光拾音器停止不动时，物镜仍可在一定范围内对唱片轨迹跟踪。随着重放的进行，物镜在寻迹伺服的作用下偏离光头中心，向唱片外侧运动继续跟踪唱片轨迹。当物镜不能继续向外侧运动跟踪轨迹时，进给伺服电动机起动，推动整个激光拾音器向唱片外侧移动一步，然后光头再次停下，由物镜完成跟踪（细）伺服。打开唱机盖，重放一张 CD 唱片，即可观察到激光拾音器径向进给的间歇动作。径向进给伺服是通过径向电动机控制整个激光拾音器在唱片有效工作区内做径向移动，属于跟踪粗伺服；寻迹伺服是通过光头内的跟踪线圈控制物镜在激光拾音器小范围内做径向移动跟踪唱片轨迹，属于跟踪细伺服。

进给伺服主要由低通滤波器、驱动放大器及进给电动机等组成，如图 2-44 所示。进给伺服的误差信号是从寻迹伺服驱动放大输出处获得，经低通滤波、进给驱动放大后，驱动进给电动机带动激光拾音器沿径向移动，从而实现进给伺服。

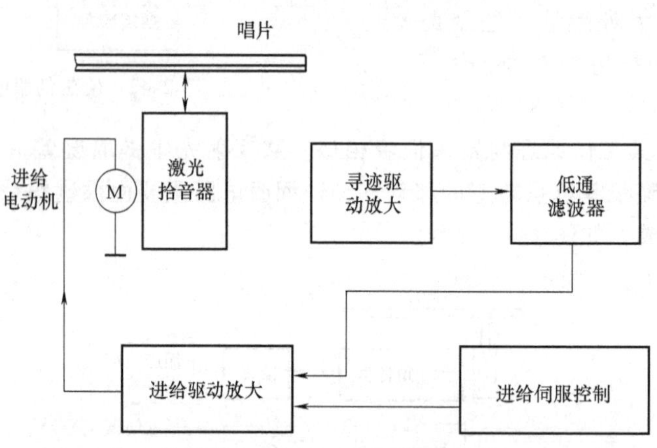

图 2-44　进给伺服电路

正常放音时，激光拾音器物镜沿着螺旋状音轨进行顺序扫描，随着放音的不断进行，物镜逐渐地偏离寻迹调节器的机械中心，并且寻迹误差信号也随之逐渐增大，当寻迹误差信号大到一定程度（某一门限电压）时，进给电动机开始工作，使激光拾音器做径向移动，此时物镜重新回到寻迹调节器的机械中心，调节器电压逐渐减小，进给电动机停止工作。放音时进给伺服动作如图 2-45 所示。

当选曲时，系统控制电路首先断开进给伺服回路，然后在进给电动机上加上一定的正或负电压，使激光拾音器快速地从内圈（或外圈）移至外圈（或内圈）。激光拾音器移动的距

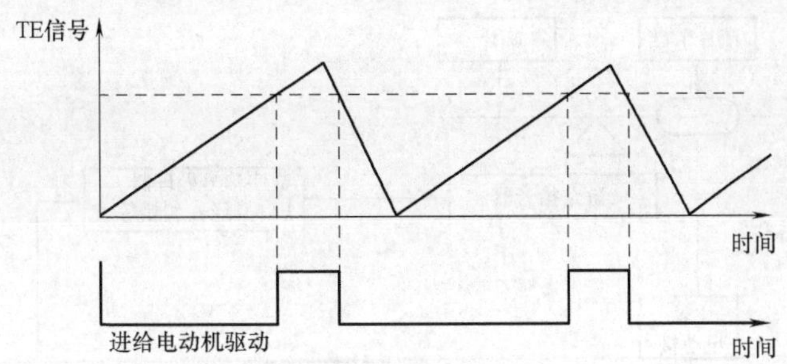

图 2-45　放音时进给伺服动作

离是通过计算以 16μm 为周期的寻迹误差信号的周期数后得到。

当第一次移动结束后，必须使寻迹伺服系统工作，以重放信号。由此计算出与目标位置的偏移量，然后根据再次的音轨计算，进行正向或反向的移动修正，完成整个选曲过程。

④ 主轴伺服。激光拾音器在 CD 唱片上以 12～14ms 的恒定线速度（CLV）扫描音轨，激光拾音器在读取唱片内圈信息时唱片转得快，读取外圈信息时唱片转得慢，激光拾音器从内圈往外圈移动时，CD 唱片的转速逐渐减慢，一般由 500r/min 减慢至 200r/min。

主轴伺服原理如图 2-46 所示，射频放大器输出的 EFM 信号，经帧同步检出电路，取出帧同步信号，此信号与晶振产生的标准 7.35Hz 信号同时送到相位比较器，进行频率、相位比较，比较结果经伺服控制电路后产生主轴误差信号，经驱动放大后，控制主轴电动机旋转的速度与标准 7.35Hz 信号频率差或相位差为零，从而实现主轴伺服。

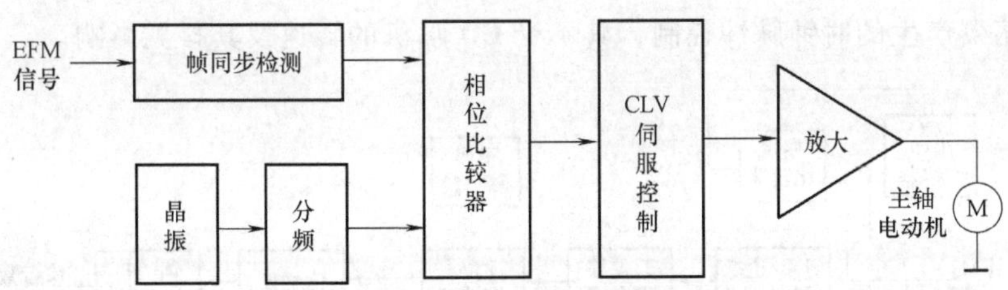

图 2-46　主轴伺服原理

主轴伺服使激光拾音器在单位时间内拾取的信息量为恒量。

实现方法一：将激光拾音器拾取信息的输入速率与晶体振荡器产生的某一参考频率相比较，若信息输入速率大于参考频率，则说明主轴转速过快，此时，比较电路输出一个信号，经微处理器控制主轴伺服电路，使主轴减速，直至输入速率与参考频率相等。

实现方法二：分析时基校正器的地址关系。若唱片转速过快，则写入地址会偏向读出地址；若唱片转速过慢，则写入地址会偏离读出地址。两个地址相减产生一个误差信号，用此信号控制主轴电动机的转速。

（5）信号处理系统　激光拾音器输出的主信号经 RF 放大后送到数字信号处理电路进行 EFM 译码、纠错等处理，然后送 D/A 转换器将脉冲编码的数字音频信号转换为模拟音频信号输出，如图 2-47 所示。数字信号处理电路还从 CD 数字信号中解调出控制与显示信号（即子码信号），送系统控制系统供显示和选曲等使用。激光拾音器输出的辅助信号经 RF 放大器处理后输出聚焦误差信号、跟踪误差信号和径向伺服误差信号，供相关伺服电路使用。由数字信号处理电路提供比较信号供主轴伺服使用。

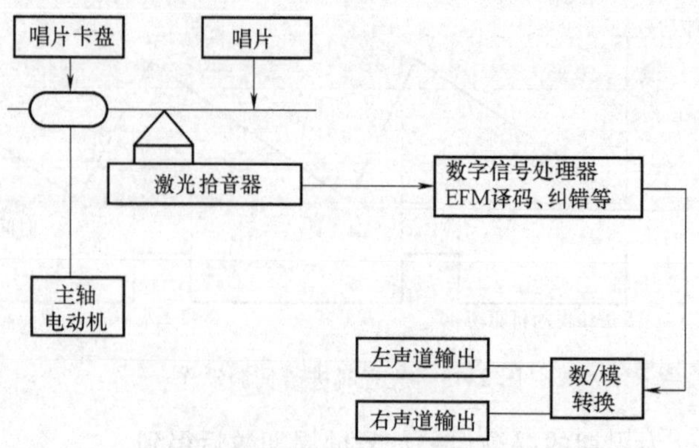

图 2-47　CD 唱机信号处理系统

通常，EFM 解调与数字信号处理电路集中在一块集成电路中，如图 2-48 所示。射频放大器输出的 EFM 信号送到数字信号处理器，对压控振荡器（VCO）进行锁相，使 VCO 的频率为数字时钟的两倍，即 8.64MHz。再经闭锁/边沿检波器及 23 位移位寄存器，识别出 EFM 信号中的帧同步信号后分成两路，一路送帧同步检测器，取出帧同步信号，再送到主轴伺服电路；另一路信号送入 EFM 解调器进行解调，将每个 14 位信号恢复成对应的 8 位信号，同时将其中的连接位去掉。除去 8 位信号中的控制字和纠错字，剩余信号将两两配对成 16 位的 PCM 信号送往 RAM，PCM 信号经交织处理后，用 RAM 去交织处理，再进行纠错处理。经 EFM 解调后的信号先写入 RAM，再送回信号处理电路。由于经 RAM 重新读入的数据由晶体振荡器产生的时钟脉冲控制，其不受 CD 唱机的转速及其抖晃影响。

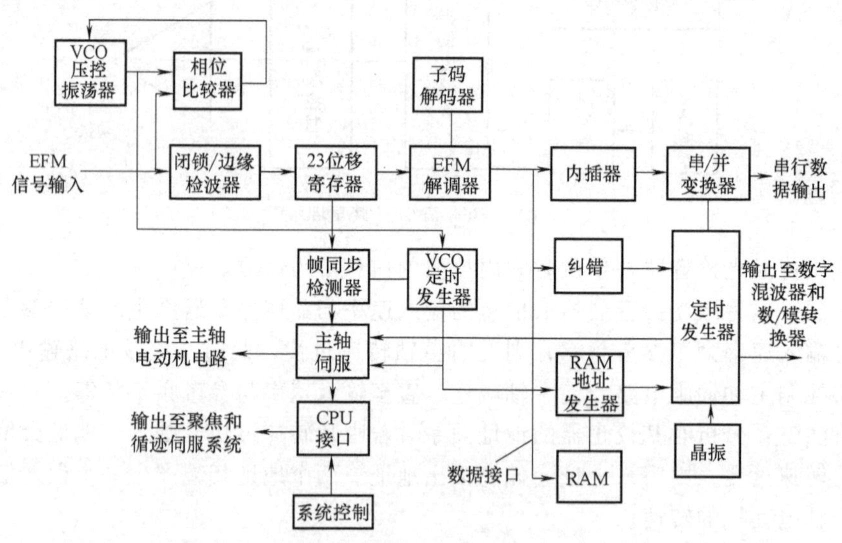

图 2-48　EFM 解调与数字信号处理器的原理框图

（6）控制系统　CD 唱机控制系统由电路控制与机械控制两部分组成，控制显示板显示、机械系统工作和唱片托盘电动机工作，如图 2-49 所示。

① 电路控制。包括面板按键、遥控器以及开关检测（如进给内限开关、托盘出/入开关）等各种信息的输入控制，对各伺服电路控制，对数字信号源处理电路控制，对各种信

息的显示控制，对音频电路（如静噪声、去加重）控制。

② 机械控制。包括出/入盘机构控制和进给机构控制等。

由功能操作按键、遥控器及状态检测传感器产生的指令信号输入微处理器，微处理器根据指令信号与 CD 唱机的实际工作状态进行判断和处理，产生相应的输出指令控制机械和电路工作，实现系统控制。

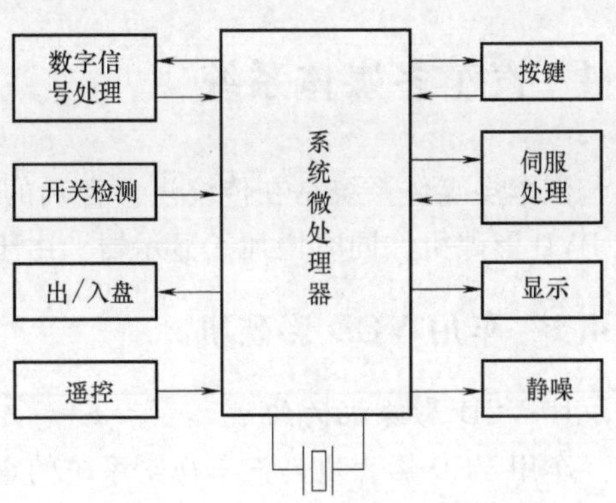

图 2-49　CD 唱机控制系统

2. CD 唱机的工作原理

CD 唱机的数字信号以凹坑或镜面的形式记录在 CD 唱片上，重放时，激光拾音器从唱片上拾取信号。首先激光拾音器向唱片发射激光束，激光束穿过透明的片基后聚焦到信息面上，原来直径为 1mm 的激光束经片基折射（折射率为 1.5）后到达信息面时，变成直径为 1.0μm 的光点，如图 2-50 所示。再由唱片反射层反射回来，通过检测反射光的强弱，即可判定光点处是凹坑还是镜面，从而读取唱片上记录的数字信号。

举例：如图 2-51 所示，当激光束照射到凹坑时，由于反射光的衍射，造成反射光量少，此时光敏二极管输出为低电平；当激光束照射到镜面时，反射光量较多，光敏二极管输出为高电平。因此，激光拾音器发出的激光束通过扫描唱片上的凹坑或镜面，可获得强、弱不同的反射光束。该光束照射到拾音器的光检测器上，通过光检测器将反射光束的强弱变化转换成高频电信号，高频电信号送到射频放大器进行整形、放大，输出 EFM 信号到数字信号处理器进行 EFM 译码、CIRC 插补等处理，还原出 16 位数字音频信号。经 D/A 转换及低通滤波后，可获得模拟的音频信号。

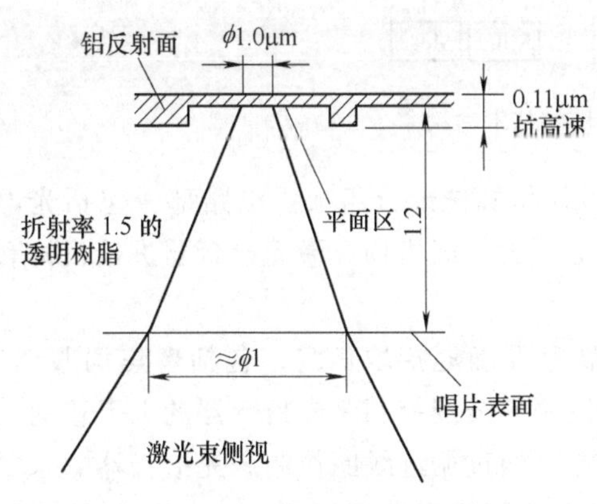

图 2-50　激光拾音器从唱片上拾取信号

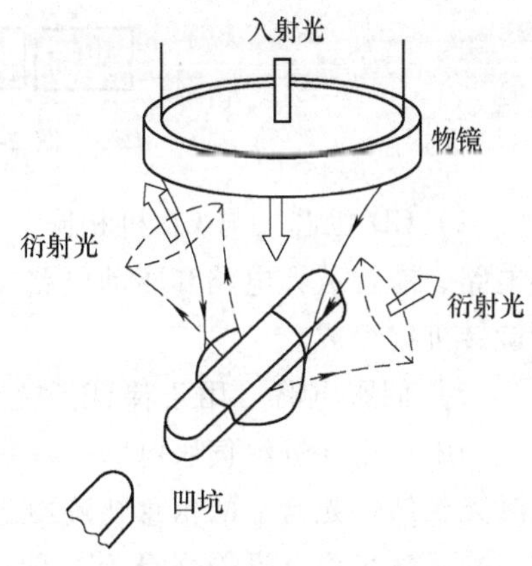

图 2-51　反射光的衍射

另外，数字信号处理器还提供串行子码资料，经系统微处理器处理后，对激光唱机进行相应控制和显示。数字信号处理器外接 RAM，对资料排序及去抖晃处理。经 EFM 解调后的数字信号先存入 RAM，再进行数据处理。RAM 进行纠错处理时，对所需的资料交织排列和缓冲。

2.4 汽车多媒体系统

汽车多媒体系统是在传统汽车音响的基础上增加视频信号和 AV 功能，即 VCD 影碟机或 DVD 影碟机，同时增加了显示器。由于 VCD 和 DVD 兼容 CD 功能，可不装 CD 唱机。

2.4.1 车用 VCD 影碟机

1. VCD 影碟机的组成

车用 VCD 影碟机是汽车视听系统的重要组成部分，是移动影院的视频信号源。目前中、大型的长途客车和旅游客车普遍装用了车用 VCD 系统，一般都配有多片式自动换片机。

车用 VCD、DVD 等激光影音装置与普通 VCD 和 DVD 结构、组成基本一致，主要区别是机芯集成度更高，结构更紧凑，具有防振功能。VCD 影碟机主要由 CD 机芯、伺服电路、系统控制电路、MPEG-1 解码电路、PAL/NTSC 编码器、音频电路和 RF 变换器等组成，如图 2-52 所示。

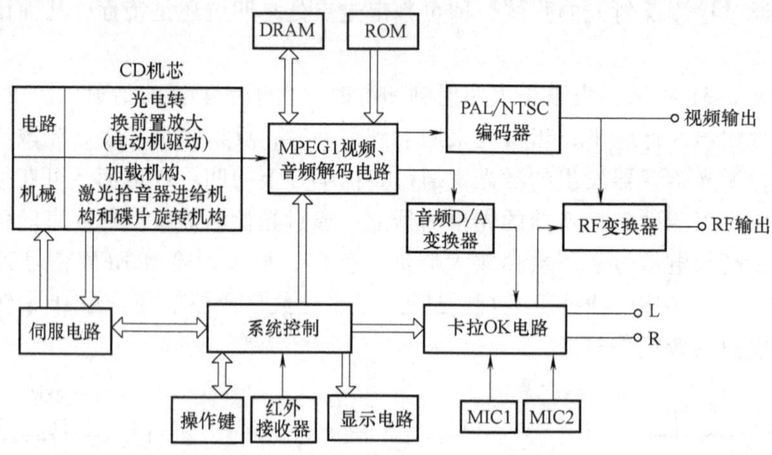

图 2-52 VCD 影碟机的基本结构

(1) CD 机芯 与 CD 机相同，主要由电路部分和机械部分组成。电路部分包括光电转换电路、前置放大电路和驱动电路等，机械部分由光盘加载机构、激光拾音器进给机构和碟片旋转机构组成。

(2) 伺服电路 用于保证激光拾音器从光盘上准确地拾取信息，包括聚焦伺服电路、循迹伺服电路和进给伺服电路。聚焦伺服电路通过聚焦线圈控制激光拾音器的上下移动，确保激光聚焦在光盘上的信息轨迹面上；循迹伺服电路通过循迹线圈控制激光拾音器的水平微动，确保激光焦点沿着光盘上的信息轨迹移动；进给伺服电路通过进给电动机驱动进给伺服，以便带动激光拾音器沿着光盘上的信息轨迹从最内圈移动到最外圈或使激光拾音器进行跳跃移动。

(3) 系统控制电路 用于控制 VCD 机按要求进入各种工作方式。操作电路设置在操作板上，操作板上还有外接收器和显示器，用于接收遥控操作指令，显示 VCD 的工作方式、播放节目和时间。

（4）MPEG-1 视、音频解码电路　将压缩的视频和音频信号还原成未经压缩的视频和音频信号。

（5）PAL/NTSC 编码器　通过对系统控制电路操作，将 MPEG-1 解码出的视频信号编排成 PAL 或 NTSC 的电视制式信号。

（6）音频电路　音频 D/A 变换器将 MPEG-1 解码电路输出的数字音频信号还原成模拟音频信号。

（7）RF 变换器　将视频信号和音频信号变换成电视广播的频道信号。

2. VCD 影碟机的工作原理

车用 VCD 影碟机的工作过程由计算机指令控制，如图 2-53 所示。

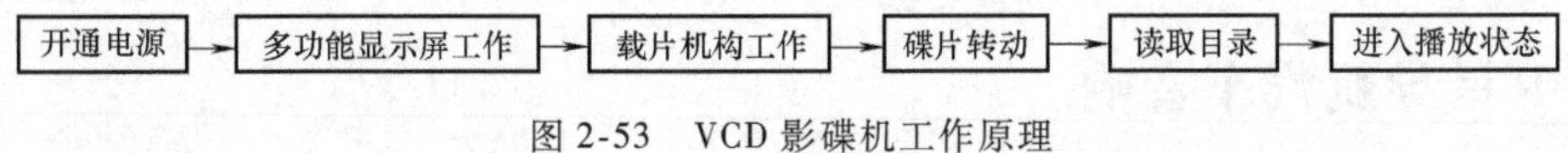

图 2-53　VCD 影碟机工作原理

2.4.2　车用 DVD 影碟机

DVD 采用先进的信号调制和纠错方式，生产工艺与 CD 机、VCD 机有所不同。DVD 机可兼容已有的 CD-DA、CD-ROM、CD-R、CD-RW、CD-1、PhotoCD 以及 VCD 等多种格式的光盘，即 DVD 可读取 CD、VCD 等光盘数据信息，但 VCD、CD 不能读取 DVD 光盘数据。

DVD 影碟机的组成与 VCD 机相似，由机芯、机芯电路、解码系统和控制系统等组成。但由于 DVD 的碟片结构与 VCD 碟片不同，DVD 机型的机芯、伺服电路也与 VCD 机不同，如图 2-54 所示。

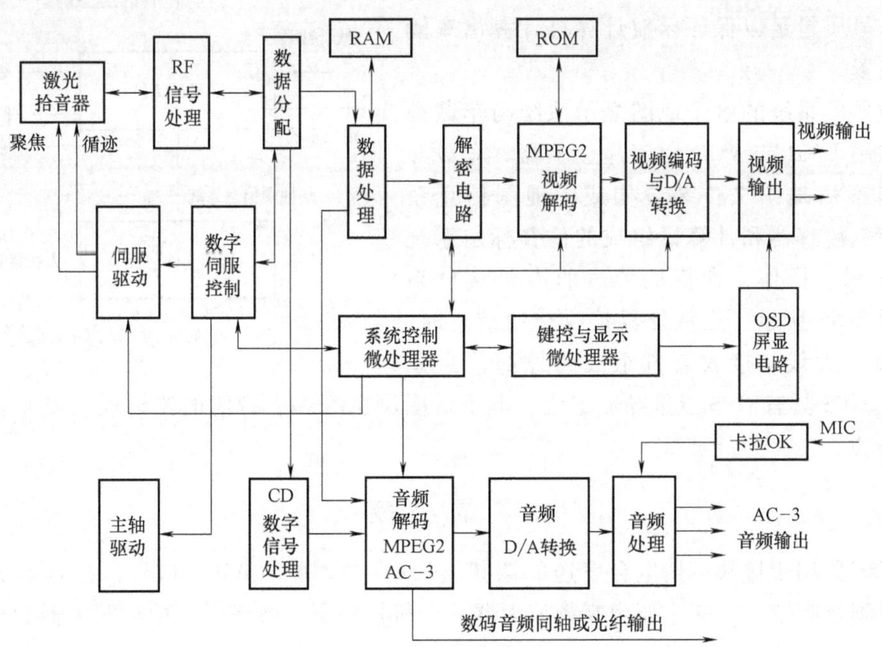

图 2-54　DVD 影碟机的基本构成

（1）机芯　包括激光拾音器、RF 前置放大电路和数字伺服控制电路等。DVD 机芯激光拾音器上的激光二极管的激光波长为 650mm/635mm（CD/VCD 的激光波长为 780mm），以

兼容播放 DVD 和 VCD、CD 碟片。

(2) 数字信号处理器　包括 EFM 解码、RS-PC 纠错、输出 MPEG-2 数据流等电路。

(3) MPEG-2 解码器　包括 AC-3 数据流的分离，MPEG-2 视频解压，视频 D/A 变换输出亮度 Y 和色度 C 信号、复合同步信号。有的机型具有电视制式编码器，将 Y 和 C 信号加上色度副载波信号、色同频信号，变换为 NTSC 制或 PAL 制全电视信号输出。

(4) AC-3 解码器　将 AC-3 数字流解码，音频 D/A 变换，输出 5.1 声道模拟音频信号，或将 5.1 声道合并为双声道立体声输出。也可不进行 AC-3 解码，直接将 AC-3 数据流通过光导数字音频输出端输出或通过同轴插座输出。

(5) 控制系统　系统工作在计算机的控制下完成快进、快通和搜索等功能。

2.5　卫星导航汽车音响

卫星导航系统（简称 GPS）又称为全球定位系统，可接收 24 颗运行在地球同步轨道上的卫星发出的信号。一个专门的计算机（导航计算机）用于对卫星发出的信号进行处理并换算成车辆当前所处的位置信号。在定位过程中，卫星导航系统的定位精确性会变化，最小变化范围在 100m 内。

车辆安装了卫星导航系统，在车载显示器的右上方会出现代表 GPS 接收质量的图形，图形中的白点数量与接收到信号的卫星数量相符。若车载显示器出现卫星标志和 GPS 标志，说明接收到的卫星信号质量足以保证导航计算机计算出车辆的当前位置。

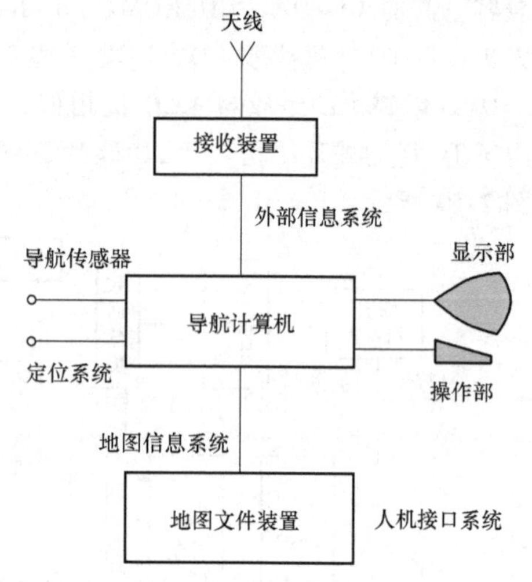

图 2-55　汽车导航系统的基本结构

车载导航系统的电子地图显示系统与车载视听系统共用 DVD 或 VCD 和液晶显示器。车载导航系统包括由地图文件装置构成的地图信息系统、由导航传感器和计算机组成的位置标定系统以及由显示、操作、计算机构成的人机接口系统，如图 2-55 所示。当从外界接收交通信息时，还要增加由天线、接收装置组成的外部信息系统。车载 GPS 具有 GPS 卫星导航定位、电子地图浏览查询、智能的路线规划以及合理的语音提示等功能。

本 章 小 结

• 调谐器用于接收广播电台发送的调频（FM）和调幅（AM）信号，并对广播信号进行处理得到音频信号。它主要由高频放大器、本机振荡器、混频器、中频放大器和检波器等组成。调谐器与普通收音机不同，其内部不包括低频功率放大器、扬声器、天线等部件。数字调谐器（DTS）采用数字调谐技术，取消了机械式调谐和指针频率指示机构，可实现自动选台、各种信息数字显示、多个电台存储和遥控等功能，操作简单，且性能优于普通调谐器。

• 汽车磁带放音机主要应用于中、低档汽车，与普通盒式录音机的结构组成基本相同，只是没有录音和抹音功能。它主要由控制面板、机芯、控制电路和磁带等组成。

• CD 唱机由机械系统、光学系统、伺服系统、信号处理系统和控制系统等组成，可实现放音、暂停、快进、快退、编程放音、自动选曲、一曲或多曲重放多种功能，操作方便，使用灵活。

• 汽车多媒体系统是在传统汽车音响的基础上增加视频信号和 AV 功能，即 VCD 影碟机或 DVD 影碟机，同时增加了显示器。VCD 影碟机增加了数字化音视信号解压缩功能，并经数模转换后输出模拟的声音和图像信号，VCD 影碟机兼容了 CD 唱机的功能。DVD 影碟机采用 MPEG-2 标准压缩编码，解决了 VCD 影碟机图像清晰度不高等问题，是更高级的激光影碟机。

复习思考题

一、填空题

1. 汽车音响通常由________和________两大部分组成，其中________部分可分为________和________两部分，________部分又可分为________、________两部分，功放部分与收/放音、磁带、CD 放音共用。

2. 汽车收音机与普通收音机不同，其内部不包括________、________、________等部件，称为调谐器。

3. 按调谐方式的不同，调谐器分________调谐和________调谐两种。

4. 调谐器按接收信号的不同可分为________调谐器和________调谐器，两者通常组合为________调谐器。

5. 高频载波的幅度按调制信号（音频信号）的变化规律而变化的过程称为________，使高频载波的频率按调制信号变化的规律而变化的过程称为________。

6. 按调谐器结构的不同，调谐器分________、________和________三种。

7. 汽车音响通常采用调幅的中波波段________和调频波段________，较高级的汽车音响调幅中波有两个波段________和________，调频有三个波段________、________和________。

8. 调谐器主要由________、________、________、________和________等组成。

9. 调幅调谐器由________、________、________、________、________和________组成。

10. 外接天线与输入回路之间可采用________耦合、________耦合和________复合耦合等三种方式。

11. 电容耦合分________和________，其电路结构简单，但对低频端信号接收不利；________对提高低频端灵敏度有利，部分普通机或中档机采用；________可提高整个波段内的灵敏度，仅用于高档音响。

12. 高频放大电路用于提高整机的________、________和________。

13. 变频电路分________和________两种。若非线性元件既产生本振信号，又实现频率变换，则该电路为________。

14. 中频放大电路从变频后的混频信号中选出__________kHz 中频信号并进行放大，再将放大后的信号送往__________。中频放大级直接影响到调谐器的__________、__________、__________和__________等性能指标。

15. 调频头电路由__________、__________、__________和__________组成。

16. 变频电路由__________和__________组成，其原理与调幅调谐器相同。

17. 调频中放电路有较高的__________和良好的__________、__________，较宽的__________和良好的__________特性。

18. 数字调谐器由__________和__________组成。

19. 数字调谐系统包括__________和__________。

20. 汽车磁带放音机主要由__________、__________、__________和__________等组成。

21. 机芯是音响的__________机构、__________机构以及__________机构的总称。

22. CD 唱机按工作方式的不同可分为__________机和__________机。

23. CD 唱机按规格不同可分为__________和__________。

24. CD 唱机由__________、__________、__________、__________和__________等组成，可实现__________、__________、__________、__________、__________、__________、__________多种功能。

25. CD 唱机的机械系统由__________、__________、__________和__________组成。

26. CD 唱机伺服系统主要包括__________伺服、__________伺服、__________伺服和__________伺服。

27. CD 唱机控制系统由__________与__________两部分组成，控制显示板显示、机械系统工作和唱片托盘电动机工作。

28. 汽车多媒体系统是在传统汽车音响的基础上增加__________信号和__________功能，即 VCD 影碟机或 DVD 影碟机，同时增加了__________。由于 VCD 和 DVD 兼容 CD 功能，可不装__________。

29. DVD 采用先进的__________和__________，生产工艺与 CD 机、VCD 机有所不同。DVD 可读取__________、__________等光盘数据信息，但 VCD、CD 不能读取__________数据。

30. DVD 影碟机的组成与__________相似，由__________、__________、__________和__________等组成。

二、判断题

1. 汽车收音机与普通收音机不同，其内部不包括低频功率放大器、扬声器、天线等部件。 ( )

2. 调频波的幅度不变，高频载波的频率发生变化，音频信号的幅度越大，调频波的瞬时频率越高。 ( )

3. 普通手动式调谐器的调频头输出 7MHz 的中频信号。中频放大电路及鉴频电路置于主电路板上，AM 波段有关组件置于主电路板上。 ( )

4. 数字式调谐器通常将 AM 收音电路和 FM 收音电路分别做在两个铁屏蔽盒里，输出经过解调的音频信号。（　）

5. 集成式调谐器的 AM 和 FM 处理电路采用单片集成电路，将其作为一个组件置于铁屏蔽盒内，输出 AM 和 FM 音频信号。（　）

6. 数字调谐器每个波段都可存储若干个电台。（　）

7. 外接天线与输入回路之间可采用电感耦合时，其电路结构简单，但对低频端信号接收不利。（　）

8. 外接天线与输入回路之间可采用电容耦合时，对提高低频端灵敏度有利，部分普通机或中档机采用。（　）

9. 外接天线与输入回路之间可采用电感复合耦合时，可提高整个波段内的灵敏度，仅用于高档音响。（　）

10. 中频滤波器可采用陶瓷滤波器或晶体滤波器。（　）

11. AM 超外差式调谐器通常不加高放大级，但因汽车音响接收环境恶劣，为获得稳定的接收信号，需加两级高放电路。（　）

12. 变频电路将输入电路选出的不同频率的电台信号变为固定频率的中频（465kHz）信号，只变换载波频率，信号的包络线（音频信号）与原高频信号的包络线不变。（　）

13. 调频中放电路对 7MHz 的中频信号进行选频和限幅放大，有较高的增益和良好的选择性、稳定性，较宽的频带和良好的限幅特性。（　）

14. 目前的汽车多媒体系统，中放及鉴频电路都已实现集成化，多采用移相乘积鉴频器和锁相环鉴频器。（　）

15. 数字调谐器取消了机械式调谐和指针频率指示机构，可实现自动选台、各种信息数字显示、多个电台存储和遥控等功能，操作简单，广泛应用于中高档汽车音响。（　）

16. 单碟机一次能装两张碟片，用完一张碟片必须取出后再换另一张。（　）

17. 多碟机按不同的型号可一次性放置 8 ~ 16 张碟片，供需要时任意转换。（　）

18. 大多数 ODM 产品比 OEM 产品档次更高，能欣赏更多的音源，音质好，功能多。（　）

19. 循迹伺服利用从反射光中检测出的误差信号，驱动聚焦物镜沿光轴方向移动，跟踪唱片的上下波动，使激光束准确聚焦。（　）

20. 聚焦伺服从反射光中提取误差信号，通过控制光点沿径向移动，以准确跟踪坑点轨迹的移动。（　）

21. 目前中、大型的长途客车和旅游客车普遍装用了车用 VCD 系统，一般都配有多片式自动换片机。（　）

22. 车用 VCD、DVD 等激光影音装置与普通 VCD 和 DVD 结构、组成基本一致，主要区别是机芯集成度更高，结构更紧凑，具有防振功能。（　）

23. DVD 采用先进的信号调制和纠错方式，生产工艺与 CD 机、VCD 机有所不同。VCD 可读取 CD、DVD 等光盘数据信息，但 DVD、CD 不能读取 VCD 光盘数据。（　）

24. DVD 影碟机的组成与 VCD 机相似，由机芯、机芯电路、解码系统和控制系统等组成，但 DVD 的碟片结构与 VCD 碟片不同，DVD 机型的机芯、伺服电路也与 VCD 机不同。（　）

三、简答题

1. 简述调谐器的类型和基本组成。
2. 分析调谐器调幅接收电路
3. 分析调谐器调频接收电路。
4. 介绍数字调谐器的特点。
5. 介绍磁带放音机的组成。
6. 分析磁带放音机的工作原理。
7. 介绍汽车 CD 唱机的类型与特点。
8. 分析汽车 CD 唱机的组成与原理。
9. 介绍车用 VCD 影碟机的组成、特点和工作原理。
10. 介绍车用 DVD 影碟机的组成、特点和工作原理。

实训项目 2　汽车调谐器的结构与控制原理

车辆型号	车辆识别代码	音响型号

一、实训目标

1. 掌握汽车调谐器的基本组成及其功能。

2. 掌握汽车调谐器的控制原理。

二、知识准备

汽车收音机与普通收音机不同，其内部不包括________、________和________等部件，称为调谐器。

按接收信号不同，调谐器分________调谐器和________调谐器，通常组合为________调谐器。

按结构不同，调谐器分为________、________和________三种。

三、操作步骤

1. 调谐器的基本组成

调谐器主要由________、________、________、________和________等组成。其输入来自________，输出为________，此________信号经共享的功放电路放大后，推动________还原成声音。

画出调谐器的电路框图：

2. 调谐器调幅接收电路

调谐器、调幅接收电路由________、________、________、________、________和________组成，高档音响还有一级高频放大电路、独立的本机振荡和混频电路。

画出调谐器调幅接收电路框图：

输入电路将天线接收到的________信号输送到________，选出要接收的电台信号，送到________，并抑制掉________信号。

高频放大电路用于提高整机的________、________和________。

变频电路由________、________和________组成，将输入电路选出的________信号变为________信号，只变换________，信号的________与原高频信号的________不变。

中频放大电路从________中选出________信号，并进行放大后送往________。

调幅检波电路将________信号从________上分离出来。

自动增益控制（AGC）电路在________时，使增益________；当信号________时，使接收机的增益________。

3. 调谐器调频接收电路

调谐器调频接收电路通过________选出________信号，经________放大后，由变频电路转换成________信号。

画出调谐器调频接收电路框图：

（1）调频头电路由________、________、________和________组成，输出________信号。

（2）鉴频器将________信号转化为________信号，即从________中取出________信号。

4. 数字调谐器

采用数字调谐技术的调谐器取消了________和________，可实现________、________、________和________等功能，性能优于普通调谐器。

四、实训小结

____

____

____

____。

实训项目 3　汽车磁带放音机的结构与控制原理

车辆型号	车辆识别代码	音响型号

一、实训目标

1. 掌握汽车磁带放音机的基本组成及其功能。

2. 掌握汽车磁带放音机的控制原理。

二、知识准备

汽车磁带放音机主要用于________档汽车，与普通盒式录音机的结构组成________，只是没有________和________功能。

机芯分________、________和________三种类型，________机芯结构、功能简单，只能________放音，不能自动返转，多用于________车辆；________机芯具有________功能，采用高档四磁迹磁头或升降式二磁迹磁头，用于________车辆；________机芯采用全逻辑或半逻辑机芯，具有________、________和________功能。

三、操作步骤

1. 磁带放音机的基本组成

汽车磁带放音机主要由________、________、________和________等组成。

机芯是音响的________机构、________机构以及________机构的总称。机芯主要由________、________、________、________、________、________和________等部件组成。

磁头主要由________、________、________、________、________和________等组成，放音磁头为________转换器件，将磁带上记录下的________转换成相应的________信号。

2. 磁带放音原理

录有音频信号的磁带，以________时的恒速经过放音磁头的________时，磁带上的________通过________形成回路。磁带不断地经过放音磁头的________时，使线圈两端产生________，在磁头线圈中产生________。将该信号送到________进行________放大，再进行________放大，最后推动________放出原声音。

画出磁带放音原理图：

四、实训小结

____

____

____

____。

实训项目4　汽车CD唱机的结构与控制原理

车辆型号	车辆识别代码	音响型号

一、实训目标

1. 掌握汽车CD唱机的基本组成及其功能。
2. 掌握汽车CD唱机的控制原理。

二、知识准备

CD唱机按工作方式的不同可分为________和________，按规格的不同可分为________和________，按生产及销售方式不同分为________和________，OEM为________，即________音响。其外观与汽车内饰融为一体，安装稳固，但受汽车________所限，其大多数功能________，音质________。ODM为________，用于________汽车音响产品。其个性化强，产品档次多，能适应________的需要。大多数ODM产品比OEM产品档次________，能欣赏________，音质________，功能________。

按结构不同，调谐器分为________、________和________三种。

三、操作步骤

1. CD唱机的基本组成

CD唱机主要由________、________、________、________和________等组成。

画出CD唱机的控制原理图：

机械系统由________、________、________和________组成。激光拾音器用于读取激光唱片上的________信号和________信号，驱动机构执行滑板伺服和主轴旋转伺服。加载机构支撑________和________。减振机构减少外界对________的冲击振动，可防止音乐信号________。

光学系统由________、________和________组成，激光二极管发射的激光射到衍射光栅后，中间的主光束用于拾取________信号及聚焦________信号，两侧光束的辅光束用于拾取________信号。

伺服系统主要包括________、________和________。________伺服利用从反射光中检测出的________信号，驱动聚焦物镜沿________方向移动，跟踪唱片的上下波动，使激光束________。________伺服从反射光中提取________信号，通过控制光点沿________移动，以准确跟踪________的移动。

控制系统由________和________组成，控制________、________和________唱片托盘________工作。

画出 CD 唱机控制系统框图：

2. CD 唱机的工作原理

CD 唱机的数字信号以凹坑或镜面的形式记录在 CD 唱片上，重放时，激光拾音器从唱片上拾取信号。

拾音器向唱片发射________，激光束穿过透明的片基后聚焦到________上，原来直径为________ mm 的激光束经片基折射后到达信息面时，变成直径为________ μm 的光点。由唱片________反射回来，通过检测反射光的________，即可判定光点处是________还是________，从而读取唱片上记录的________信号。

画出激光拾音器从唱片上拾取信号的示意图：

四、实训小结

____

____

____

____。

实训项目5　汽车VCD影碟机的结构与控制原理

车辆型号	车辆识别代码	音响型号

一、实训目标

1. 掌握汽车VCD影碟机的基本组成及其功能。

2. 掌握汽车VCD影碟机的控制原理。

二、知识准备

汽车多媒体系统是在________的基础上增加________信号和________功能，即________影碟机或________影碟机，同时增加了________。由于VCD和DVD兼容CD功能，可不装________。目前，中、大型的长途客车和旅游客车普遍装用了车用________，一般配有________换片机。

车用VCD、DVD等与普通VCD和DVD结构、组成________，主要区别是________、________和________。

三、操作步骤

1. VCD影碟机的基本组成

VCD影碟机主要由________、________、________、________和________等组成。

画出VCD影碟机的控制原理图：

伺服电路用于____________________，包括________伺服电路、________伺服电路和________伺服电路。聚焦伺服电路通过________控制________的上下移动，确保激光聚焦在________；循迹伺服电路通过________控制________的水平微动，确保激光焦点________移动；进给伺服电路通过________驱动进给伺服，以便带动________沿着________的信息轨迹从________移动到________或使激光拾音器进行________移动。

系统控制电路用于________________________。

MPEG-1视、音频解码电路将________信号还原成________________________。

PAL/NTSC编码器通过对________操作，将MPEG-1解码出的________信号编排成________或________的电视制式信号。

音频D/A变换器将MPEG-1解码电路输出的________信号还原成________信号。

RF 变换器将________信号和________信号变换成电视广播的________信号。

2. CD 唱机的工作原理

车用 VCD 影碟机的工作过程由________控制。

画出车用 VCD 影碟机的工作过程流程图：

四、实训小结

____

____

____

____。

第3章 汽车音响防盗与解码

学习目标：

- 了解汽车音响防盗系统的类型和使用情况。
- 掌握汽车音响防盗系统密码的获取方法。
- 掌握汽车音响防盗系统解码方法。
- 能结合实例对进口汽车音响进行解码。
- 能结合实例对国产汽车音响进行解码。

汽车中、高档音响具有防盗功能，当音响被盗或使用与维修过程中因拆下蓄电池电缆、蓄电池严重亏电、音响熔断器熔断等，使系统非正常断电，音响则被锁止。必须按程序输入正确密码后，系统才能正常工作。

3.1 汽车音响防盗系统

3.1.1 汽车音响防盗系统的类型

汽车音响防盗系统分随身防盗、不可拆卸式防盗和密码式防盗三种类型。

1. 随身防盗

音响随身防盗将主机设置为可移动方式，车主离开汽车时可将音响随身带走，以防被盗。

2. 不可拆卸式防盗

不可拆卸式防盗属于机械式锁紧防盗，汽车音响一旦被盗，其主机部分将会因不可拆卸或强行拆卸而损坏。通常利用电磁铁及其他机械锁定装置，实现防盗功能。

3. 密码式防盗

密码式防盗是一种电子式防盗。通过音响面板上的按键给汽车音响输入一定的数据（设定密码）后实现防盗。当设定密码并进入防盗状态后，音响系统必须输入设定的密码，否则不能工作。这种音响容易拆卸，但密码不正确时，音响系统不工作。

3.1.2 汽车音响防盗功能的运用

1. 判断音响是否具有防盗功能

若音响面板或后车门三角窗处有 ANTI-THEFT、CODE、SECURITY 标志，则说明该车

音响具有防盗功能。

2. 音响锁住时显示器显示

汽车多媒体主机被锁时，多媒体主机不能工作，不同的汽车音响，显示器显示不同，如SE、HELP、SAFE、CODE、COD、LOCK、INOP、Errl或红色防盗灯连续闪烁等。若音响面板上的液晶显示器显示“CODE”或上述其他符号，则表示音响已被锁住，需要解码才能恢复正常使用。

3. 避免无意中锁住音响

① 维修汽车音响时，若不知道音响密码，不要断开蓄电池的电源线。

② 更换蓄电池时，应并接新的蓄电池后再拆旧蓄电池；拆下电动机或变速器时，也必须采取一定措施，保证维修过程中音响不断电。

③ 不要误拔音响熔断器。

④ 锁车时应断开所有用电器，以防止蓄电池因完成放电而使音响被锁止，即自动锁死。

⑤ 音响断电后，其容量较大的存储电压保持电容需要一定时间才能完成放电，音响才会自动锁止。

4. 音响自动锁死

汽车音响在使用和维修过程中，若发生以下情况，则音响防盗系统自动锁死。

① 更换蓄电池或拆下蓄电池电缆后，主机断电后未能及时提供存储保持电源。

② 蓄电池严重亏电，不能维持汽车音响的存储保持电源电压。

③ 音响的电源熔断器熔断或拔下音响熔断器。

④ 音响电源线路有断线处，使音响无存储保持电压。

⑤ 拔下音响电源插头，音响电源断开等。

⑥ 音响被盗。

5. 音响防盗密码的形式

① 固定密码　欧宝、奔驰、宝马等车系采用。

② 可变密码　雷克萨斯、丰田大霸王等车型采用。

固定密码和可变密码均通过防盗电脑控制，有的防盗系统集成于音响CPU中。

6. 音响防盗密码存储方式

音响防盗密码分在音响防盗集成块（EEPROM）内存储、单片机ROM存储和复合存储三种方式。

(1) EEPROM存储　该方式最典型，有80%以上的机型采用，如奔驰、日产、三菱、大众及美国车系等，其保密性强。

(2) 单片机ROM存储　解码方法：输入生产厂家提供的6位或5位通用码即可，由于该机型有共用密码，因此其保密性差，无需使用专用工具。丰田车系、奥迪车系等采用此方式。

(3) 复合存储　解码方法：通过固定方法查取密码，其保密性最差，个别车型甚至不用密码便能将音响解开，又不破坏电路。现代、捷豹（Jaguar）、路虎（Rover）、宝马（部分）、本田（部分）等采用此方式。

3.2　汽车音响解码方法

当汽车音响锁死后，必须输入正确密码，音响系统才能正常工作。若多次输入错误密

码，会导致音响被永久锁死。汽车音响被锁死，先要获取音响防盗系统密码，再按正确方法进行解码。

3.2.1 汽车音响防盗系统密码的获取

汽车音响防盗系统密码的获取方法主要有在原车上查找和用读码器读取两种方法。

（1）原车查找　购买新车时，要注意夹在音响使用手册中的密码卡。部分车型的音响防盗密码还可通过以下方式查找：

① 音响机壳的某处。

② 点烟器盒背面的某处。

③ 工具箱内或其背面的某处。

④ 驾驶人侧车门某处。

⑤ 行李箱 CD 机的机壳某处。

⑥ 发动机电喷控制系统 ECU 的背面某处。

（2）用读码器读取　现代汽车音响防盗密码存储集成电路一般采用 EEPROM，并以串行形式连接在电路中。其中以 24C 系列和 93C 系列存储集成电路在汽车音响上应用较多。若丢失密码，则必须使用数据编程器读出音响罩面 EEPROM 原密码数据，加以换算，从而得到正确密码。

3.2.2 汽车音响防盗系统解码

1. 音响防盗系统解码方法

音响防盗系统解码主要有硬解码法、软解码法、断电法和综合法等。

（1）硬解码法　更换 EEPROM，重新设定新的防盗密码，适用于固定密码解码。

（2）软解码法　输入通用码解码。当音响系统电源接通后，输入通用防盗密码，如雷克萨斯 LS400 的通用密码有 180-824、241-239、279-239 以及 283-689 等十几组可供选用。此方法不需要更改线路，适用于可变密码解码。

（3）断电法　对于某些机型，只需切断音响防盗集成块的电源即可解码。

（4）综合法　同时使用硬解码法和软解码法。

另外，也可采用非常规手段解码，主要有以下两种：

① 在硬件上取消防盗功能。使防盗系统集成块失效，以清除防盗功能，可能会造成系统损坏。能采用该法解码的系统，其控制模块用一条引线的高电平或低电平信号控制音响工作模块的工作，断开该线并输入永久有效的电平时，防盗功能解除。

② 更换存储密码芯片。若系统中采用了独立的 EEPROM 存储器作为存储模块，则拆下同一车型的已知密码的存储器，用仪器读出 EEPROM 的数据，再将该数据用仪器写入同型号的 EEPROM 芯片。用该芯片替换原锁死系统的芯片，原密码因为芯片更换而失效，现密码与被复制汽车的密码相同。

2. 音响防盗系统解码步骤

（1）已知音响密码　顺序输入或逐位输入正确的密码即可解码。

① 顺序输入。若密码为 1456，则按音响面板上的 1、4、5、6 键即可，适用于宝马、奥迪 A6、本田等系列车型。

② 逐位输入。若密码为 1456，则按音响面板上的选台预置键：“1”键 1 次，“2”键 4 次，“3”键 5 次，“4”键 6 次即可，适用于沃尔沃、萨博、道奇子弹头等系列车型。

若输入的密码不正确，音响将再现蜂鸣声，或液晶显示器上出现“SAFE”字样。此时，需耐心等待 1h 后方可重新输入密码。

若多次输入错误的密码，则需要等待更长时间方可重新输入密码，甚至有可能将音响永久锁住。

(2) 用通用码解码　在不清楚本机密码的情况下，可输入该系列音响的通用密码进行解码。

① 宝马车系的阿尔派音响的通用密码为：62463 或 22222。

② 起亚车系音响的通用密码为：1245 或 6263。

③ 沃尔沃车系音响的通用密码为：3111 或 3113。

④ 本田车系音响的通用密码为：3443。

注意：通用码只能使用一次，若以往已经使用过，则不能再次使用。

(3) 无密码解码　若不清楚本机密码，通用码也无法解码时，则需要用逻辑学分析仪或专用音响解码器进行解码。

① 从中央仪表板上拆出音响机身，拔下导线。

② 打开音响机身上盖，拆下磁带舱，露出底层的主电路板。

③ 仔细检查主电路板，必要时打开机身下盖，寻找 93C46、85C82、24C81A、4558 等型号的集成电路。

上述集成电路为 1KB 的可擦写存储器，音响在出厂时已将密码写入这些存储器，其内容可调出和重写。使用热风枪焊下存储器，将其插在专用插座上，用逻辑分析仪或音响解码器调出密码，也可改动密码。再用热风枪将这些存储集成电路重新焊在主电路板上，按照所调出的密码在音响面板上用按键重新输入，即可将音响解锁。

若没有专用的逻辑分析仪或音响解码器，可将密码集成电路焊下来，即可永久解锁，使音响恢复使用。

3. 汽车音响编程解码器

目前，高级轿车的音响都具有防盗功能，若由于某种原因使音响系统锁死，则必须输入正确的密码使其恢复。音响编程器通过编程设置防盗密码，不损坏元件，且使音响保留原防盗功能，但操作难度较大。汽车音响编程器有几种形式，但其设计原理相同，功能有所不同。

(1) 可解码的音响机型（表 3-1）。

(2) 编程器使用方法

① 输入机型号码。开机后按“确认”键，出现“KIY-OK……”字样，按“机型”键，在闪烁“TYPE”的情况下输入机型号码，如奔驰 BE1691 型音响，输入 1691 作索引，不用输入英文字母，然后按“确认”键，显示器显示奔驰 BE1691 型的备用资料，即显示“IC：85C82”，表示锁机的芯片型号为“85C82”。显示“＊＊：22121”，表示开机密码为 22121。

说明：汽车音响设有不等待和等待两种状态，出现“CODE”、“SAFE”，表示为不等待状态；出现“WARR”、“OFF”、“SAFF2”、“HOLD”等表示为等待状态。若音响锁机但没有输入过密码，则有 3 次输入密码机会。若密码输入正确，则音响正常打开，若累计 3 次输

表 3-1　可解码的音响机型

车　系	音响机型
奔驰(BENZ)系列	BE0729、BE0873、BE0876、BE0879、BE1130、BE1151、BE1302、BE1319、BE1328、BE1430、BE1431、BE1432、BE1436、BE1490、BE1491、BE1492、BE2330、BE2340、BE3200(密码为 43332)、LP1320、MF2197(密码为 24026)、MF2297(密码为 26651)
宝马(BMW)系列	BE0774、KEH-81(83、89、91、93)、C33、PH785(7850、7860、9860)、1994-1997 年款 740 系列
丰田(TOYOTA)系列	P622(623、624、625、626、1601、1602、1604、1609、6801、6802、1700)、N004(204)、11706、11708、11712、11713、17801、16803、16804、16805、16806、16807、51703、56806、56807
沃尔沃(VOLVO)系列	SC-800(801、805、810、811、813、815、816)
本田(HONDA)系列	1106、1107、1108、1109、1102、1111、1XK0、1XK3
三菱(MITSUBISHI)系列	P502(503、602、704)、M579、Q401、E049
大众(VW)系列	PE-9839W;VW2663、CQ-LA1120(1620)、AUZIZ、乐声、CQ-LV1110FA
道奇系列	PH924、PH964
欧宝(OPEL)系列	SC-201、CI-300
马自达(MAZADA)系列	3262、3264、3226、1264、1265、1270、2264、CQ-M2632
保时捷	CI-1
日产(NISSAN)系列	CT016(011、269)
起亚(KIA)系列	AUK8600(8602)

入不正确的密码，则音响出现等待状态，之后音响不再接受密码；若要继续输入密码，必须将等待状态改变为不等待状态。若为等待状态的机型，则先按状态键“▲”或“▼”，选择“CODE”状态，然后按“确认”键，再按“写码”键，待出现“WRITE OK”，表示已成功修改了等待状态。若想确定音响是否处于等待状态，可将芯片装进编程器，按“读码”键，待出现“READ OK”后按“确认”键，“STATE”显示音响所处的状态。

② 将备用资料写入芯片。拆下音响 IC 芯片，如奔驰 BE1691 型音响，芯片为 8502，将其装入 IC 插座，按“写码”键，出现“WRITE OK”，表示能将音响资料写入芯片，将芯片装回音响即可，用密码“22121”开机；若出现“WRITE ERROR”，则表示没有将备用资料写入芯片，需重复上述操作，直至出现“WRITE OK”。若操作错误，则按“复位”键，再按“机型”键，重新输入机型。

③ 修改密码。选定机型，按“确认”键，当“＊＊……”位置显示密码时，按“密码”键，当光标在密码位置闪烁时，输入密码。先按“确认”键，再按“写码”键，待显示器出现“WRITE OK”，即表示已经成功地修改了密码。若为 4 位数密码，则通常为 0 ~ 9 中的数字；若为 5 位数密码，则通常为 1 ~ 6 中的数字。

④ 查找原芯片密码。选定机型，按“确认”键；当显示备用资料后，装上芯片，按“读码”键；出现“READ OK”后按“▲”键，“＊＊……”显示芯片密码。如出现 33116，则表示原芯片密码为 33116。

(3) 破解 PUK 码　显示器出现“KEY ERROR”，按“确认”键出现“ENYEY KEY”，输入 981106 的 PUK 码，按“确认”键，显示器出现“NW KEY OK……”，表示已将密码清除，编程器可正常使用。

(4) 编程器的升级　以 AB888 型汽车音响为例，选定机型，输入 888，按“确认”键，

选 IC 芯片型号，按“读码”键，出现“READ OK”，按“存储”键，即可将新机型添加到编程器，记下代号和密码。

（5）芯片安装位置　非标准芯片靠上面安装，标准芯片靠下面安装。

4. 汽车音响解码常用集成块

汽车音响常用集成块为 EEPROM，主要有两种类型，其管脚说明如下。

① AT24C01A/02/04/08/16 型音响防盗芯片，如图 3-1 所示，各管脚的含义见表 3-2。

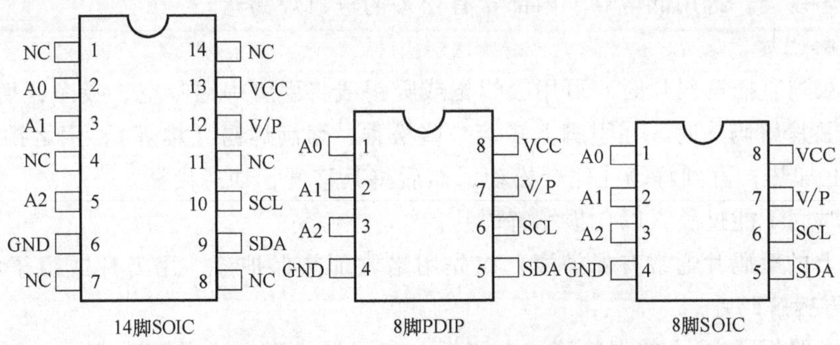

图 3-1　AT24C01A/02/04/08/16 型音响防盗芯片

表 3-2　AT24C01A/02/04/08/16 型音响防盗芯片管脚的含义

管脚名称	含　义	管脚名称	含　义
A0	地址输入	SCL	串行时钟输入
A1	地址输入	V/P	写保护
A2	地址输入	VCC	电源供给
GND	搭铁	NC	未连接
SDA	串行数据输入		

② AT93C46/56/57/66 型音响防盗芯片，如图 3-2 所示，各管脚的含义见表 3-3。

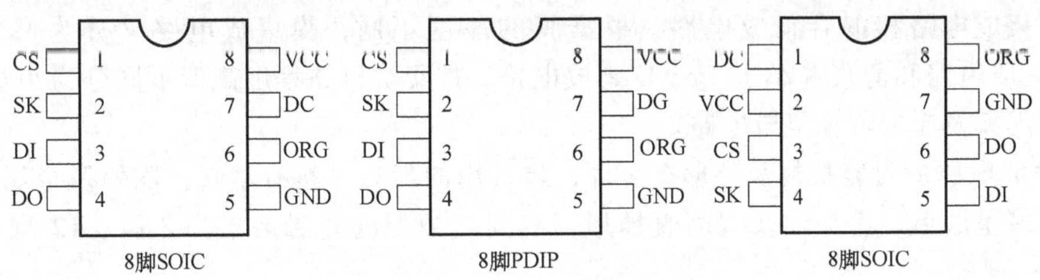

图 3-2　AT93C46/56/57/66 型音响防盗芯片

表 3-3　AT93C46/56/57/66 型音响防盗芯片管脚的含义

管脚名称	含　义	管脚名称	含　义
CS	片选信号	GND	搭铁
SK	串行数据时钟	ORG	内部功能信号
DI	串行数据输入	DC	未搭铁
DO	串行数据输出	VCC	电源供给

5. 汽车音响解码维修工艺

(1) 汽车音响解码片拆卸与焊接

① 准备工作

a. 选择烙铁。烙铁必须可靠搭铁，若无恒温烙铁可选用 20W 内热式或 25W 外热式铬铁。内热式铬铁的最大功率不能超过 25W，外热式铬铁的最大功率不能超过 30W。

b. 选择助焊剂。选用松香，且不可用腐蚀性强的焊锡膏助焊，若松香已炭化变黑，应更换。

c. 选择焊锡丝。选用低熔点、内部含有松香的进口焊锡丝。

② 拆卸解码片

a. 拆焊双列直插解码片时，可用吸锡枪或吸锡线将引脚焊锡吸空、吸净，切忌强拔。

b. 拆焊贴片解码片时，在引脚上多熔一些松香，熔满焊锡（堆焊），用烙铁轮流在解码片两排引脚上加热，直到解码片完全松动，然后将其移开，切忌硬撬。

c. 加热时间不能过长，以免损坏解码片。

d. 仪表上的解码片通常有保护漆，应先用烙铁加热保护漆，用刀片或镊子将保护漆轻轻刮干净后再拆解码片。

e. 去除电路板或 IC 上的保持漆。电路板上有层保持漆，请用烙铁或热吹风将保护漆加热到 70～80℃，用一字旋具轻轻剥开，再进行焊接操作。

③ 焊接解码片

a. 焊接时间不能过长，以免烧坏解码片。

b. 烙铁长期高温易氧化不吃锡，应常用温布或浸水海绵擦拭烙铁头保持其清洁。

c. 焊接时应靠锡来传热，用烙铁头对解码片加力无益于焊接。

d. 焊接凝固前不要移动或振动解码片。

e. 焊贴片解码片时，先焊对角的两个引脚以固定解码片，确认平整后再焊其他引脚。

(2) 防盗 IC 芯片　IC 集成电路是在一块极小的硅单晶片上，利用半导体工艺制作许多晶体管、电阻和电容等元件，连接成能完成特定电子技术功能的电子线路。

IC 集成电路按功能不同分模拟电路和数字集成电路；按制作工艺不同可分半导体集成电路、膜集成电路和混合集成电路；根据膜的厚度不同，膜集成电路又分为厚膜（1～10mm）集成电路和薄膜（小于 1mm）集成电路；按集成电路程度高低不同分为小规模、中规模、大规模及超大规模集成电路。

IC 集成电路的封装材料及外形有多种，最常用的封装材料有塑料、陶瓷及金属等三种。封装外形多呈圆形、扁平形及双列直插形，双列直插形陶瓷封装多为 8 脚、12 脚、14 脚、16 脚和 24 脚等。

IC 集成电路的封装外形不同，其引脚排列顺序也不同，对双列直插式集成电路，识别其引脚时，若引脚向下（其型号、商标向上，定位标记在其左边），则从左下角第一只引脚开始，接逆时针方向，依次为 1、2、3……脚；若引脚向上（其型号、商标向上，定位标志位于后边），则应从左上角第一只引脚开始，按顺时针方向，依次为 1、2、3……脚。更换防盗集成电路时，注意辨别引脚的序号，非常重要。

大规模集成电路（LSC）中，EEPROM 得到广泛应用，可在线擦除和改写，不需要专用的编程电源，可直接使用 CPU 的 5V 电源。对 EEPROM 进行编程时，需用汇编语言，编程电路同时向 EEPROM 提供程序需要的地址线、数据线和控制线，以使程序按各种芯片的编

程顺序，向 EEPROM 提供各种驱动信号。EEPROM 在编程过程中，主要经历写入状态和校验状态。对每一个字节的编程，通常先把数据源的内容写到 EEPROM 指定的存储单元中，再读出该单元的内容，使之与数据源的内容进行比较；若内容相同，进行下一个字节的编程，否则停止编程，显示错误，返回编程。

(3) 更换集成块焊接工艺

① 集成电路焊接前，应进行性能检查。对新设计的电路或从市场上购买的集成电路，按规定测试线路，逐项测试其指标。

② 焊接过程中，大规模集成电路的引脚多达几十个，而且彼此间距小、机械强度差。因此，拆装时应仔细，以免造成损坏。安装时，应轻轻地将每个引脚插入其对应的插孔内，切忌硬插，以免将引脚折断。焊接应使用绝缘性能良好的内热式电烙铁，功率 20W 为宜。焊接时最好将烙铁外壳搭铁，或将烙铁从插座上拔下焊接，以免漏电损坏集成电路。对高压电路更应小心，若使用 6~8V 低压电烙铁则较安全。焊接速度要快，一个引脚一次的焊接时间不宜超过 3s，一次焊接不牢，可多焊几次。焊点要圆滑、可靠，切勿虚焊，各引脚之间不得有互联现象。

拆卸集成电路时应慎重，经反复测试基本断定集成电路损坏时，方可拆卸。去除集成电路引脚上的焊锡时，可采用金属编织带吸锡、空气负压吸锡、空心针头剥离或特制烙针头熔锡等方法，确认每个引脚都与印制电路板脱离时，方可将集成电路轻轻拔出。此时应记住集成电路的安装顺序，对单列直插式更应注意，以免重新安装时出现错误；对附有散热片的集成电路，拆装散热片顺序应正确，松紧要适当，固定方法应符合要求；当集成电路有空脚时，根据电路的设计要求，确保搭铁正确；拆卸集成电路时，应在电路不带电的情况下进行。

③ 焊接后通电。集成电路焊接完毕，应仔细检查各引脚焊接顺序是否正确，各引脚有无虚焊及互联现象，一切正常后方可通电。初次通电时，一手按住电源开关注意观察电路，一旦出现冒烟、打火和响声等异常现象，应立即切断电源，以防事故扩大。

当无上述异常现象时，可对电路进行调试。集成电路通电时，还应注意各个引脚应同时通电，不允许存在仍未焊接的引脚；尽量避免较高的感应电压和较大的浪涌电流输入集成电路；电源电压要稳定，不允许有忽高忽低现象；各引脚上的引线要尽量短，在较长引线上应加入过电压保护电路。

④ 特殊要求

a. 孔安装式集成电路焊接时必须断电，电烙铁一定要可靠搭铁，否则 EEPROM 有可能内部被“烧录”。对表面安装式集成块尽量不用电烙铁，最好用刀子割除。

b. 表面安装必须用热风枪焊接，取下集成块时用集成电路起拔器，同时配合吸锡器。

c. 不允许带静电操作，否则后果严重。

3.3　典型汽车音响解码技术

3.3.1　进口汽车音响解码方法

1. 奔驰车系

奔驰车系车主使用手册上贴有两张卡片。一张卡片是白色的，大小与名片相同，正面主

要有两个号码，一个是该车音响密码，由5位数组成，且每位数都在1~6之间，另一个是音响系统的批号，如F21127929A。卡片反面写着：当你输入密码时，若听到“嘟嘟”声，应立即停止并重新由第一位开始输入密码。另一张是黄色的方形卡片，正中间有一钥匙形状的符号，指明若音响系统显示“COD”时，应输入密码后才能工作。

解码方法：

① 拔出点火钥匙，在音响系统的面板左侧，标记“ANTI-THEFT”字样的旁边有一红色防盗指示灯将连续闪烁，应仔细检查。

② 拔下点火钥匙后，触摸音响系统按键。

③ 只要音响系统电源电压低于5V，如蓄电池亏电、拆下蓄电池、电子设备修理或拆卸音响系统等操作，音响系统将不能工作。当电源电压恢复正常后，显示器显示“COD”，要求输入该音响防盗密码。

④ 当音响系统接通电源时，若显示“COD”，应按白色卡片提供的密码号顺序输入。若连续3次输入正确密码，音响系统仍不工作，应耐心等待1h后再输入，在此期间音响系统不接受任何指令。输入5位数字的密码时，必须按照顺序输入。例如，密码为12345，若输入125代替123，再接着输入34，一共5位数，音响系统将不能正常工作。

⑤ 当输入密码的第5位数字时，若听到“嘟嘟”声，则应立即停止。重新输入密码时，应从密码的第1位开始输入。

2. 宝马车系

(1) 已知密码的解码方法　参见奔驰车系音响解码方法。

(2) 不知密码的解码方法　若不知原始密码，则用人工解码的方法进行解码。

① 宝马5903、5901轿车音响。在进行音响解码之前，应在音响断电状态下，将机内的电容器短路放电，按照下述方法进行解码。

拆开音响底盖，可见到图3-3所示的三个表面贴片的排列图形，音响密码如下：

a. 将4、5、6脚接通，将1、2、3脚分开，则音响密码为62552。

b. 将1、5、6脚接通，将2、3、4脚分开，则音响密码为65442。

c. 将1、3、6脚接通，将2、4、5脚分开，则音响密码为62463。

d. 将2、4、5脚接通，将1、3、6脚分开，则音响密码为51531。

e. 将1脚接通，将2、3、4、5、6脚分开，则音响密码为51531。

f. 将5、6脚接通，将1、2、3、4脚分开，则音响密码为21362。

g. 将6脚接通，将1、2、3、4、5脚分开，则音响密码为64621。

h. 将A、B、C处分别切断，则音响密码为62463。

② 宝马59085轿车音响。拆开音响底盖，可见两排表面贴片式晶体管的排列图形，如图3-4所示，音响密码如下：

a. 将左边0、2、3脚接通，将1、4、5脚分开，同时将右边的1脚断开，2脚接到原第1脚断开处焊通，则密码为35332。

b. 若将左边的0、1、2、4、5脚接通，将3脚分开，则密码为45623。

c. 若将左边的0、1、2脚接通，将3、4、5脚分开，则密码为37132。

3. 通用（GM）公司音响解码方法

(1) GM-DELLOC-Ⅱ激光唱机防盗设定程序

图 3-3　表面贴片晶体管的排列图形　　　图 3-4　两排表面贴片晶体管的排列图形

① 将点火开关转到“ACC”或“RUN”位置。

② 按“PWR”键关闭收音机电源。

③ 同时按“1”和“4”键，直到显示器显示“……”至5s后，输入6位数字，该步骤必须在15s内完成。

④ 按“SET”键，显示器显示“000”。

⑤ 按“SEEK”任何箭头，直至所需数字第一位显示。

⑥ 任意转“TUNE”键，使前两位数与要输入的前两位数相同。

⑦ 按“TUNE”键，输入后三位数字。

⑧ 再按下面的“TUNE”键，“REP”显示5s，然后显示“000”。

⑨ 再重复⑥~⑧步骤，显示器显示“SEC”，说明防盗设定完成。

（2）GM-DELLOC-Ⅱ激光唱机防盗解除程序

① 接通点火开关，并闭收音机，同时按“1”和“4”键，显示器显示“SEC”。

② 按“SET”键，显示器显示“000”。输入正确密码，若不知道密码，则需使用万能码。GM-DELLOC-Ⅱ激光唱机防盗万能原始码为：

642	185	365	272
F	R	F	R

③ 任意转“TUNE”键，使前两位数与要输入的前两位数相同。

④ 按“TUNE”键，输入后三位数字。

⑤ 再按“TUNE”键，“REP”显示5s，然后显示“000”。

⑥ 按下“TUNE”键，显示器出现“——”，显示器自动显示时间，表示防盗已被解除，此时CD机已没有密码，若想要密码，必须重新设定。

4. 丰田车系音响解码方法

（1）音响防盗解除程序

① 若丰田音响锁机，会出现“HELP”或“SEC”两种情况。

② 若音响显示器显示“SEC”，说明音响没有完全锁死，此时应继续输入错误密码，将音响完全锁死，直至显示器出现“HELP”为止。

③ 关闭音响的“PWR-VOL”。

④ 将点火开关置“ACC”位置。

⑤ 同时按下“PWR-VOL”键和“1”、“4”、“6”键，直到显示器显示“APS SEC”。

⑥ 同时按下“1”键和“TUNE SEEKA”键，直到出现“△……”，输入密码前3位数字。

⑦ 同时按下“1”键和“TUNE SEEKV”键，直到出现“▽……”，再将密码后2位或3位输入。

⑧ 按下“SCAN”键，直到出现“SEE”或无任何显示，打开收放机开关，此时本机已没有密码。如显示器显示“ERR”，说明输入密码错误，重复步骤①~⑧。

(2) 音响防盗设定程序

① 按“PWR-VOL”键及“1”和“6”键，出现“SEC”。

② 按“1”和“TUNE SEEKA”键，直至出现“△……”。

③ 输入容易记住的数字。

④ 再按“SCAN”键。此时本机已打开，输入的数字则为本机防盗密码。若防盗不能解除，则无法设定密码，而解除防盗就要公开密码。

5. 马自达车系音响解码方法

若蓄电池电压低或接线断开（音响系统连接断开），音响防盗密码系统将使音响锁死。若音响系统再次通电正常时，音响必须被重新输入密码，在断开蓄电池前，记录下4位密码，在10s内完成下面步骤①~③的操作，否则设置过程无效。

① 关闭音响，将点火开关置“ACC”档。

② 再按“SCAN”和“AUTO-M”键约2s，直到显示器显示“CODE”。

③ 再按“SCAN”和“AUTO-M”键，直至显示器显示“……”。

④ 使用标有数字“1~4”的数字键输入密码，按“1”键输入第一位，按“2”键6次，“3”键5次，“4”键4次，则已输入设定密码。

⑤ 在密码显示时，按住“SCAN”和“AUTO-M”键大约2s，直至听到“嘟、嘟”声，“CODE”在显示器上显示约5s后消失，说明防盗设置完成。

⑥ 若显示器显示“ERR”，从步骤①开始重复此过程，若连续三次输入错误密码，则触发防盗系统使音响完全锁死，需到音响生产厂家或经销处联系维修。

6. 三菱车系音响解码方法

① 打开音响的上盖，拆下机芯固定螺钉。

② 拆下音响前面板装饰盖，然后拆下机芯。

③ 找到CPU旁边的一个密码IC集成块。在音响线路板正中偏右下方，型号为93CA6/93C56，断开其第4脚。

④ 对CPU旁的大电容进行放电约8s。

⑤ 正确安装机芯和面板，接通电源，显示器显示“CODE”。输入“0000”密码一次，然后按下“TAPE”键，音响防盗即被解除。

7. 日产车系音响解码方法

一般日产轿车音响密码为4位码，但风度轿车为5位码。

(1) 正常解码方法

① 开机，显示器显示“CODE”。

② 同时按下“1”、“4”键，显示器显示“……”。

③ 直接输入密码。

④ 若输入密码正确，音响被打开。若输入密码错误，10s 后再输入，20 次错误，音响将被永久锁死。

(2) 非常规解码方法　打开机盖，拆下机芯，找到密码芯片（93C46、53C246、XXCA6 等），切断其与 CPU 的连线或焊脚，短路 CPU 旁的大电容，清除 CPU 记忆，将永久取消防盗功能。

日产轿车的音响防盗芯片与 CPU 有一连线，原密码存在防盗芯片中。当 CPU 断电时，CPU 的存储器中存入的原码丢失。若再通电时，CPU 无原码识别、音响锁死，需要从防盗芯片中取出原密码存入 CPU 存储器中。

若在电路板中见到 XXC46 芯片，将其拆下，即可取消防盗功能。

8. 本田雅阁轿车音响解码方法

该车音响显示器上有“ANTI-THEFT（防盗）”字样，显示器下方还有一个红色指示灯（不停地闪烁），表示该音响有防盗密码。

(1) 通用码解码方法

① 输入密码解码法。当本田轿车音响面板显示器显示“CODE”时，表示音响系统已经锁止，必须输入该车音响密码。该车型的音响密码存在发动机 ECU（计算机）背面或烟灰盒上。

本田轿车的音响密码一般是 5 位数（由数字 1 ~ 6 组成），但有的新款雅阁车型的音响密码是 4 位数。利用收音机上的 6 个按键解码，从密码的第一位数开始输入（按压对应的按键），当正确输入完最后一位数时，音响自动打开。若输入错误，则应等待 1h 后再输入。

本车音响只允许 3 次试输密码。若输码正确，则在输入第 5 位（最后一位）数后会出现“噼噼”声。若 3 次输入都错误，音响不发出“噼噼”声。此时只有清除音响记忆后，才能继续输码。

快速清除音响记忆的方法：拆下其与蓄电池相连的两条线，并互相接触 5s。清除音响记忆后，可再输入音响密码。当输错某一位数字时，要继续输完其他 5 位数字，然后再重新输入正确密码。

若按上述方法操作，音响仍不接受随车所附的密码时，可根据该车销售型号、车辆标识号、音响证号和系列号向特约维修站或代理处查询。

② 输入通用码解码法。当第一次断电后恢复供电时，音响处于半锁止状态。当输入密码正确时，可输入通用码“34443”，即可开机，但不能获知原密码。

(2) 万能解码方法

① 断开 IC 芯片接脚的解码方法。从集成电路板上断开防盗芯片的 7 号和 8 号引脚，两脚不要相碰。

② 防止音响锁码。拔出发动机室内 BACK-UP 熔丝（7.5A）10s 以上可清除故障码，但音响将被锁止，可用以下两种方法解码。

方法一：在音响相线上另外接 12V 电源，从而保证在拔出 BACK UP 熔丝后，音响能继续通电。

方法二：关闭点火开关后，拔掉发动机电脑连接器 10s 以上。

(3) 重写控制音响的IC芯片数据的方法　找一个密码已知的本田轿车音响，用仪器读出记忆密码的IC芯片中的数据，再用仪器写在一块型号相同的空白的EEPROM上。当音响锁止时，可将此芯片换上，更换速度快，且音响能保持防盗功能。

(4) 新款雅阁轿车音响解码　若记录防盗密码的卡片丢失，则需通过辨认音响系统的系列号获取密码。

① 将点火开关置“ACC (1)”位置。

② 在接通电源情况下，同时按下“1”、“6”键。

③ 此音响系统的系列号显示在显示器上。

音响系统防盗功能的解除方法如下：

① 将点火开关置“ACC (1)”位置。

② 打开收音机。

③ 显示器显示“CODE”。

④ 通过预置键1~6连续输入5位防盗密码即可。

9. 帕萨特B5音响解码方法

由于某种原因（如拆除蓄电池连线或熔断丝熔断），防盗密码系统将收放机电子锁定，则开机后显示器显示“SAFE”。解码方法如下：

帕萨特轿车音响系统有B型和Y型两种形式，其防盗原理相同，解码程序也相同。在关机和拔出点火钥匙的情况下，若控制面板上的二极管不停地闪烁，表示音响防盗功能在起作用。

有些帕萨特轿车采用便捷型收放机密码系统，制造商首次将密码输入收放机后，密码则储存于车辆中。若车辆供电中断，音响被锁定，先打开收放机开关，再接通点火开关，汽车收放机自动地将密码数字与储存在车辆中的密码对比。如密码相符，则几秒后收放机重新处于工作状态，无需人工取消电子锁定。若密码不一致，则需人工解码。

对于没有采用便捷型收放机密码的帕萨特轿车，若出现音响被锁定的情况，则必须进行人工解码，音响才能正常工作。解码方法如下：

① 接通点火开关，打开收放机，显示器显示“SAFE”。

② 约3s后显示器显示“1000”。

③ 使用存储键将贴在“收放机资料卡”上的密码数字输入。按“1”键输入密码的第一位，按“2”键输入第二位，依此类推。若密码为1345，则按“1”键1次、按“2”键3次、按“3”键4次、接“4”键5次。

④ 输入密码后，再按搜索键或者手动调谐键，持续2s以上直到听到“哔”的一声后松开。

⑤ 若输入的密码正确，显示器自动显示电台频率，此时收放机重新处于工作状态。

若在音响解码时由于疏忽，输入一个错误的密码，则显示器先闪现、后持续显示“SAFE”。此时可重复一遍整个过程，重复次数在显示器上显示。

若再次输入错误的密码，则收放机将被锁定1h左右。接通点火开关，收放机保持开机状态。1h后，显示器重复次数显示消失，此时可再次进行人工解码。

3.3.2 国产汽车音响解码方法

1. 一汽奥迪A6轿车

接通点火开关，打开音响，显示器不显示“SAFE”，则表明音响可能因供电中断、蓄电

池电压过低或音响 BATT 电源中断而被锁死。解锁密码为 4 位数，利用音响控制面板上的“AM/FM”和“SCAN”键，以及 4 个预置电台存储键作为解码操作键输入音响密码。例如音响密码为 1688，解码方法如下：

① 同时按下“AM/FM”键和“SCAN”键。

② 按动存储键“1”，直到显示器显示“1”。

③ 按动存储键“2”，直到显示器显示“6”。

④ 按动存储键“3”，直到显示器显示“8”。

⑤ 按动存储键“4”，直到显示器显示“8”。

经过以上操作输入正确密码后，再同时按下“AM/FM”和“SCAN”键，显示器显示“SAFE”后释放，随后显示器显示某电台的频率，则表明解码成功。

2. 一汽大众宝来 1.8T 轿车

宝来 1.8T 的音响带 4 位密码，拆下蓄电池或拔下熔丝会使音响系统锁死。

（1）已知密码　打开收音机后，3s 内显示器显示“SAFE”。然后显示“1000”，等待输入密码。第一位密码按预置键“1”直到所需数字，第二位密码按预置键“2”直到所需数字，依次类推。当 4 位密码输入后，长按“SAFE”键，直到听到“哔”的一声，说明音响锁死已解除。每位数字范围为 0 ~ 9，若连续两次输入错误密码，机器将处于锁机状态，1h 后才能输入下一次密码。

（2）未知安全密码　拆开机芯，将芯片拆下后放在编程机上，用专用音响解码仪解码。

3. 上海大众帕萨特 B5 轿车

具有防盗功能的收放机在关机和拔出点火钥匙的情况下，发光二极管闪烁。若电源中断，则收放机将被锁定，开机后显示器显示“SAFE”，解码方法如下：

① 开机，显示器显示“SAFE”。

② 约 3s 后显示器显示“1000”。

③ 使用按键将密码输入。按键“1”输入密码的第 1 位，按键“2”输入密码的第 2 位，依次类推。例如：要输入密码 1235，先按“1”键 1 次，按“2”键 2 次，按“3”键 3 次，按“4”键 5 次。若数字是 0，则应按 10 次。

④ 按搜索键或手动调谐键，按住 2s 以上松开。

⑤ 若输入的密码正确，经过短暂的“学习阶段”显示当前频率，收放机重新处于工作状态。

⑥ 若输入的密码错误，则显示器先闪烁，后持续显示“SAFE”，可重新输入密码。若第 2 次输入的密码也不正确，则收放机自动锁定 1h，不能再输入密码，1h 后再重新输入密码。

4. 别克轿车

（1）音响防盗密码设定方法

① 写下 3 ~ 4 位数，从 000 至 1999，并将之存放于车辆之外的安全处。

② 将点火开关转至“ACC”或“RUN”位置。

③ 关闭收音机，按住“1”和“4”键，直到显示器显示“……”。

④ 按压“MIN”（分）键，显示器显示“000”。

⑤ 再次按压“MIN”键，使最后两位与要设定的防盗密码相符。

⑥ 按压“HR”（小时）键，使第一位或前两位与要设定的密码相符。

⑦ 当确信显示器显示的数字与要设定的密码相同时，按压“AM/FM”键。显示器提示：重复步骤⑤～⑦，确认密码。

⑧ 按压“AM/FM”按钮，此时显示器显示“SEC”（安全），提示音响已加密保护。当点火开关关闭时，音量控制指示器开始闪亮。

上述操作任意两步之间间隔时间超过15s，显示器自动回到时间显示，此时只有从步骤④开始重新进行密码设定。

（2）断电后音响防盗系统锁死的解除方法

① 接通点火开关时，显示器显示“LOC”（锁住）。

② 接“MIN”键，显示器显示“000”。

③ 再按“MIN”键，使后两位数和原设密码相符。

④ 按“HR”键，使第一位或前两位数字和原设密码相符。

⑤ 确信显示器显示的数字和原设的防盗密码相符后，按“AM/FM”键，显示器显示“SEC”，表明音响防盗锁死状态已解除，但不能启动防盗保护功能。

若输入8次错误密码，显示器显示“INOP”（不工作），再次输入密码之前，必须接通点火开关，并等待1h以上；再次输入防盗密码时，在“INOP”显示之前，只有3次输入防盗密码的机会。

（3）音响防盗功能的解除方法

① 将点火开关转到“ACC”或“RUN”位置。

② 关闭收音机。

③ 同时按下“1”和“4”键，直到显示器显示“SEC”。

④ 按“MIN”键，显示器显示“000”。

⑤ 再按“MIN”键，使后两位数和原设定密码相符。

⑥ 按“HR”键，使第一位或前两位数据和原设定密码相符。

⑦ 确定显示器显示的数字和原设定密码相符后，按“AM/FM”按钮，显示器显示“……”，表明音响系统防盗功能已经解除。

5. 东风雪铁龙XM型轿车

东风雪铁龙XM型轿车配备的音响具有CD自动换片功能，解码方法以输入密码“1356”为例。

① 打开电源开关，开机，显示器显示“CODE”。

② 在“1～6”键中随意按一键，显示器显示“0000”。

③ 按“1”键1次，显示器显示“1000”；

④ 按“2”键3次，显示器显示“1300”。

⑤ 按“3”键5次，显示器显示“1350”。

⑥ 按“4”键6次，显示器显示“1356”。

⑦ 按“6”键，显示器显示“CODE”，显示7s后自动消失并开机。

注意事项：

（1）密码输入错误时，显示“……”并停机约1s，当显示“CODE”时方可再次输入密码。

(2) 连续3次输入错误时，机器将自动锁定1h。

(3) 若输入密码正确，则显示器显示频率，此时收放机可正常工作。

6. 东风CR-V汽车

① 打开音响，显示器显示“CODE”，音响被锁死，用“1~6”数字键输入5位密码(从高位输入)，如密码是“13653”，第1位1在数字键“1”上按一次；第2位3按数字键“3”一次；第3位6按数字键“6”一次；第4位5按数字键“5”一次；第5位3按数字键“3”一次。输入密码时，音响显示器不显示密码数字。

② 5位密码输完后，可听到“嘟”的一声，同时“CODE”显示消失，而显示“CD2”，说明解码成功。

本章小结

●汽车音响型防盗系统分音响随身带防盗、不可拆卸式防盗和密码式防盗三种类型，其防盗密码有音响防盗集成块（EEPROM）内存储、单片机ROM存储和复合存储三种方式。

●当汽车音响锁死后，必须输入正确密码，音响系统才能正常工作。若多次输入错误密码，会导致音响被永久锁死。汽车音响被锁死，先要获取音响防盗系统密码，再按正确方法进行解码。汽车音响密码的获取方法较多，主要有在原车上查找和用读码器读取两种方法。音响防盗系统解码主要有硬解码法、软解码法、断电法和综合法等。

复习思考题

一、填空题

1. 汽车音响防盗系统分________、________和________三种类型。

2. 音响防盗密码分________存储、________存储和________存储三种方式。

3. 当汽车音响锁死后，必须输入________密码，音响系统才能正常工作。若多次输入________密码，会导致音响被________锁死。汽车音响被锁死，先要获取音响防盗系统________，再按正确方法进行________。

4. 汽车音响密码的获取方法较多，主要有________和________两种方法。

5. 现代汽车音响防盗密码存储集成电路一般采用________，并以________形式连接在电路中。若丢失________，则必须使用数据编程器读出音响罩面________，加以换算，从而得到________密码。

6. 音响防盗系统解码主要有________、________、________和________等。

7. 维修汽车音响选择烙铁时，烙铁必须________，若无恒温烙铁可选用________W内热式或________W外热式铬铁。内热式铬铁的最大功率不能超过________W，外热式铬铁的最大功率不能超过________W。

8. 维修汽车音响选择助焊剂时，选用________，且不可用腐蚀性强的________助焊，如________已炭化变黑，应更换。

9. 维修汽车音响选择焊锡丝时，选用________、________的进口焊锡丝。

10. 对汽车音响元件进行焊接时，对高压电路应小心，若使用________V低压电烙铁则较安全。焊接速度要快，一个引脚一次的焊接时间不宜超过________s，一次焊接不牢，可多焊几次。焊点要________、________，切勿________，各引脚之间不得有互联现象。

11. IC集成电路按功能不同分________电路和________电路。

12. IC集成电路按制作工艺不同可分________电路、________电路和________电路。

13. IC集成电路根据膜的厚度不同，膜集成电路分为________电路和________电路。

14. IC集成电路按集成电路程度高低不同分为________、________、________及________。

15. 奔驰车系车主使用手册上贴有两张卡片，一张是________色的，大小与名片相同，正面主要有两个号码，一个是________，由________位数组成，且每位数都在________之间，另一个是________，如F21127929A。

16. 一汽奥迪A6轿车，打开点火开关，将音响开关置ON，此时液晶显示器不显示________，则表明音响可能因________、________或________而被锁死。利用音响控制面板上的键________和键________，以及________作为解码操作键输入音响密码。

二、判断题

1. 不可拆卸式防盗将主机设置为可移动方式，车主离开汽车时可将音响随身带走，以防被盗。（　）

2. 音响随身带防盗属于机械式锁紧防盗，汽车音响一旦被盗，其主机部分将会因不可拆卸或强行拆卸而损坏。通常利用电磁铁及其他机械锁定装置，实现防盗功能。（　）

3. 密码式防盗为电子式防盗，通过音响面板上的按键给汽车音响输入一定的数据后实现防盗。当设定密码并进入防盗状态后，音响系统必须输入设定的密码，否则不能工作。这种音响易拆卸，但密码不正确时，音响系统不工作。（　）

4. 若音响面板或后车门三角窗等处有ANTI-THEFT、CODE、SECURITY标志，则说明该车音响具有防盗功能。（　）

5. 若音响面板上的液晶显示器显示“CODE”或其他符号，则表示音响已被锁住，需要解码，才能恢复正常使用。（　）

6. 维修汽车音响时，若不知道音响密码，可断开蓄电池的电源线。（　）

7. 固定密码和可变密码均通过防盗电脑控制，有的防盗系统集成于音响CPU中。（　）

8. 当汽车音响锁死后，必须输入正确密码，音响系统才能正常工作。若多次输入错误密码，会导致音响被暂时锁死。（　）

9. 汽车音响被锁死，先要获取音响防盗系统密码，再按正确方法进行解码。（　）

10. 若输入的密码不正确，音响将再现蜂鸣声，或液晶显示器上出现“SAFE”字样。此时，需耐心等待10h后方可重新输入密码。（　）

11. 若多次输入错误的密码，则需要等待更长时间方可重新输入密码，甚至有可能将音响暂时锁住。（　）

12. 通用码只能使用2次，若以往已经使用过，则不能再次使用。（　）

13. 若不清楚本机密码，通用码也无法解码时，则需要用逻辑学分析仪或专用音响解码器进行解码。（　）

14. 若没有专用的逻辑分析仪或音响解码器，可将密码集成电路焊下来，即可永久解锁，使音响恢复使用。（　）

三、简答题

1. 介绍汽车音响防盗系统的类型。
2. 叙述汽车音响防盗功能的使用方法。
3. 介绍汽车音响防盗系统密码的获取方法。
4. 叙述汽车音响防盗系统解码方法。
5. 叙述汽车音响解码维修工艺。
6. 介绍宝马车系音响解码方法。
7. 分析一汽奥迪轿车音响解码方法。

实训项目6　音响防盗功能的识别与防止误操作

车辆型号	车辆识别代码	音响型号

一、实训目标

1. 掌握音响防盗功能的识别方法。

2. 掌握避免音响防盗系统误操作的方法。

二、知识准备

1. 音响锁住时显示器的显示

汽车多媒体主机被锁时，________，不同的汽车音响，显示器显示不同，如________、________、________、________、________、________、________、________等。若音响面板上的显示器显示________________，则表示音响已被锁住。

2. 音响防盗功能自动锁死

（1）更换蓄电池或拆下蓄电池电缆后，____________________。

（2）蓄电池________，不能维持汽车音响的存储保持电源电压。

（3）音响的电源____________________。

（4）音响电源线路有________处，使音响无存储保持电压。

（5）拔下音响电源插头，________等。

（6）音响________。

三、操作步骤

1. 若音响面板或后车门三角窗等处有________、________、________标志，则说明该车音响具有防盗功能。

2. 避免音响防盗系统误操作

（1）维修汽车音响时，若不知道音响密码，不要____________________。

（2）更换蓄电池时，应并接________再拆旧蓄电池；拆下________时，也必须采取一定措施，保证维修中途音响不断电。

（3）不要误拔________。

（4）锁车时应断开________，以防止蓄电池因完成放电而使音响被锁止。

（5）音响断电后，其容量较大的存储电压保持电容________才能完成放电，音响才会自动锁止。

四、实训小结

____

____

____

________。

实训项目 7　音响防盗密码的获取与解码

车辆型号	车辆识别代码	音响型号

一、实训目标

1. 掌握音响防盗密码的获取方法。

2. 掌握音响防盗系统的解码方法。

二、知识准备

1. 音响防盗密码的形式

（1）________密码。欧美车系采用。

（2）________密码。日本车系采用。

2. 音响防盗密码存储方式

（1）________存储。最典型，有 80% 以上的机型采用，其保密性强。

（2）________存储。该机型有共用密码，保密性差。

（3）________存储。通过固定方法查取密码，其保密性最差，个别车型甚至不用密码便能将音响解开，又不破坏电路。

三、操作步骤

1. 获取汽车音响防盗系统密码

（1）________查找。购买新车时，注意音响使用手册中的密码卡。部分车型的音响防盗密码通过以下方式查找：

① ____________________某处。② ____________________某处。

③ ____________________某处。④ ____________________某处。

⑤ ____________________某处。⑥ ____________________某处。

（2）________读取。现代汽车音响防盗密码存储集成电路一般采用 EEPROM，并以串行形式连接在电路中。若丢失密码，则必须使用________读出音响罩面 EEPROM 原密码数据，________，从而得到正确密码。

2. 音响防盗系统解码方法

（1）________法。更换 EEPROM，重新设定新的防盗密码，适用于固定密码解码。

（2）________法。输入通用码解码。当音响系统电源接通后，输入该车型音响系统的通用防盗密码。此方法不需要更改线路，适用于可变密码解码。

（3）________法。对于某些机型，只需切断音响防盗集成块的电源即可解码。

（4）________法。同时使用硬解码法和软解码法。

（5）非常规手段解码，主要有两种：________________和________________。

四、实训小结

____

____

____

________。

实训项目8 更换汽车音响防盗IC芯片操作工艺

车辆型号	车辆识别代码	音响型号

一、实训目标

掌握汽车音响防盗IC芯片维修的一般操作要求和特殊操作要求。

二、知识准备

烙铁必须________，若无恒温烙铁可选用________W内热式或________W外热式铬铁；选用________做助焊剂，选用________的进口焊锡丝。

拆卸和焊接解码片时，加热时间不能过________；电路板上有层保持漆，用________或热吹风将保护漆加热到________℃，用________轻轻剥开，再进行焊接操作；烙铁长期高温易氧化不吃锡，应常用________擦拭烙铁头保持其清洁。

防盗IC芯片最常用的封装材料有________、________及________等三种。封装外形多呈________、________及________，双列直插式陶瓷封装多为________脚、________脚、14脚、________脚及________脚等。

三、操作步骤

（1）集成电路焊接前，应进行性能检查。对新设计的电路或从市场上购买的集成电路，按规定逐项对________进行测试。

（2）焊接应使用绝缘性能良好的内热式电烙铁，功率________W为宜。焊接时最好将烙铁________搭铁，或________焊接，以免漏电损坏集成电路。对高压电路更应小心，若使用________V低压电烙铁则较安全。焊接速度要快，一个引脚一次的焊接时间不宜超过________s，一次焊接不牢，可多焊几次。

当集成电路有________时，根据电路的设计要求，确保________正确；拆裂集成电路时，应在________情况下进行。

（3）焊接后，初次通电时，一手按住________注意观察电路，一旦出现________等异常现象，应立即________，以防事故扩大。

对电路进行调试时，应注意________，不允许存在________引脚；尽量避免________________输入集成电路；各引脚上的引线要尽量________，在较长引线上应加入过电压保护电路。

（4）特殊要求。孔安装式集成电路焊接时必须________，电烙铁一定要________，否则EEPROM有可能内部被________。对表面安装式集成块尽量不用电烙铁，最好用________割除；表面安装必须用________焊接，取下集成块时用集成电路起拔器，同时配合吸锡器；不允许________操作，否则后果严重。

四、实训小结

____

____

____

________。

实训项目 9　宝马系列轿车音响防盗系统的解码

车辆型号	车辆识别代码	音响型号

一、实训目标

掌握典型的进口轿车音响防盗系统的解码方法。

二、知识准备

宝马车系车主使用手册上贴有两张卡片，一张是________的，大小与名片相同，正面主要有两个号码，一个是该车________，由________组成，且每位数都在________之间，另一个是________，如 F21127929A。卡片反面写着：当输入密码时，若听到“嘟嘟”声，应立即停止并重新由第一位开始输入密码。另一张是________的方形卡片，正中间有一钥匙形状的符号，指明若音响系统显示________时，应________才能工作。

画出宝马 59085 轿车音响两排表面贴片式晶体管的排列图形：

三、操作步骤

1. 已知密码的解码方法

（1）拔出点火钥匙，音响系统的面板左侧标记________字样的旁边有一红色防盗指示灯将________。

（2）拔下钥匙后，触摸________。

（3）只要音响系统电源电压低于________ V，如蓄电池亏电、拆下蓄电池、电子设备修理或拆卸音响系统等操作，音响系统________工作。当电源电压恢复正常后，显示器显示“COD”，要求输入该音响防盗密码。

（4）接通音响时，若显示________字符，应按白色卡片提供的密码号顺序输入。若连续________次输入正确密码，音响系统仍不工作，应耐心等待________后再输入。

（5）当输入密码的第________位数字时，若听到“嘟嘟”声，则应立即停止。重新输入密码时，应从密码的第________位开始输入。

2. 不知密码的解码方法（宝马 59085 轿车音响）

（1）将左边 0、2、3 脚接通，将 1、4、5 脚分开，同时将右边部分的 1 脚断开，2 脚接到原第 1 脚断开处焊通，则密码为________。

（2）若将左边的 0、1、2、4、5 脚接通，将 3 脚分开，则密码为________。

（3）若将左边的 0、1、2 脚接通，将 3、4、5 脚分开，则密码为________。

四、实训小结

____

____

____

________。

实训项目10 上海别克轿车音响防盗系统密码的设定与解除

车辆型号	车辆识别代码	音响型号

一、实训目标

掌握典型的国产轿车音响防盗系统密码的设定与解除方法。

二、知识准备

关闭点火开关，启用防盗功能时，音响面板上的________灯恒闪烁。若再次接通点火开关，音响显示器显示________，说明音响处于________状态。

音响防盗系统密码的设定与解除过程中，任意相邻两个操作步骤之间的间隔时间不得超过________s。

三、操作步骤

1. 音响防盗密码设定方法

（1）写下________位数，从________至________，并存放于车辆之外的安全处。

（2）将点火开关转至________位置。

（3）关闭收音机，按住键________，直到显示器显示________。

（4）按压________键，显示器显示________。

（5）再次按压________键，使最后两位与要设定的防盗密码相符。

（6）按压________键，使第一位或前两位与要设定的密码相符。

（7）当确定显示器显示的数字与要设定的密码相同时，按压________键。显示器提示：重复步骤________，确认密码。

（8）按压________按钮，此时显示器显示________，提示音响已加密保护。当点火开关关闭时，音量控制指示器开始闪亮。

2. 断电后音响防盗系统锁死的解除方法

（1）接通点火开关时，显示器显示________。

（2）接 MIN 键，显示器显示________。

（3）再按________键，使后两位数和原设密码相符。

（4）按________键，使第一位或前两位数字和原设密码相符。

（5）确定显示器显示的数字和原设的防盗密码相符后，按________键，显示器显示________，表明音响防盗锁死状态已解除，但不能启动________功能。

3. 音响防盗功能的解除方法

（1）将点火开关转到________位置。

（2）关闭________。

（3）同时按下________键，直到显示器显示________。

（4）按________键，显示器显示________。

（5）再按________键，使后两位数和原设定密码相符。

（6）按________键，使第一位或前两位数据和原设定密码相符。

(7) 确定显示器显示的数字和原设定密码相符后，按________按钮，显示器显示________，表明音响系统防盗功能已经________。

四、实训小结

____
____
____
________。

第 4 章 汽车音响的使用与维修

学习目标：

- 了解汽车音响的操作与使用方法。
- 掌握汽车音响检修常用工具和仪器的正确使用方法。
- 掌握音响常用元器件的检测方法。
- 了解音响常用元器件的代换方法。
- 掌握汽车收、放音机的检修方法。
- 掌握汽车 CD 唱机的检修方法。
- 掌握车用 VCD 影碟机的检修方法。
- 了解车用 DVD 影碟机的检修方法。

4.1 汽车音响的操作与使用

4.1.1 普通单方向运转机型

普通单方向运转机型面板如图 4-1 所示，其操作按键使用方法如下：

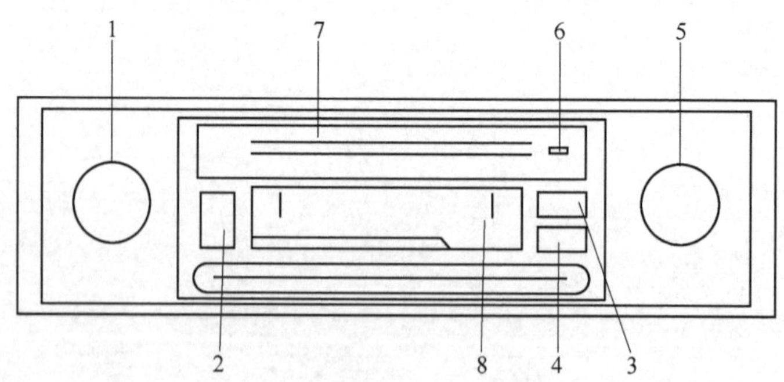

图 4-1 普通单方向运转机型面板

（1）开关音量控制旋钮　向右旋转开启电源，继续旋转控制音量。

（2）快速进带、返带按键　将该键推进一半，可使录音带处在快速导带状态；略用力推动，可恢复正常放音；用力推动，录音带从带舱中弹出。

（3）AM、FM 转换按键　按此键可选择中波/调频段。

（4）MO、ST 按键　立体声和普通声选择。

（5）收音机选台调谐器控制旋钮　机器处在收音状态时可旋动该钮完成选台。

（6）走带指示灯　当录音带放入带舱后若正常走带，该指示灯亮。

（7）刻度盘　确定选台具体位置。

（8）入带舱口　按动此键，录音带从带舱中弹出。

4.1.2　普通双方向运转机型

普通双方向运转机型面板如图 4-2 所示，其操作按键使用方法如下：

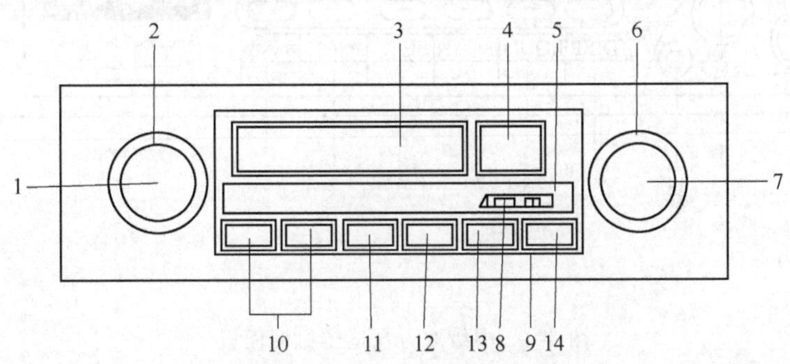

图 4-2　普通双方向运转机型面板

（1）开关音量控制旋钮　向右方向旋转打开电源，继续旋转控制音量大小。

（2）音调控制旋钮该旋钮　可控制中、高、低音变化。

（3）入带舱口　放音时录音带可从该处进入和退出。

（4）退带按键　若带舱中有录音带，可按动此键使录音带从舱中退出。

（5）方向指示灯　指示放音中录音带运行方向，右灯亮为正向运行，左灯亮为回转运行。

（6）均衡旋钮　旋动该钮可控制双声道左右扬声器的声音平衡度，通常在中间时是电路对两个声道输出的均衡位置，使用时可根据听音者在车内的位置调整左、右扬声器的声场定位。

（7）调谐器旋钮　选择电台位置。

（8）立体声指示灯　当收到立体声信号时该灯亮。

（9）收音机指示灯　处于收音状态时该灯亮。

（10）正反转倒带按键　按动其中一只键可选择正向和反向快速倒带。

（11）立体声普通声按键　若立体声信号弱不能正常收听，可按下 ST/MO 按键，收听单声道电台信号。

（12）远、近电台按键　若收听立体声有杂音，可按动此键消除。

（13）换向按键　在放音中通过按动此键，可改变放音录音带运行方向。

（14）AM、FM 转换键　按动此键可完成收音机调频、调幅转换。

4.1.3　中级双方向运转机型

中级双方向运转机型面板如图 4-3 所示，其操作按键使用方法如下：

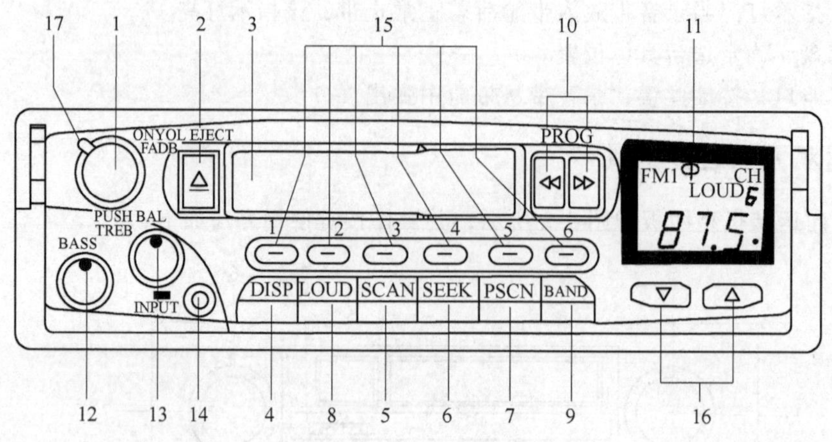

图 4-3 中级双方向运转机型面板

（1） 电源与音量控制开关 向右方向转动打开电源开关，继续旋转可控制音量大小。

（2） 返带按键 按动此键可把录音带从带舱中弹出。

（3） 带舱口 录音带可由该处进入带舱和退出带舱。

（4） DISP（显示） 按动此键可消除收音机数字，显示时间，约 5s 后回位到收音机显示。

（5） SCAN（自动搜索调谐）键 按动此键可完成收音机自动选台搜索，若选到某一电台后 5s 不再次按动此键，则自动搜索将继续进行。

（6） SEEK（自动寻台）键 按动此键可完成选台自动搜索（AM、FM）任意频段，当遇有强信号时，自动定位并处于选到电台的位置。

（7） PSCN（预置选择）键 按动此键，预置键显示器中按顺序进行显示，每 5s 变一个数字，如认为已选到预置位置，可再按动此键一次。

（8） LOUD（等响度控制）键 按动此键可增强听感。

（9） BAND（波段切换）键 按动此键可改变频段，如 AM1、AM2、FM1、FM2、FM3 等。

（10） 快进/快倒/换向键（放音） 单一按动此键可实现快速倒带，同时按动双键可改变录音带运行方向。

（11） 液晶显示器 收音显示为数字显示，放音显示只有方向指示箭头。

（12） BASS（低音）控制键 此键用于对低音升高和降低控制。

（13） TREB（高音）控制键 此键用于对高音升高和降低控制。

（14） CD 外接激光唱机信号输入插口。

（15） 预置键（1~6） 该键可根据频段设置多少而定，若收音机只设定为 AM、FM 两种频段，则预置键可设置 12 个电台；如收音机设有 AM、FM1、FM2 三种频段，则可预置

18 个电台。

（16）手动调谐/校时键　开机可手动搜索选台，按动左边按键可减位数，按动右边按键可增位数。关机可校时，即在按动 DISP 的同时按动“▼”键可校时，按动“▲”键可校分。

（17）平衡控制键　根据听音者的要求，调整扬声器左右平衡和前后平衡。

4.1.4　CD 唱机

别克君威装用的单碟 CD 音响面板如图 4-4 所示，前置 6 碟 CD 音响面板如图 4-5 所示。

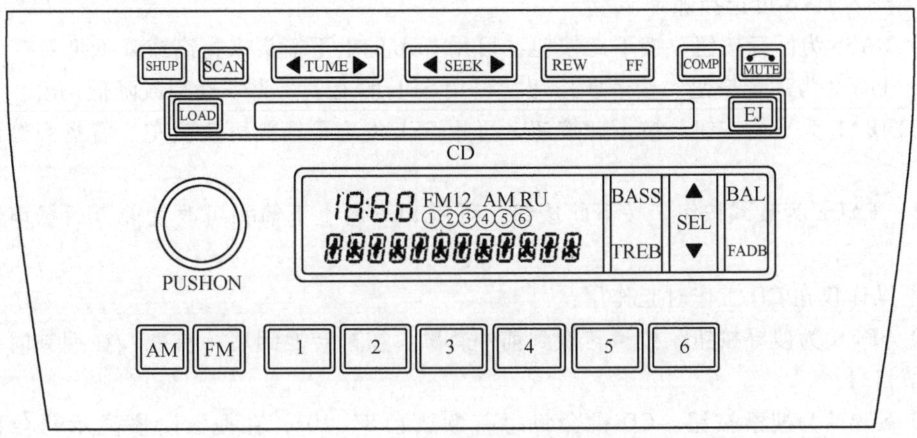

图 4-4　单碟 CD 音响面板

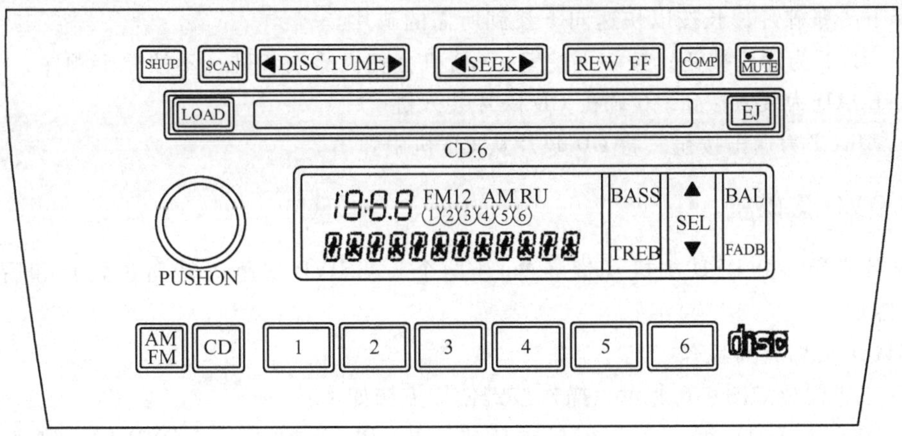

图 4-5　前置 6 碟 CD 音响面板

（1）SEL 为调整按钮　按下该按钮的向上或向下箭头，可调整 BASS、TREB、BAL 和 FADE 的值。

（2）MUTE 为静音按钮　按此按钮可使音响系统静音，再按此按钮可打开声音。

（3）AM/FM 为调幅/调频按钮　该按钮是波段选择开关。按下 AM 按钮，可在 AM、FM1 和 FM2 之间切换，同时屏幕显示选择的波段。

（4）TUME 为调谐按钮　按向右或向左箭头，可选择收音机电台。

(5) SEEK 为搜寻按钮　按向右或向左箭头，可移到下一较高或较低频率的电台并保持在该电台，搜寻时音响自动静音。

(6) SCAN 为搜索按钮　按一下 SCAN 键，音响自动搜索收听每个编程电台，几秒钟后将转到下一个电台，再按下 SCAN 键，搜索停止。搜索进行时将静音。

(7) PUSH BUTONS 按钮　6 个数字按钮可使用户选择需要接收的电台，最多可设定 18 个电台频率，6 个调幅、6 个 FM1 和 6 个 FM2。存储电台的步骤：打开收音机，按 AM 按钮选择波段，调谐到所需的电台，按住 6 个数字键之一，声音将静音，当声音恢复时，松开按钮，此电台频率将存储下来。以后只要按该数字按钮，所存储的电台频率会调出来。在 CD 模式下，按下 1 ~ 6 可选择碟片。

(8) BASS 为低音按钮　按下此按钮，可用 SEL 的上下箭头来提高或降低低音。

(9) TREB 为高音按钮　按下此按钮，可用 SEL 的上下箭头来提高或降低高音。

(10) BAL 为平衡按钮　按下此按钮，可用 SEL 的上下箭头可改变左、右扬声器的音量对比。

(11) FADE 为衰减按钮　按下此按钮，可用 SEL 的上下箭头可改变前、后扬声器的音量对比。

以下操作仅在 CD 工作时起作用：

(1) SEEK 为搜寻按钮。按◀转换到前一首歌，按▶转换到后一首歌，在搜寻时，显示器显示节目号。

(2) SCAN 为搜索按钮。CD 机会将每首歌放音 8 ~ 10s，在搜索阶段显示器会显示节目号。

(3) DISC 为选碟按钮。按◀以选择前一张碟片，长按以快速向上找到所需的碟片。按▶以选择下一张碟片，长按以快速向下找到所需的碟片。

(4) SHUF 为随机按钮。按一下此键，CD 机会随机播放节目（不按原定顺序）。

(5) LOAD 为装入按钮。6 碟机 CD 碟片装入键。

(6) EJECT 为退出按钮。将 CD 碟片从 CD 机中弹出。

4.1.5 DVD 影碟机

别克君威音响由 DVD 主机（带屏幕）、两个头枕 DVD 屏幕（转向盘处）和后座中的 6 碟碟盒组成。

1. DVD 主机音响操作

DVD 主机面板如图 4-6 所示，操作按键使用方法如下：

(1) DVD（模式）键　若当前模式不在 DVD PLAY 模式，按 DVD 键，则音响进入 DVD PLAY 模式。

(2) PWR/VOL（电源/音量）旋钮　当主机处于待机模式时，按 PUSH 键可进入工作模式；当主机在工作时，按下此键可使其结束工作处于待机模式。主机工作时，逆时针方向旋转，音量减小；顺时针旋转，音量增大。

(3) 播放/暂停键　在收音模式下按播放/暂停键后，声音立即消失；当再次按此键时，声音立刻出现。在 DVD/CHAGER PLAY（CD/MP3/VCD）模式下，按此键时碟片将处于暂停模式；当再次按此键后，碟片恢复播放。

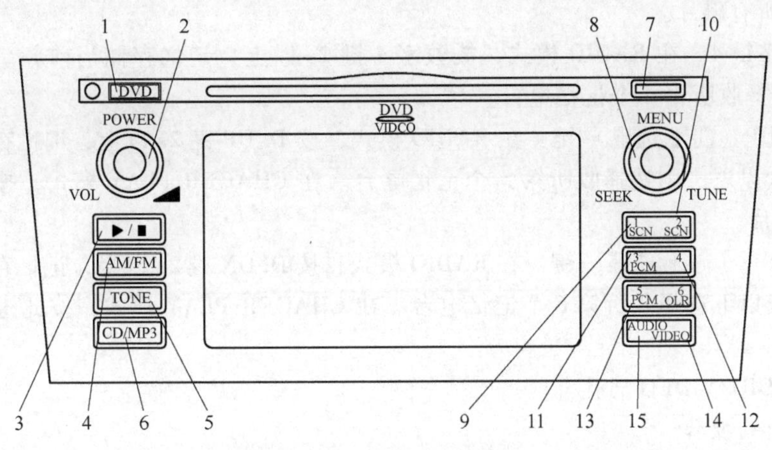

图 4-6　DVD 主机面板

(4) AM/FM (波段) 键　每按 AM/FM 键一次，收音波段依 FM1→FM2→AM→FM1 次序循环切换。

(5) TONE (音调) 键　按 TONE 按键选取音质模式，音质模式依 CLASS→C&W→POP→TALK→ROCK→JAZZ 顺序循环变化。

(6) CD/MP3 键　若当前不在 CHAGER 模式，按 CD/MP3 键可切换到 CHAGER PLAY (CD/VCD/MP3) 模式。

(7) 出碟键　若要取出 DVD 主机内的碟片，按此键后碟片退出。

(8) SEEK (搜寻/调谐) 旋钮

① 音响处于 RADIO (收音) 模式时，自动搜索电台；顺时针旋动 SEEK/TUNE 旋钮 2s 以上，则以频率递增方式自动搜索电台；反之，以频率递减方式自动搜索电台。

② 手动搜索电台：顺时针旋动 SEEK/TUNE 旋钮 2s 以下，则以频率递增方式手动搜索电台；反之，则以频率递减方式手动搜索电台。

③ 音响处于 DVD/CHAGER 模式时，顺时针旋动 SEEK/TUNE 旋钮 2s 以上，则碟片快进；反之，则碟片快退。

④ 碟片选曲：顺时针旋动 SEEK/TUNE 旋钮 2s 以下为向上选曲，反之则向下选曲。

⑤ 主菜单：按 PUSH 键可调出功能菜单，再使用此键 (旋转) 可进行项目选择及对选中项目微调。

(9) SCN (扫描播放) 键　在 RADIO 模式，按 SCN 键 2s 以上，记忆存储当前频率的电台；按 2s 以下，则选择收听第 1 个记忆电台。在 DVD/CHANGER PLAY 模式，按此键 2s 以下，从当前曲目开始依次播放当前碟片里每首歌曲的前 10s；按此键 2s 以上，扫描播放整个 CHAGER 里每片碟片的第一首歌的前 10s。

(10) RPT (重复) 键　在 RADIO 模式，按 RPT 键 2s 以上，记忆存储当前频率的电台；按 2s 以下，选择收听第 2 个记忆电台；在 DVD/CHAGER PLAY 模式，按此键 2s 以下，重复播放当前歌曲；按此键 2s 以上，重复播放当前碟片里的所有歌曲。

(11) RDM (随机播放) 键　在 RADIO 模式，按 RDM 键 2s 以上，记忆存储当前频率的电台；按 2s 以下，则选择收听第 3 个记忆电台。在 DVD/CHAGER PLAY (播放碟片) 模式，按此键 2s 以下，随机播放当前碟片里的歌曲；按此键 2s 以上，随机播放整个 CHAGER

（碟盒）里的所有碟片。

（12）数字键 4　在 RADIO 模式，按数字 4 键 2s 以上，记忆存储当前频率的电台；按 2s 以下，则选择收听第 4 个记忆电台。

（13）D. UP（向下选碟）键　在 RADIO 模式，按 D. UP 键 2s 以上，记忆存储当前频率的电台；按 2s 以下，则选择收听第 5 个记忆电台。在 CHAGER PLAY 模式，按此键，向上选择播放的碟片。

（14）D. DN（向上选碟）键　在 RADIO 模式，按 D. DN 键 2s 以上，记忆存储当前频率的电台；按 2s 以下选择收听第 6 个记忆电台。在 CHAGER PLAY 模式，按此键向下选择播放的碟片。

（15）AUDIO/VIDEO 插孔

2. 后座音响操作

后座音响操作面板如图 4-7 所示，其各键的操作说明如下：

（1）SEEK 为搜寻　在 RADIO 模式，按向上或向下箭头可调至下一个或上一个收音机电台。若正在碟片播放模式，将向下或向上选择。

（2）SCAN 为搜索　在 RADIO 模式，按 SCAN 按钮，收音机将达到第一个预设电台；在该台上停止几秒钟，然后再到下一预设定电台。若预设定收音机电台信号较弱，将不在预设定电台上停止。再按 SCAN 按钮，可停止搜索。若正在碟片播放模式，会将每首歌放音 8 ~ 10s。

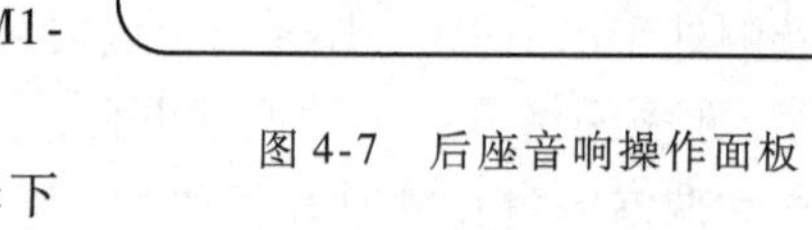

图 4-7　后座音响操作面板

（3）MEDIA 为媒体　按此按钮可选择 AM-FM1-FM2-CD。

（4）DISK UP 为下一张碟　按此按钮可选择下一张碟片。

（5）MUNE 为静音　按此按钮可使音响系统静音，再按此按钮时可打开声音。

（6）VOL 为音量　按向上或向下箭头可增加或降低音量。

3. 转向盘音响操作

转向盘音响操作面板如图 4-8 所示，各键操作说明如下：

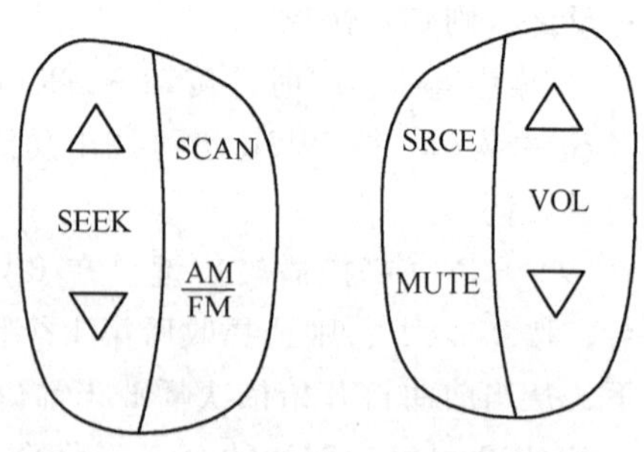

图 4-8　转向盘音响操作面板

（1）SRCE 为音源　在 AM 或 FM 模式下，按下此按钮音源会转成 CD 模式；在 CD 模式下，按下此按钮音源会转成 AM 模式。

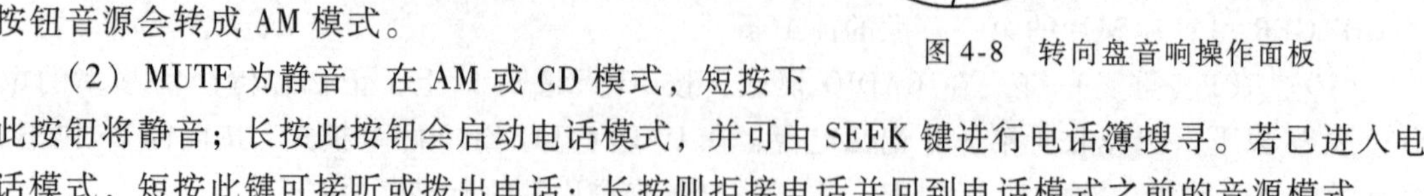

（2）MUTE 为静音　在 AM 或 CD 模式，短按下此按钮将静音；长按此按钮会启动电话模式，并可由 SEEK 键进行电话簿搜寻。若已进入电话模式，短按此键可接听或拨出电话；长按则拒接电话并回到电话模式之前的音源模式。

（3）SEEK 为搜索　在 AM/FM 模式下，用△向上搜索电台；在 CD 模式下，用△向上搜寻曲目；在电话模式下，用△向上搜寻电话簿。在 AM/FM 模式下，用▽向下搜索电台；在 CD 模式下，用▽向上搜寻曲目；在电话模式下，用▽向下搜寻电话簿。

（4）VOL 为音量　用△增大音量，用▽减小音量。

（5）SCAN 为搜寻　用来快速搜寻每一个电台或曲目并播放几秒钟，再次按下 SCAN，当前电台或曲目被选定。

（6）AM/FM 为波段选择　在 AM 和 FM 波段模式之间切换。

6 碟 CD/VCD/MP3 操作说明：本机碟盒会自动识别盘片是 CD、VCD 还是 MP3 格式，播放方式一般与 CD 和 VCD 读取后立即播放不同。MP3 将整首歌作为一个档案，全部读取后播放。在读取前，必须先确认整片 CD 所录制的曲目数及曲名（英文显示）。故 MP3 在播放前会先行读取约 5～15s，视录制曲目的多少，时间上略有差异。另外，播放 MP3 时，没有快进与快退功能。

4.2　汽车音响检修常用工具和仪器

4.2.1　音响检修常用工具

汽车音响检修常用工具主要有试电笔、旋具、电烙铁、电工钳和电工刀等。

1. 试电笔

试电笔又称电笔，用于检测交流电的低压线路和电气设备是否有电，检测电压范围为 60～500V。试电笔常做成钢笔式或旋具式两种，如图 4-9 所示。

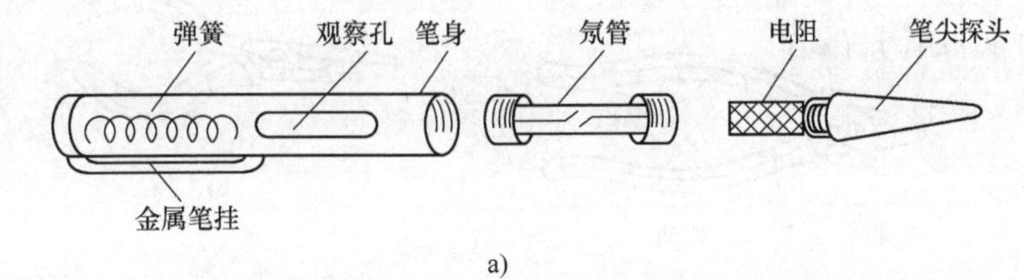

a)

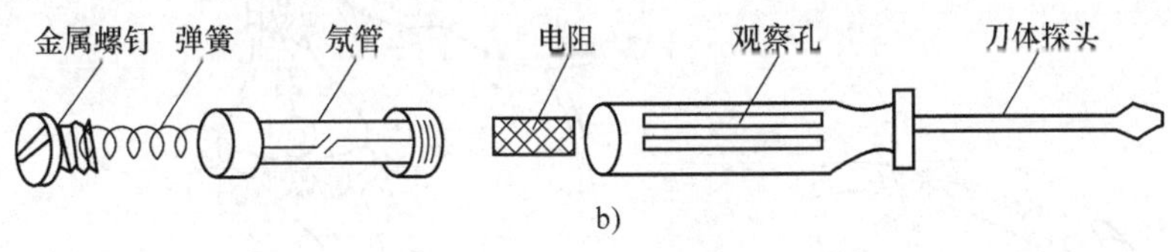

b)

图 4-9　试电笔

a）钢笔式　b）旋具式

试电笔使用注意事项：

① 使用试电笔之前，需在电源上检查试电笔氖管能否正常发光，确定试电笔正常后方可使用。

② 手应触及试电笔尾部的金属体（金属笔挂或金属螺钉），否则不能构成回路，氖管不发光，极易造成误判。

③ 旋具式试电笔只能承受很小的力矩，适合拧动小螺钉，否则易损坏试电笔。

④ 因氖管亮度较低，测试时应注意避光，以防误判。

2. 旋具

旋具俗称螺丝刀，用于紧固或拆卸螺钉。按头部形状的不同，可分为一字旋具和十字旋具；按握柄所用材料的不同，可分为木柄旋具和塑料柄旋具。一字旋具的规格用握柄以外的刀杆长度的毫米数表示，有 50mm、100mm 和 150mm 等规格常用。十字旋具专供紧固或拆卸十字槽螺钉，有 4 种规格常用，适用于直径 2 ~ 12mm 的螺钉。

除一字和十字旋具外，常用的还有多用旋具，为组合工具，握柄和刀体可拆卸，握柄用塑料制成，刀体有几种规格，有一字形和十字形。

3. 电工刀

电工刀用于剖削电线、切削绝缘材料，如图 4-10 所示。使用时，电工刀的刀口应朝外剖削，以防伤手。剖削导线绝缘层时，刀面与导线成 45°倾斜切入，以免割伤导线。电工刀的柄部无绝缘保护，使用时应注意防止触电。

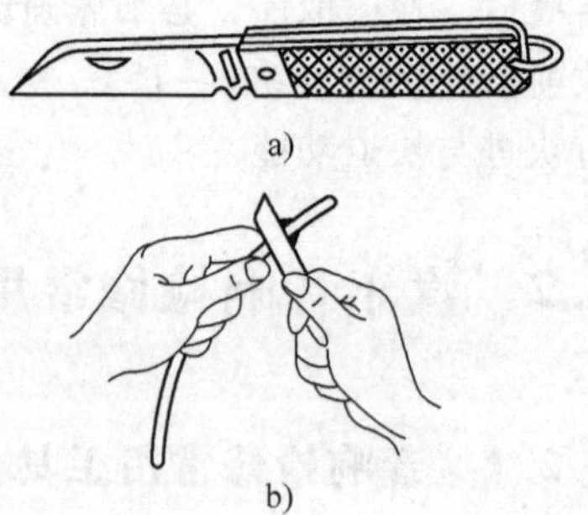

图 4-10 电工刀

a）外形 b）使用方法

4. 电工钳

电工钳分钢丝钳、尖嘴钳、断丝钳和剥线钳等，如图 4-11 所示。

（1）钢丝钳 用于夹持或折断金属薄片、切断金属。

（2）尖嘴钳 适合狭小空间操作，用于剪断较细的导线和金属丝，或将其弯制成需要的形状，并可夹持、安装较小的螺钉、垫圈等。

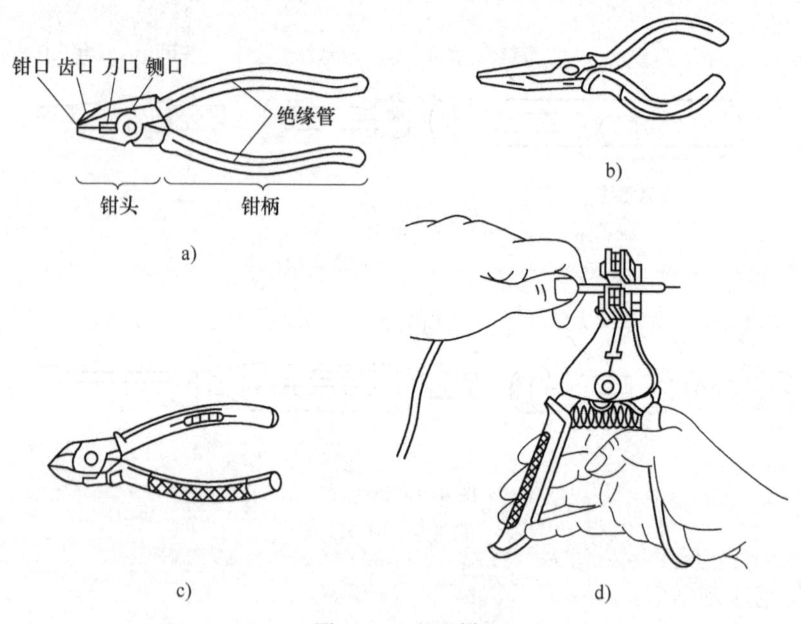

图 4-11 电工钳

a）钢丝钳 b）尖嘴钳 c）断丝钳 d）剥线钳

（3）断丝钳 用于剪断较粗的金属丝、导线等。耐压 500V 的带绝缘柄的断丝钳较为常用。

（4）剥线钳 用于剥落小直径导线绝缘层，其钳口部分设有不同尺寸的刀口，以剥落直径 0.5 ~ 3mm 导线的绝缘层，其柄部绝缘，耐压为 500V。

5. 电烙铁

电烙铁主要由手柄、电热元件、烙铁头等组成，如图4-12所示。根据烙铁头的加热方式不同，电烙铁可分为内热式和外热式。

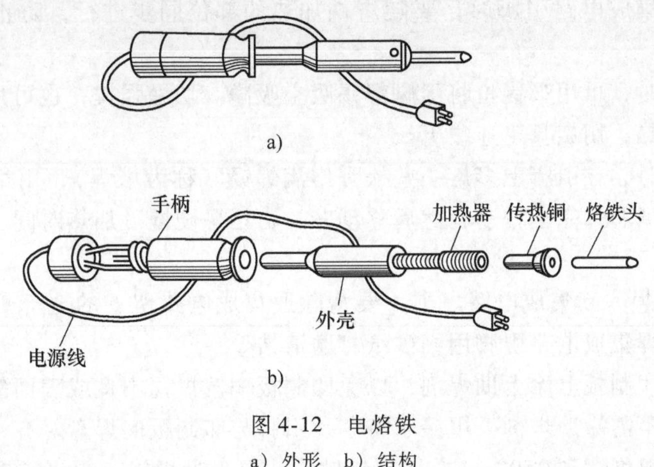

图4-12 电烙铁

a）外形 b）结构

(1) 电烙铁使用注意事项

① 对于纯铜烙铁头，使用之前应先除去烙铁头的氧化层，再用锉刀锉成45°尖角。电烙铁通电加热，当烙铁头变成紫色时，马上沾上一层松香，再在焊锡上轻轻擦动，此时烙铁头会沾上一层焊锡，即可进行焊接。

② 对于已“烧死”或沾不上焊锡的烙铁头，要锉掉氧化层，再沾上一层焊锡。

(2) 焊接技巧

① 焊接准备。

a. 选择焊接工具。最好选用恒温电烙铁，若无恒温烙铁，可选用20W内热式或25W外热式烙铁，内热式烙铁最大不超过25W，外热式烙铁最大不超过30W，烙铁必须可靠搭铁。烙铁头的尖部应较细，宽度应不大于1mm。

b. 选择助焊剂。可选用松香，切不可用腐蚀性强的焊锡膏助焊。

c. 选择焊锡。选用低熔点、内部夹有松香的进口焊锡丝，通常直径在0.8～1mm之间。若元件的引脚密集纤细，则焊锡可选用更细的，品质良好的焊锡丝焊出的焊接点圆润、光滑和牢固。

此外，应准备一把尖嘴镊子用于夹持、固定芯片以及检查电路。对于镊子，没有特殊要求，弹性好、大小适中、直头和弯头都可。

② 拆卸与焊接。

a. 拆卸焊接方法。贴片式电阻器、电容器的基片大多采用陶瓷材料制作，受碰撞易破裂，拆卸、焊接时应掌握控温、预热、轻触等技巧。焊接温度应控制为200～250℃，将待焊接的元件先放在100℃左右的环境里预热1～2min，防止元件突然受热膨胀损坏。操作时，烙铁头应先对印制板的焊点或导带加热，尽量不要碰到元件。每次焊接时间应在3s左右，焊接完毕后使电路板在常温下自然冷却。以上焊接方法和技巧同样适用于贴片式晶体管。

贴片式集成电路的引脚数多、间距窄、硬度小，若焊接温度不当，极易造成引脚焊锡短路、虚焊或印制线路铜箔脱离印制板等故障。

用烙铁头配合吸锡器，将集成电路引脚焊锡全部吸除后，用尖嘴镊子轻轻插入集成电路底部，边用烙铁加热，边用镊子逐个轻轻提起集成电路引脚，使集成电路引脚逐渐与印制板脱离。用镊子提起集成电路引脚时，要随烙铁加热的部位同步进行，防止操之过急而损坏芯片。

拆焊直插芯片时，可用吸锡枪将引脚焊锡吸空吸净。切忌强拔，也可用两把烙铁对芯片的两排引脚同时加热，用旋具迅速拔下。

拆焊贴片芯片时，在引脚上多熔一些松香熔满焊锡（称为堆焊），用烙铁轮流在芯片两排引脚上加热，直到芯片完全松动，然后移动芯片，切忌硬撬。加热时间不能过长，以免损坏芯片。

b. 焊接方法。换入新集成电路之前，要清除原集成电路留下的全部焊锡，确保焊盘平整清洁。然后将待焊集成电路引脚用细砂纸打磨清洁。

焊接之前，在印制板上涂上助焊剂，以免印制板铜箔焊锡不良或表面氧化而造成不易焊接，集成电路通常不需涂助焊剂。用镊子将芯片引脚与印制板的焊盘对齐，注意其放置方向应正确。把烙铁的温度调到250℃左右，将烙铁头沾上少量焊锡，用镊子向下按住已对准位置的芯片，在其对角位置的引脚上加少量助焊剂，迅速焊接这两只引脚，将芯片固定。检查芯片的位置是否对准，若有必要，可进行调整或拆除并重新对准。

焊接芯片其余引脚时，手持烙铁给集成电路引脚加热，将焊锡丝送往加热引脚焊接，直到焊锡流入引脚下面。焊接时，保持烙铁头与被焊引脚平行，防止因焊锡过量发生引脚间搭接。所有引脚均焊接完毕后，用助焊剂再次浸湿引脚，以清除多余的焊锡，消除短路和搭接。用镊子检查是否有虚焊。检查后，用硬毛刷沾上酒精沿引脚方向仔细擦拭，清除残留助焊剂。也可用镊子夹持沾有清洗剂的脱脂棉球进行擦拭。

贴片阻容元件相对容易焊接，可先在一个焊点上锡，然后放上元件的一端。用镊子夹住元件，在焊上一端后，检查是否正确。若正确，可接着焊上另外一端。

c. 焊接印制电路板。印制电路板用粘结剂将铜箔压粘在绝缘板上，有单面敷铜箔和双面敷铜箔两种。焊接时，若温度过高、时间过长，会使印制电路板起泡、变形，甚至使铜箔翘起。焊接技巧如下：

清洁焊件和印制电路板铜箔表面。在印制电路板上安装和焊接元器件之前，先对其引线进行成形加工。在印制电路板上安装元件时要求高低整齐，元件规格标记方向一致，并注意安装方向。元件安装在印制电路板上之后，要将多余引线剪掉，其方法有两种：

① 先剪后焊，剪后引线长度为1.5～2.5mm，焊接后，引线露出焊点的长度为0.5～1mm。

② 先焊后剪，注意不要将焊点头剪去一部分，以免降低焊点的机构强度。

焊接印制电路板：右手操作电烙铁，左手拿松香焊锡丝，将烙铁头和焊锡丝同时接触焊接点；在焊锡熔化到适量和焊点吃锡充分的情况下，迅速移开焊丝，并拿开电烙铁，注意移开焊锡丝的时间不要迟于拿开电烙铁的时间。焊接印制电路板时，每点的焊接时间控制为2～3s，若在此时间内没有焊好，烙铁头也应先移开，重新清洁焊点后，再次焊接。

印制电路板焊接顺序：先焊小型元器件，后焊大型元器件；先焊阻容元件，后焊半导体器件。

6. 热风枪

高档音响采用了大量的贴片元件，需采用热风枪取下。热风枪的主要部件是电热丝和气泵，有温度调节旋钮和气流调节旋钮，如图 4-13 所示。

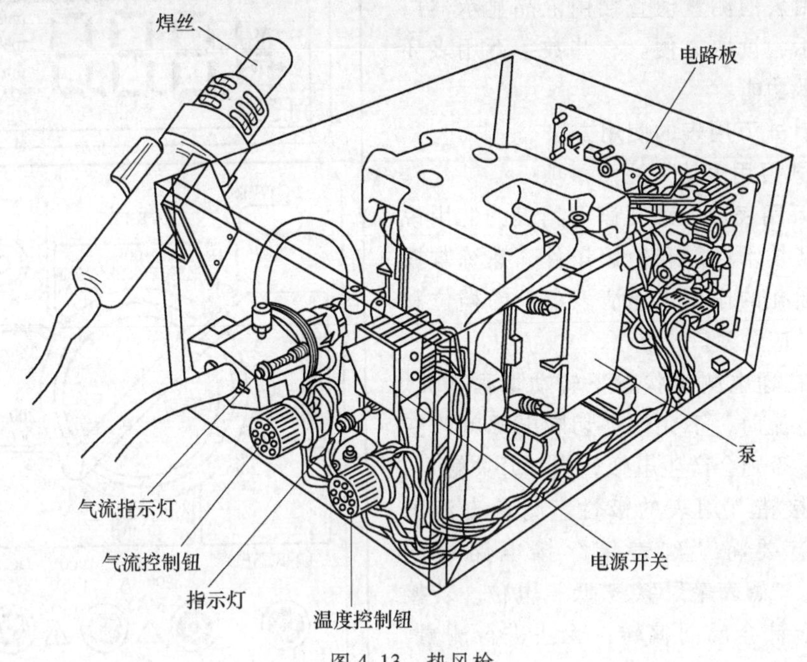

图 4-13　热风枪

热风枪使用注意事项：

① 根据所焊元件的大小，选择不同的喷嘴。普通元件采用 1124 或 1125 喷嘴，而引脚较多和面积较大的元件选用其他规格的喷嘴。

② 正确调节温度旋钮和气流调节旋钮，使温度和气流适当。调节气流时，若是单一喷嘴，气流档应调节在 1 ~ 3 档。如吹焊电阻、电容、晶体管等小元器件时，温度通常调到2 ~ 3 档，气流调到 1 ~ 2 档；吹焊集成电路时，温度通常调到 3 ~ 5 档，气流调到 2 ~ 3 档。由于热风枪品牌众多，拆焊的元器件耐热情况也有所不同，热风枪的温度和气流的调节，可根据个人习惯并视具体情况而定。

③ 将喷嘴对准所拆元器件，在要拆焊的元器件上涂助焊剂，待焊锡熔化后再用镊子取下元器件。

4.2.2　音响检修常用仪器

音响检修常用仪器主要有万用表、示波器、信号发生器和频率特征测试仪等。

1. 万用表

万用表的品种和型号较多，可分为模拟（指针）万用表和数字万用表。普通万用表用于测量直流电流、直流电压、交流电压、电阻及晶体管的直流放大倍数等。较高级的万用表还可测量交流电流、电感和电容等。

(1) 万用表的基本组成　模拟万用表主要由表头、测量电路和量程转换开关等组成，由万用表表头指示测量值。

数字万用表的面板上有液晶显示器、选择开关、晶体管插孔、公用插孔和电压/电阻插孔等，如图4-14所示，内部使用大规模集成电路。数字万用表的测量值直接由液晶显示器以数字形式显示，读取方便。有些数字万用表还带有语音提示功能。

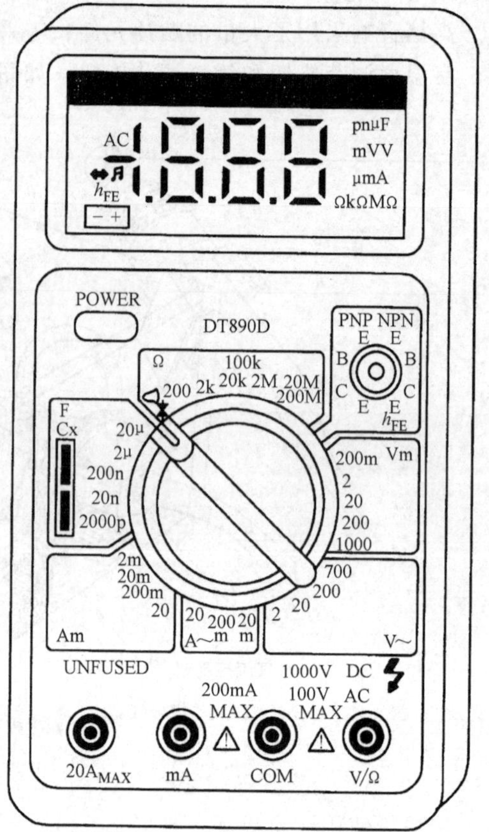

图4-14 DT890型数字式万用表

(2) 指针式万用表的使用方法

① 指针式万用表使用注意事项

a. 熟悉万用表。仔细阅读万用表的使用说明书，了解其技术性能和使用条件，熟练掌握转换开关、插孔的作用，弄清表盘上的档位和刻度之间的对应关系。

b. 禁止在通电测量状态下转动量程开关。测量电压、电流时，不允许不切断电源就改变万用表量程，否则会产生电弧，损坏开关触点。

c. 不要接错万用表的极性。测量直流电压、电流时，要将“红表笔”接电路中的“高”电位，“黑表笔”接“低”电位。若接反，万用表指针会反向偏转，无法进行测量，严重时可能损坏万用表。

d. 若不清楚被测电压、电流范围，则先选择较大量程进行测量。若指针偏转角度很小，再换合适量程。避免量程过小使指针迅速向右偏转，将指针碰弯或烧坏万用表。

e. 严禁在使用高压、大电流插孔时，不断电就拨动万用表的转换开关。这样可能烧毁万用表，甚至损坏被测电路。

f. 使用欧姆表时，每换一个量程都要重新调零，避免误差太大。若用R×1Ω档不能将万用表指针调零，应更换电池。

g. 测量大容量电容时，先对电容器放电。用万用表电阻档测量电容器漏电时，若电容器刚从电路中取下，则电容器上还带有大量电荷，电压较高，不放电（用导体将电容器两引脚短接）就测量，会将万用表烧坏。

h. 万用表不用时，要将转换开关拨到高电压档。长期不使用时，要取出表内电池进行保存。

② 指针式万用表的使用方法。

a. 水平放置万用表。

b. 检查表针是否停在表盘左端的零位，若偏离，可用旋具轻轻转动表头上的机械零位调整旋钮，使表针指零。

c. 将表笔按上面要求插入表笔插孔。

d. 将选择开关旋到相应的项目和量程上。

e. 万用表使用后，拔出表笔，将选择开关旋至 OFF 档。若无此档，应旋至交流电压最大量程档，如 500V 档位。若长期不用，应取出表内电池，以防电池漏液而腐蚀内部电路。

(3) 数字万用表的使用方法

① 使用数字万用表的注意事项

a. 数字万用表显示的最大测量值为 1999，当被测电压或电流极性为负时，显示值前标记“-”。若测量值超过量程范围，显示器左端将出现“1”或“-1”提示字样，此时必须换高一级的量程档。

b. 数字万用表面板上有电源开关（POWER），不使用万用表时，应关闭电源开关。电池盒内装有 0.5A 熔断器，过电流时熔断器内的熔丝立即熔断，起保护作用。数字万用表的表笔插孔较多，使用时“黑表笔”始终插在“COM”插孔中，“红表笔”根据测量种类和大小插入“V/Ω”或“mA”、“10A”（或“20A”）等插孔中。插孔旁边注明了插孔的最大测量值，使用时注意不要超过该值。

c. 测量电压时，应将万用表并联在电路中，测量电流时应将万用表串联在电路中。测量电阻时，应先断开电路的电源再进行测量，否则会损坏表头。

d. 严禁带电测量电阻。测量 20Ω 以下的电阻时，先将两表笔短接，测出表笔及连接的电阻（如 0.2Ω），然后在测量值中减去该值。

e. 使用数字万用表时，要注意插孔旁边所注明的危险标记数据，该数据表示该插孔所输入电压、电流的极限值。使用时，若超过此值，则可能损坏仪表，甚至击伤使用者。

f. 电源电压不足时，测量误差增大。测量时应注意欠电压指示符号，若显示“←”，应立即更换电池。每次测量结束都应关闭电源，以延长电池使用寿命。

g. 若液晶显示器无显示，则检查电池盒内的熔断器是否接入插座或熔丝是否烧断。

h. 每次使用完万用表，应将量程开关拨至最大量程档，以免下次使用时不慎损坏万用表。同时，关闭电源开关。

② 数字万用表的使用方法。使用之前，认真阅读使用说明书，了解数字万用表的功能、特点及插孔，熟悉旋钮、各功能键、专用插口、附件的作用，了解所用表的极限参数，出现过载显示时的显示方法以及低电压显示、极性显示、报警显示和标志符显示的特征，并掌握小数点位置变化的规律等。

2. 信号发生器

进行音响检测，通常需要使用各种幅度、波形、频率的信号源，激励各种模拟系统和数字系统，产生上述信号源的电子仪器，即信号发生器。信号发生器分低频信号发生器和高频信号发生器。

(1) 低频信号发生器　能产生正弦信号，具有一定的电压和功率输出，主要用于检测音响设备的低频放大电路。

(2) 高频信号发生器　可提供等幅正弦波和调制波，分调幅和调频两种，主要对电路及元器件（振荡变压器、中频变压器等）进行校正和测量。

3. 频率特性测试仪

频率特性测试仪主要用于测定音响设备中频放大器、高频放大器等有源、无源四端网络的频率特性，以便确定故障范围，查找故障元件，还可用谐振法测试小电容和小电感等。频率特性测试仪有许多种型号，但使用方法大同小异。

4. 示波器

示波器用于观察和测量各种时域信号波形，可直观地反映信号的波形；还能定量地测量电信号的各种参数，如幅度、周期、频率、直流电位等，有助于分析、判断故障所在部位。目前，常用示波器的工作频率为 20～100MHz。

示波器使用注意事项：

① 测试之前，应先估算被测信号幅度的大小，若不明确，应将示波器的幅度扫描调节旋钮（VOLTS/DIV）置于最大档，以免因电压过大而损坏示波器。

② 示波器工作时，周围不要放一些大功率的变压器，以免使测出的波形出现重影或噪波干扰。

③ 示波器可作为高内阻的电流、电压表使用。由于示波器的输入阻抗较高，使用示波器的直流输出方式时，可先将示波器输入搭铁，确定好示波器的零基线，便能方便准确地测出被测信号的直流电压。

④ 测量小信号波形时，由于被测信号较弱，示波器显示的波形不易同步，应仔细调节示波器上的触发电平控制旋钮，使被测信号稳定同步。必要时，可配合调节扫描微调旋钮。

调节扫描微调旋钮会使屏幕显示的频率发生变化，给计算频率造成一定困难。通常，将此旋钮顺时针旋转到底，使之位于校正位置（CAL）。

4.3 汽车音响检修的原则和基本方法

4.3.1 汽车音响检修注意事项

1. 检修注意事项

① 清楚汽车音响使用的电源电压。目前，大多数汽车音响都使用 12V 直流电源，但也有的汽车音响使用 24V 直流电源，例如东风、江淮柴油车等。

② 清楚汽车音响外引线。多数汽车音响外引线有 4 根，黑色为搭铁线，红色为正电源线，其余两根分别为左、右声道扬声器引线。但也有少数机型只有一路输出，用一只扬声器。还有少数机型有 4 根引出线，这类机型也是立体声的，但其功放电路部分为两路 BTL 连接方式，扬声器的两引脚应接在 BTL 的输出端，故共有 4 根引线。检修时应注意上述各种连接线的区别。

③ 了解汽车音响的故障率分布。汽车音响的故障 90% 左右为功放集成电路损坏引起，放音前置均衡放大器损坏较少，收音部分故障率较低。

④ 临时外接线要绝缘。

⑤ 注意紧固螺钉的位置。

⑥ 及时掌握整机电流大小。开机时，最好在电源回路串入电流表，以便及时掌握电流是否正常，避免造成元件损坏。

⑦ 切忌随便更换熔断丝。更换的熔断丝不可超过原规格，否则，重新通电后有可能烧坏机内尚未损坏的元件。

⑧ 切忌带电焊接。

⑨ 不要随便调整可调元件。切忌随便调整汽车音响内的有关电感线圈或半可变电阻、

中频变压器磁心等。在没有准确判断出故障之前，若随便调整机内电感线圈、半可变电容、半可调电阻等可调元件，会使无故障的电路失调而导致故障进一步扩大，或给判断故障增加难度。因为在无仪器的情况下，有些器件很难调准。非调整不可时，可先记下原位置后再调整，若调整无效，应及时恢复到原位置。

⑩ 按正确顺序进行检测。对同时存在多种故障的汽车音响，应先检查整机的供电电路，再逐步检修功放电路，待功放电路正常后，再根据故障现象，采取有针对性的修理措施。检修顺序：电源电路→功放电路→收音或放音电路。

⑪ 不要让导电物落入机内。

⑫ 拆卸组件时留心记注所拆构件的位置和拆卸顺序，以保证还原后能恢复其原有的装配精度。

⑬ 查找假焊元件。当怀疑元件的接点有假焊时，只能轻轻晃动，不能用力过猛。以免晃断元件和损坏外印制电路板。

⑭ 烙铁不要在印制电路板的某点停留时间过长。

⑮ 更换功放集成电路或某些大功率元件时，要按原安装方式放置垫圈等，不得随意减少，以防发生击穿和影响散热效果。更换发热的大功率电阻时（如指示灯限流电阻等）要按原样进行安装，不得随意贴近印制电路板或靠近其他元器件。

⑯ 更换元器件，在焊入印制电路板之前必须将其引脚刮净后镀上锡。有的元器件出厂时已镀过锡，因长期存放氧化，故应重新镀锡。

⑰ 更换大功率晶体管功率模块时，要装上散热片。若大功率晶体管对底板不绝缘，切记装上绝缘片。

⑱ 对于应修理与代换的元器件，要注意图样上标有“！”符号的元件参数，对其主要参数应充分留有余地。

⑲ 维修过程中，不要轻易改动原机电路，以免给后续的维修工作带来不便。对于没有代换元件的集成电路和功率放大模块等，若采用外贴元件修复或分立元件代换，要经过反复试验，确保其能正常工作，且稳定可靠。

⑳ 采用临时性措施修复故障时，要在电路中做好明显的标记，等条件成熟后要及时复原。

2. 维修安全注意事项

① 维修工作台要保持清洁，各种维修工具、仪器应有序摆放。维修时从待修机上拆下的各种零件，包括大小不一、规格不同的螺钉都应归类，分开摆放在专用的零件盒中，不能顺手乱放。维修过程中，不要让螺钉、螺母、导线头和焊锡等掉入机内。若不小心掉入机内，一定要将其取出，不能留下任何隐患，避免人为故障的发生。

② 维修之前，找到待修音响的维修资料。若没有维修资料，最好画一个所有导线的连接草图，在待修音响出现导线脱落时，不至于乱接，造成人为故障。

③ 用万用表检测交流电路时，手不要接触表笔头，同时要注意选择合适的电压档位。在电路中，有几伏到几百伏的交流电，也有几伏到十几伏的直流电，所以在选择万用表量程时要十分小心，否则会损坏万用表。

④ 若经过检查发现音响发生过冒烟、打火、有焦味等现象，此时最好采用不加电的静态检查，以免扩大故障范围。必要时，可以打开机壳，检查机内有关部件情况，如电源变压

器、整流桥堆、稳压电路，同时用万用表检测相关点电压，进行有针对性的维修。

⑤ 测量电路中的阻值，拆卸、焊接电子元器件和导线时，应该断电操作。对于大容量电容器，断电后先将电容器中残存的电荷全部泄放后才能进行维修操作。

⑥ 焊接场效应晶体管和集成电路时，要采用防静电电烙铁或先切断电烙铁的电源后再进行焊接，避免电烙铁的静电或漏电造成元件损坏。通电检查音响的功率放大电路时，不要使功率输出端断路或短路，以免损坏功率放大管等元件。

⑦ 检修机械传动组件时，尽量不要将金属工具伸入带舱内，一旦不慎碰伤了主导轴或磁头表面，将会造成严重后果。主导轴的变形、划伤、开裂会造成抖晃失真，且不易修复；磁头碰伤，会使灵敏度降低，声音发闷，且会磨损磁带。

⑧ 应注意用旋具等工具接近磁头、主导轴时，经常会使磁头、主导轴带磁，使录放噪声增加。

4.3.2 音响元件故障原因分析

1. 故障特点

(1) 电位器开关　故障类型：①音量控制电阻片脏污；②开关触点烧断；③同轴内塑料环碎裂。

电位器是易损件之一，尤其是带开关的音量及音调电位器，其故障现象为接触不良、转轴断裂等。电位器内部接触不良，可先滴入少量润滑油并旋动几次试一试，若仍接触不良，则为膜片与触点磨损太多，应换新件。

(2) 微型电动机　有正反转之分，按稳速方式的不同，可分为机械稳速型和电子电路控制稳速型。电子电路控制稳速电动机有时会因稳速电路中的元件损坏而造成放音变调，而机械稳速电动机没有此现象。因此，机械稳速电动机较优于电子稳速电动机，但多数音响安装的是电子稳速电动机。

(3) 选台调谐器　用于普通型汽车音响，有调容型和调感型两种类型。采用拉绳围绕刻度盘整周传动，使指针能停在选台指定位置。由于拉绳围绕走向的改变及受力和灰尘等原因，日常维修会遇到拉绳挣断故障。

(4) 放音磁头　常见故障：磁头脏、磁头体与固定片断、磁头放音位置（角度）偏移（固定螺钉松）等。当出现上述故障时，磁头可修复，无需更换。

(5) 电阻　电阻损坏，会使电路断路或阻值改变。常见电阻有碳膜电阻、金属膜电阻、线绕电阻和玻璃铀电阻等，其损坏特点如下：

① 100Ω 以下和 100kΩ 以上的电阻损坏率较高，几百欧到几千欧的电阻通常不会损坏。

② 小阻值电阻损坏通常被烧焦发黑，容易识别，大阻值电阻损坏时却没有痕迹。线绕电阻通常用于限制大电流，阻值不大，烧坏时会发黑或表面出现裂纹，也有的没有痕迹。因此，检查电阻时可根据痕迹快速找出烧坏的电阻。

(6) 电容　在音响设备中使用较多，尤其是电解电容，且其故障率也尤其高。通常小容量电容不易损坏，但电解电容较容易损坏，其损坏情况有：

① 完全失去容量或容量变小。

② 轻微或严重漏电。

③ 失去容量或容量变小，同时漏电。

电解电容的检修方法：

① 观察电容下面是否漏液，有的电容损坏时会漏液，电容下面的电路板上甚至电容本身都会有一层油渍；观察电容上面是否鼓起，电容损坏时上面会鼓起，而正常时是平的。

② 摸电容温度，开机后严重漏电的电解电容本身会发热，用手指尖触摸电容上面时，甚至会烫手，该电容应换掉。

③ 根据位置判断，电解电容内部有电解液，若长时间烘烤会使电容内部的电解液变干，电容容量减小，甚至完全失去容量。

维修时，应重点检查散热片附近的电容，离散热片越近，损坏的可能性越大。

(7) 半导体器件　如二极管、晶体管等，发生故障时通常 PN 结击穿或断路。另外，还有两种损坏现象：

① 热稳定性变差。开机时正常，工作一段时间后发生软击穿。

② PN 结的特性变差。用万用表 $R\times1k\Omega$ 档测量，各 PN 结电阻均正常，但开机后不能正常工作，若用 $R\times10\Omega$ 档或 $R\times1\Omega$ 低量程档测量，会发现其 PN 结正向阻值比正常值大。

(8) 集成电路和模块电路　集成电路和模块电路内部结构复杂，功能很多，任何一部分损坏都无法正常工作。故障现象：彻底损坏或热稳定性不良。彻底损坏时，可将其拆下，换用与正常同型号的集成电路和模块电路，然后用万用表测量其每一引脚对搭铁的正、反向电阻，会发现其中一只或几只引脚阻值异常。对热稳定性差的，可以在音响工作时，用无水酒精冷却被怀疑的集成电路和模块电路，若故障发生时间推迟或不再发生故障，则能排除故障。

2. 故障原因

音响元器件主要有电阻、电容、电感、二极管、晶体管、集成电路、各类指示器、各类半导体器件、磁头、拾音器、话筒、电动机、各类齿轮、传动带、各类开关、变压器、扬声器、音箱和天线等。故障原因主要有元器件内部原因、外部原因和人为原因等。

(1) 内部原因

① 元器件质量不佳。有些音响元器件由于生产、检验方法和手段欠佳，使质量不佳的元器件也装在整机上，容易出现故障。

② 元器件自动老化失效。音响中的元器件都有一定的使用寿命，使用中不断老化、失效成为不可避免的损坏原因。

a. 磁头（录放磁头、抹音磁头等）在录音或放音时与磁带经常摩擦造成磨损，使录放音噪声增大、频响变差、音量减小。

b. 电位器在使用过程中受到磨损，易造成接触不良，产生静态噪声和滑动噪声。

c. 电解电容器的电解液干涸，会使电容的损耗增加而发热，以致失效，出现音量减小，失真度加大，出现各类噪声等故障现象。

d. 各类机械部件。如齿轮、传动带、电动机、开关和弹簧等，由于机械运动而发生磨损。

(2) 外部原因

① 电源电压不正常。音响设备应工作在正常电压范围内，电压过高或不稳定，都可能使元器件出现故障。

② 使用环境条件恶劣。音响设备的各项技术指标都是在一定的环境条件下制定的，如环境温度为 15～35℃；相对湿度为 45%～50%；无高磁场和电场。若音响设备长期工作在

潮湿高温的环境中，不仅达不到规定的技术指标，还会使电解电容绝缘性下降而产生漏电；变压器、电动机绕组、扬声器线圈等霉断损坏；印制电路板和元件绝缘性下降以致损坏；机械零件锈蚀、塑料元件变形。在强磁场环境中，磁头、磁带等易被磁化，使噪声增加。若空间有强烈的腐蚀性气体（盐雾、挥发性油剂、煤气等)，机壳会被腐蚀而龟裂；操作键镀铬层脱落、变形；音响设备内部的金属件出现锈蚀，甚至报废。

③ 雷电、强磁场干扰。

(3) 人为原因

① 使用方法不当。例如，在检查高档机器线路时，更多的检测点是在线贴片晶体管。检查贴片晶体管时，不可用单把电烙铁焊动，因为贴片晶体管上的管脚比较短小而且脆弱，很容易折断。

② 电路设计。电路设计存在缺陷，尤其是音响设备功率放大器部分，当电压高、电流大时，如在电路设计时保护电路欠佳或计算有误，易使元器件出现故障。尤其是自装音响设备时，使用的非成品机件形式繁多，有些并未经过周密考虑、计算、模拟试验等工序。

③ 使用或运输过程中剧烈振动。

4.3.3 检修的基本原则和程序

1. 检修的基本原则

(1) 先分析、后检修　在检修汽车音响之前，应先冷静地分析、思考；在理论指导下，根据故障现象及其因果关系进行逻辑分析与判断，检修工作才能做到有的放矢，少走弯路。

(2) 先外、后内　先进行整机的外部检修，音响外部机件，如扬声器、熔丝、电源接插器、控制键、按钮、天线插孔、舱门以及磁带等都容易出故障，往往不拆开机壳即可排除。再拆卸封口的组件，要尽量避免随意启封拆折。然后检修机内暴露的部件，即电路板外部的元件、接线、接插件或集成块的外围元器件与集成块本身。

若不拆机盖就能排除故障，则不要拆开机盖。而对于一些按键、开关、插座等涉及内部电路的故障元器件，只要拆盖即可修理，则不必将整个电路板一同卸下，以免造成断线、碰撞、受挤，甚至短路。

(3) 先机械、后电气　若汽车音响中既存在机械故障，又存在电气故障，应先排除机械故障，再排除电气故障。许多按键开关等接触不良，由机械故障引起。排除机械故障后，某些电气类故障自行排除。

(4) 先静态、后动态　打开待修汽车音响机壳后，通电检查之前，先检查是否有明显故障点，如断线、元器件破裂、引线折断、熔丝熔断、电源线断股、按键卡住或不灵活、明显烧焦痕迹等，在确认无明显故障现象之后，进行通电检查。否则，通电会烧坏其他无故障的元器件。

(5) 先通常、后特殊　先排除通常的、常见的故障，才能孤立特殊故障点，准确地找到故障发生部位。排除通常故障后，有些特殊故障可随即排除。

(6) 先静、后动　先在通电之前进行直观静态检查，再在通电之后进行动态检查。

(7) 先电源、后负载　检修时，先检查电源部分，例如电源熔丝、电源滤波电感及电容等。待检查电源无电路故障后，再检查负载电路。

(8) 先主要、后次要　先修主要故障，再修次要故障。

(9) 先公用、后专用　先解决公共性的问题或各部分所共用的电路问题，后解决个别性和专用电路的问题。如收音各波段所共有的问题先解决，某一波段所特有的问题后解决。

(10) 先附件、后主机　先确定故障是否与附件有关，可采用“对比代换法”。可找好的附件测试待检修的主机或找好的主机测试不确定的附件，即可确定故障是否与附件有关。

(11) 循序渐进　应按信号流向顺序逐级检查。有的故障，如无声、声小、失真、噪声大等都可能发生在信号流程的每个环节中，若一时无法准确判断故障的部位，可按信号流程逐级检查，能快速缩小故障范围，将故障部位孤立于某一级甚至某一点；检查顺序由后级往前级“逆流而上”，也可由前级往后级“顺流而下”。

2. 检修程序

汽车音响的检修程序如图 4-15 所示。

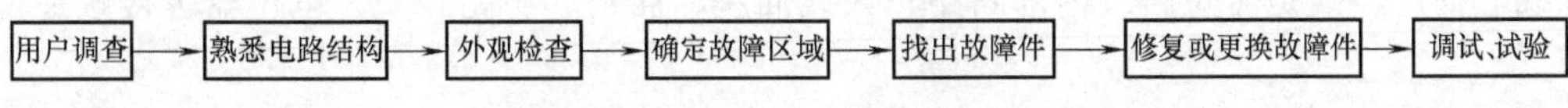

图 4-15　汽车音响的检修程序

(1) 掌握故障规律　机芯故障频率要高于电路故障，电路故障中功放块和音量电位器故障频率要高于其他电路故障。电路中除功放 IC 外的集成电路的损坏率极低，通常不要轻易拆焊或更换。

(2) 确认故障　先询问用户故障现象、故障发生经过及是否修理过，做到心中有数。打开机器检修前，必须验证故障现象。

(3) 定方案　查询资料，判断故障部位，确定修理方案。熟悉待修汽车音响的电路结构原理，为分析、判断故障提供依据；熟悉待修汽车音响的主要元器件的结构、作用和特性，避免盲目检修，扩大故障范围。

汽车音响通常不带电路图，若故障简单，如需更换音量电位器等，可直接进行修理。若故障复杂，按以下步骤进行。

① 打开机盖，根据机器所采用集成电路的型号，查找有关单元电路。

② 根据天线接线，调谐电感器的位置，即可找到 AM 处理电路和 FM 中频处理电路，顺着中频电路即可找到立体声解码电路。

③ 根据磁头引线的去向确定磁带放音前置放大电路。

④ 根据功放 IC 散热片和扬声器引线位置找到功放电路。

⑤ 必要时将上述有关部分根据实物绘制出电路草图。

主要元器件有其特殊的形状和结构，只要认识几个主要元器件的形状和结构，通常可快速地从印制电路板上找到某单元电路的具体位置。

① 根据调频头的位置可确定调频中放电路信号的输入端，调频头有几根线接到印制电路板上，连接处为调频中放电路级，即调频中频通道的输入端，找到调频中频放大电路后，顺着该电路可找到立体声信号解码电路。

② 顺着天线找到调频、调幅电路的信号输入端。

③ 根据集成块上的型号标注确定各单元电路的位置。通常块集成电路代表一块集成电路或一组电路，集成电路周围的元件必是该级电路的元器件。根据集成电路的端子，对照电路原理图可找到具体元器件。

④ 根据磁头的引线，确定磁头前置放大电路及均衡电路的位置。

⑤ 根据音量电位器的接线位置，确定低频放大和功放电路的位置。

(4) 外观检查　检查待修机表面上的伤痕，如电源插头及导线是否连接良好，插座是否松动，声源单元各设备的信号输出线与放大器的连接、放大器与扬声器的连接等是否良好，同时观察待修音响的牌号、型号、新旧程度及使用保养等情况。

通过操作面板，初步确定机外部分的可能故障。首先缩小故障范围，为机内检查奠定基础。机外检查主要有面板检查，外围设备和附件检查、电路部分外观检查和机械部分检查。

① 面板检查。通过改变面板上的各功能转换开关、电位器等，改变整机的工作状态，从而判断故障发生在整机的哪一部分，尽可能在机外将故障范围缩至最小。

② 外围设备和附件检查。主要检查汽车音响的外接扬声器、熔丝座、天线等是否完好；电源线、扬声器线是否短路或内部断路；天线插座、插头、功能开关、电位器等接触是否良好等。

③ 电路部分外观检查：

a. 机内是否有烧焦味。

b. 各连线、插头是否松脱、断裂。

c. 元器件是否损坏，如熔丝烧断、电容漏液爆裂、电阻烧焦变黑、功放 IC 烧裂变色。

d. 各元件是否虚焊、开焊、松动，电路板是否断线。

e. 通电检查，是否发生冒烟或异味。

f. 手摸功放 IC 及其散热片是否过热。

④ 机械部分检查。主要检查机芯各功能按键是否失灵、磁带是否正常、盒舱配合是否准确，能否使磁带准确推到位，卷带轴扭力是否正常等。

a. 机芯是否有异物。

b. 接头是否太脏或过度磨损。

c. 压带轮与主导轴是否缠有磁带，是否平行。

d. 传动带是否脱落、老化伸长、断裂。

e. 其他机械部件是否磨损变形、齿轮错位掉牙、间隙过大。

f. 弹簧是否脱落、变形。

(5) 找出故障部件　通过上述检查，可划分出汽车音响故障区域。再对照故障单元的电路原理图和印制电路板图，分析其工作原理，并在印制电路板上找到相应部分，运用仪器仪表测得数据，与正常工作时的数据进行对比，最后找到故障元器件或电路的断路与短路点。

机内检查程序：

① 打开外壳，先不通电，对机内电路部分或机械部分进行静态直观检查。

② 用万用表 $R\times10\Omega$ 或 $R\times100\Omega$ 档检测直流电源输入端对搭铁端的正、反向电阻。若发现机内存在短路故障，先用分割法检查排除。

③ 接通电源和信号源（接上天线或放音磁带），对电路部分或机械部分进行动态直观检查。

④ 运用分割、干扰等检查法，将电路故障范围压缩在某一级。

⑤ 通过电压、电流、电阻测量或模拟替换，确定有故障的元器件或机械零部件。

(6) 故障的修复与更换　对故障元器件的结构和工作原理进行测试分析，针对不同故障程度，采用相应的修复或变通代换措施进行排除。对于机械类易损件，可通过调校、整形及加工仿制等措施修复；对于声电或电声转换部件，可采取局部修复措施进行修复；对于电路易损件，通常属于元件变质或性能参数下降，有些可通过调整电路工作点恢复其功能；对于集成电路或厚模块，若局部损坏则可采用外贴元件的修复措施，若损坏程度严重，可采用变通代换措施排除故障。

(7) 调试与试验　故障排除后应进行调试，使整机各电声技术指标恢复至原机要求。然后在满负荷状态下对整机性能进行测试，并进行一定时间的疲劳实验，确保经过修理的机器能稳定可靠地工作。

注意：切勿随意调整机内的可调电阻、电容等，尤其是收音头内的元件。因为在没有专门仪器的条件下，这些元件很难调准，反而给故障判断增加难度。

4.3.4　基本检修方法

1. 询问法

检修汽车音响故障之前，不要忙于通电，应向用户询问汽车音响的使用情况、故障现象以及故障发生和发展的过程，并做好记录，认真分析。通过询问，可区分故障是人为造成还是偶然形成，可将故障范围缩至最小。

2. 直观检测法

利用人的感觉器官，眼（看）、耳（听）、鼻（闻）、手（拨和摸）等，对汽车音响进行外表检查，可直接发现机器线路上是否存在明显的故障现象。例如：印制电路板烧断、某点线路翘起，有烧黑、烧断、烧裂元器件，集成电路在通电时烫手、发出煳味，机内线路焊点脱焊、螺钉松动等。

(1) 眼看　观察汽车音响各种开关、按键、旋钮是否处于正确位置或有无损坏，然后通电开机，观察机内有无冒烟、打火等异常现象。关机后，观察相应部分的内部连线和连接件是否脱落；印制电路板、集成块是否断裂损坏；晶体管、电容器和电阻器等元件有无缺损、烧焦和爆裂现象；走带或运转（指影碟机）机构中的机械零件、传动件是否变形、移位、锈蚀或不清洁；传动带、塑料齿轮和惰轮是否脱落或老化。再借助放大镜，观察磁头是否被污物堵塞或严重磨损。在允许通电试机的情况下，观察机械传动机构是否运转正常或到位。

(2) 耳听　通电试机后，仔细听机内有无异常声音。例如：有无打火声、机械零件碰击声，电动机运转有无噪声，走带机械零件有无“吱吱”声等。

(3) 手摸（拨、拉）　轻拉各种弹簧、阻尼轮和传动带盘等，凭手感判断其松紧程度是否正常；轻轻转动飞轮等，判断转动是否灵活。

(4) 鼻闻　闻机内有无焦味或其他怪味出现，找出发出气味的部位或元件。

3. 具体位置定位法

弄清线路具体部位的功能，即确定出收音线路、放音线路和功放电路的具体位置。

由于汽车音响多数机型不带图样，机内线路板也较少有特定的标注，指导参考资料缺乏。可通过机器线路上一些元器件所在位置确定各线路的具体位置。例如：可根据磁头上的对接线确定放音前置级电路，可根据散热片确定功放电路，可根据变压器（扼流圈）确定

电源位置。

确定高档音响系统线路的不同位置也可按上述方法进行，但由于一些高档机器线路设计较复杂，准确定位不同线路位置不能直观实现，高档机型线路微型元件电压分向控制，电子开关电路多级推动，12V电源开关位置多变，因此，确定电子开关电路的电源开关位置，应从设在前面板上的控制开关轻触按键处着手，并顺线路回查，可确定电子开关电路位置，准确定位汽车多媒体音响不同电路的组成，并快速查找发生在不同线路上的故障。

4. 清洁检查法

汽车音响因使用环境不良或保管不当，致使机内潮湿、灰尘增多等形成具有一定阻值的导体，在元器件之间无规则的连接，破坏了电路的正常工作，从而形成各类软件故障。检修时，可先用清洁法，即用打气筒吹尽机内各部位（或用小毛刷清扫）的灰尘，再用无水酒精（含量95%以上）将机内有污垢处清洗干净，然后用60～100W（220V）的白炽灯泡将清洗过的或原来机内潮湿的部位烘烤干燥。经过处理后，许多疑难故障会被迅速排除。

5. 顺线跟踪查找法

在没有线路图样和参考资料指导的情况下，对机器线路能够分辨出具体作用后，从不同故障线路位置跟踪查找，直至查找到故障点。

线路电压走向控制主要有三个位置，即电源位置、收放音转换位置、AM和FM转换位置。当能够认定故障发生在某一线路后，均可通过电压控制点顺线路进行跟踪查找。例如：一台普通型汽车收放机的故障现象为放音正常，收音没有声音。检修时，将万用表负表笔接在机壳上，打开机器电源开关，用正表笔（其表笔端头处焊有缝衣针）在收音线路上划动，此时万用表将产生两种现象，即线路上有电压或无电压。

若万用表指针指示有电压，则检查天线是否插在机器天线座上，或天线内线是否断掉；若万用表指针指示无电压，应检查收、放音转换开关收音点位置。若收音点焊点正常，则顺该点线路回查，直至找到故障断路点。

6. 信号注入（干扰）法

用信号发生器输出信号，按照电路由后级到前级的顺序，分别将音频、中频、高频信号注入相应测试点，观察扬声器的发声情况，以判断故障部位。若没有信号发生器，可人为地给上述相应部位注入一个干扰信号，称之为干扰法。常用干扰信号有以下两种：

① 在有交流供电处，人体会感应出50Hz的交流音频信号。手拿一个尖镊子，去碰触电路中的测试点，扬声器会发出“喀喀”声。

② 用万用表的10V或50V直流电压档，黑表笔搭铁，用红表笔断续碰触测试点，不仅能注入干扰信号，还能测出测试点的电压。同时，在电路的后级，扬声器发出的“喀喀”声很小，可用万用表的电阻R×1Ω或R×10Ω档，用万用表内的电池作为干扰源，因脉冲幅度大，扬声器发出较大的“喀喀”声。但要注意表笔碰触测试点的时间不要太长，以免损坏万用表头。

7. 直流电压检查法

利用万用表测量集成电路各引脚对搭铁的直流电压（使用灵敏度≥20kΩ/V的万用表，否则测量误差增大，导致误判），与该IC正常工作时的标称电压值进行对照，判断是否存在故障。

注意：有些集成电路的引脚电压随工作状态的不同而不同，也有的与有无信号及信号的

强弱有关。标准值为无信号或有信号时的测量值。

8. 电流测量法

通过测量整机或某一部分的电流数值，并与正常值比较进行故障诊断。测量电流时，应断开所测电路，将电流表串入电路中。

电流测量法按测量方式可分为整机测量和部分电路测量；按信号状态可分为静态测量与动态测量。测量结果可分为偏大和偏小（或无电流）两种情况，电流偏大说明电路中存在短路，由自励产生；电流偏小说明电路存在断路。

例如，测量整机总电流时，可将电流表串入熔断的熔丝两端，开机测量整机电流值。若测量结果偏大，可逐级断开各负载；若断开某级负载后电流恢复正常，说明该级负载有短路处。

9. 电阻测量法

用万用表的电阻档测量汽车音响电路中的各种元器件、连接导线、接插件及印制电路板连线等的直流电阻，以此判断元器件是否出现断路、短路、漏电、放大性能失效等故障，以及导线、印制电路板、接插件等的通断情况。

汽车音响中的大部分元器件（如集成电路、晶体管、电阻、电容、电感）均可用测量电阻进行定性检查，依靠测量电阻确定故障元件。电阻检查法有在路电阻检查法和断路（指将元器件脱开电路单独测量）电阻测量法。

在路测量是在印制电路板上测量，单个元件的测量需用数字表。若测量集成电路的在路电阻，需用指针式万用表，并且分两次测量，第一次用一只表笔（如红表笔）接集成电路的搭铁脚，另一只表笔（黑表笔）测量其他各引脚的电阻；第二次两表笔互换。把两次测量结果与正常值比较，只要有一次测量值与正常值不符，说明此集成电路或其外围元件有问题。由于直接在印制电路板上测量元器件的电阻值，被测元器件接在整个电路中，所以万用表所测数值，受到其他并联支路影响，在分析测试结果时应注意。

断路检查法将元件的一只引脚或整个元件从电路板上焊脱下来，此法较麻烦，但不受周围电路影响，测量结果准确。

电阻测量法适用于对处于各种状态的器件的测量，可方便地检查出整机电路中因导线断裂、印制电路板腐蚀霉断、漏电等引起的故障。用电阻测量法检查时，应断开音响信号源的电源连接插座。

10. 割断法

将怀疑部件焊开或将怀疑的单元电路的供电断开。可以焊开零件的一只引脚或拆除元件，也可以割断印制电路板，若割断某级后测量电路的阻值明显变大或电流变小恢复正常，说明故障就在该级。割断法对短路性故障尤其有效。

11. 短路检查法

利用短路线（或串接有电阻、电容的线）将电路的某一部分短路，从扬声器声音变化的情况判断故障。此法常用于判断振荡电路是否起振，高、中频通道自励和扬声器中出现噪声及噪声的来源等。

使用短路检查法时，应根据具体情况，将集成电路、晶体管的输入端，输入与输出两端，或某一电极、电路元件等短路（直流或交流短路），根据被短路两点的直流电位和其内阻而确定使用何种短路线。但要防止直流电压被短路，通常以采用交流短路为宜（即在短路线中串一适当的电容)。例如，判断晶体管振荡器是否起振，可以将振荡电路或反馈回路短路，然后对比短路前后晶体管的各极电压；若两者电压有变化，说明振荡器已经起振。

采用短路检查法检查噪声故障时，可由后级往前逐级短路各级的信号输入端。若短路后扬声器中的噪声消失，则故障出在被短路点之前的信号流程通路中；反之，若声音没有变化，则故障出在后级。由此就可迅速找到故障部位。

交流短路法将音频信号交流短路至搭铁，尤其适合排除噪声故障。试验时，为防止短路后破坏放大器的直流工作点，可用一只100μF的电容将音频信号短路至搭铁。测量时常以音量电位器的中心抽头为分界点，若将音频度信号短路后，噪声消失，说明故障在检波前的高、中频电路；若噪声没有消失，说明故障在低频电路。

注意：使用短路检查故障时，应根据故障现象确定合适的短路点，再根据短路点的直流电压的大小以及该点直流电压对电路工作状态的影响确定使用何种短路法。

12. 温度检测法

温度检测法有加热检测法和冷却检测法两种。

(1) 加热检测法　适用于开机一段时间后才能正常工作或开机后马上出现的故障。可用功率20W左右的电烙铁距被怀疑元件5mm左右对其进行烘烤加热。通常按先晶体管(集成电路)后阻容元件顺序加热。当烘烤到某元件时，故障消失(或出现)，说明该元件有故障。

(2) 冷却检测法　又称降温法。适用于开机工作一段时间后才出现的故障。可用镊子夹蘸有酒精的棉球，对怀疑的元件进行冷却(1min左右)。当酒精棉球触到的元件上故障消失，说明该元件有故障。

13. 重焊排除故障法

重焊排除故障法尤其适用于故障时有时无，且振动时故障现象更明显的机器。故障原因：元件内部接触不良；接头虚焊，后者较常见。当无法看清虚焊点时，可在怀疑的故障部位，用电烙铁重焊，直至故障消失。

14. 元件替代法

元件替代是检修过程的最后一步。若经以上检查判断或怀疑某个元件有问题时，应试换该件。对于断路性故障元件，如电阻、电容等，替代时不必焊下元件，可把新件并接在故障件上，或将新件焊在电路板背面。对于其他情况的元件如漏电的电容、损坏的二极管、晶体管，需先焊下原件，再更换新件。

上述检查可用于检查和判断多种故障，同一种故障又可能用多种方法进行检查。检修时，应灵活运用。其原则是：先外表、后内部；先观察、后检修；先电源、后电路；先低频、后高频；先干扰、后测量；先电压、后电流；先调试、后更换。

4.4 汽车音响常用元器件的检测与代换

4.4.1 音响常用元器件的检测

对汽车音响常用元器件的检测与性能判断，是维修工作的基础，检测元器件通常使用指针式万用表或数字式万用表，对于特殊元器件还需要用简单电路或专用仪器设备。常用元器

件通常有电阻、电感、电容、二极管、晶体管和集成电路等。

1. 电阻器

电阻器按使用功能可分为热敏电阻器、压敏电阻器、光敏电阻器和熔断电阻器，按结构可分为固定电阻器、可变电阻器、半可变电阻器等。

电路图标示电阻器的数值单位时，通常将兆欧简标为 M，千欧简标为 k，欧姆不标单位。例如 5.1MΩ 标为 5M1，1kΩ 标为 1k，220Ω 标为 220。电阻器上电阻值的表示方法有两种，一种是直接印出阻值，如 5.1kΩ 的电阻器上印有 5.1k 或 5k1 字样；另一种是用色环表示，在电阻器上印有四道色环，如图 4-16 所示，左起第一色环、第二色环表示两位数的数值，第三色环表示 10 的倍乘数，第四色环表示阻值允许的误差，各道色环中不同颜色的意义如表 4-1 所示。

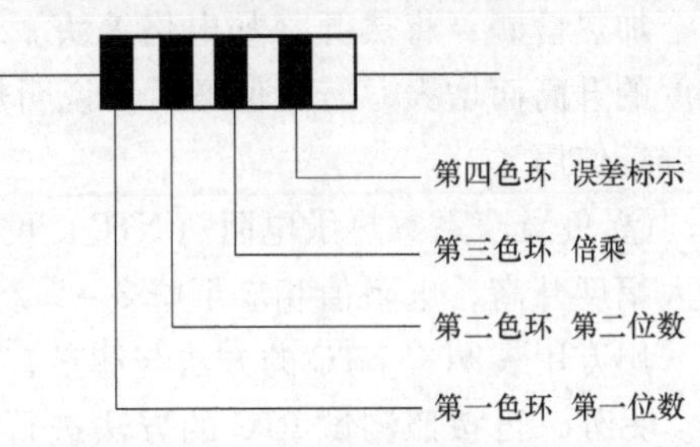

图 4-16　电阻器色环标示

表 4-1　电阻器色环标示说明

色别	第一色环	第二色环	第三色环	第四色环
棕	1	1	10	—
红	2	2	10^2	—
橙	3	3	10^3	—
黄	4	4	10^4	—
绿	5	5	10^5	—
蓝	6	6	10^6	—
紫	7	7	10^7	—
灰	8	8	10^8	—
白	9	9	10^9	—
黑	0	0	1	
金	—	—	0.1	±5%
银	—	—	0.01	±10%
无	—	—	—	±20%

例如：某电阻器有四个色环，依次为红、紫、黄、银，则其阻值为 270000Ω，误差为 ±10%。

精密电阻器有五道色环，其前三位是有效数字，第四位是倍乘数，第五位是误差，其颜色代表的误差值：棕色为 ±10%，红色为 ±2%，绿色为 ±0.5%，蓝色为 ±0.25%，紫色为 ±0.1%。

维修汽车音响时，时常遇到电阻器断路性损坏的故障，若有电路图，可查出其标称阻值，若没有电路图，则要通过电阻器上的色环标志来判断其阻值的大小。因汽车音响中大量使用 18W 的小体积电阻，两边的色环都在最边上。

（1）热敏电阻的检测

① 正温度系数热敏电阻（PTC）的检测。PTC 的阻值随温度的升高而增大。

常温下检测（室温 25℃）：将两表笔接触 PTC 的两引脚测出其实际阻值，并与标称阻值对比，二者相差在 ±2Ω 内即为正常。若实际阻值与标称阻值相差过大，则说明其性能不良或已损坏。

加热检测：将热源（如电烙铁头）靠近 PTC 对其加热，用万用表检测其电阻值是否随温度的升高而增大，若阻值增大，说明热敏电阻正常；若阻值无变化，说明其性能变差，不能继续使用。

② 负温度系数热敏电阻（NTC）的检测。NTC 的阻值随温度的升高而减小。随着温度的大幅度升高，电阻值相应下降 3 ~ 5 个数量级。

用万用表测量 NTC 的方法与测量普通固定电阻的方法相同，可直接检测出 NTC 的实际值。另外，可按照测试 PTC 的方法进行检测。测试时，不要用手捏住热敏电阻体，以防止人体温度对测试产生影响。

（2）光敏电阻的检测　光敏电阻是基于半导体的光导效应的特殊电阻器。无光线照射时，光敏电阻呈高阻状态；当有光线照射时，阻值迅速减小。

检测光敏电阻时，可使用万用表 R × 1kΩ 档，将两表笔分别任意接光敏电阻的两个引脚，进行以下测试：

① 检测暗阻。用一黑纸遮住光敏电阻的透光窗口，指针基本保持不动，阻值接近∞。此值越大，说明光敏电阻性能越好。若此值接近于零，说明光敏电阻已击穿损坏，不能继续使用。

② 检测亮阻。将光源对准光敏电阻的透光窗口，此时万用表的指针应有较大幅度的摆动，阻值明显减小。此值越小，说明光敏电阻性能越好。若此值很大甚至无穷大，表明光敏电阻内部断路损坏，不能继续使用。

③ 检测灵敏性。将光敏电阻透光窗口对准入射光线，用小黑纸片在光敏电阻的透光窗上部晃动，使其间断受光，此时万用表指针应随黑纸片的晃动而左右摆动。若万用表指针始终在某一位置不随纸片晃动而摆动，说明光敏电阻的光敏材料已损坏。

（3）固定电阻器的检测　将万用表置适当量程的电阻档，调整“0”点。将两表笔短路，调节万用表上的调零电位器，使表头指向“0”，然后进行测量。测量时，每次变换量程后，如从 R × 1Ω 档换到 R × 10Ω 档或其他档后，都必须重新调零后再使用。

将两表笔分别与电阻器的两端引脚相接即可测出实际电阻值。万用表所测阻值读数应与电阻的标称阻值相符合。若测得的阻值为“0”，说明该电阻短路；若为∞或很大，则表示电阻断路，不能继续使用。

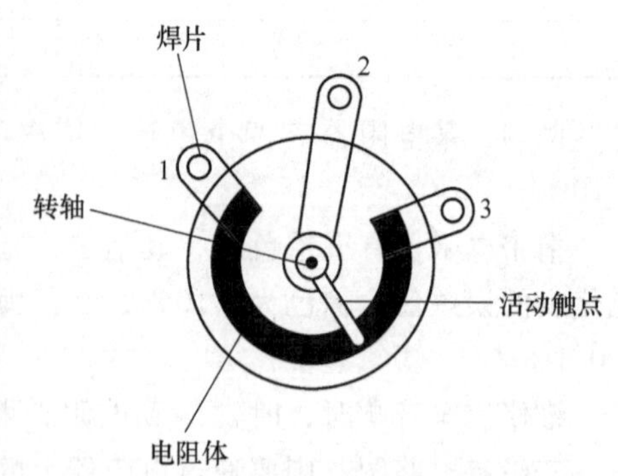

图 4-17　电位器结构图

（4）电位器的检测　电位器是一种可调的电阻器件，常用的旋转式炭膜电位器如图 4-17 所示，电位器由一个电阻体和一个活动触点及三个引脚焊片组成。用万用表的电阻档测 1、3 两端，其读数应为电位器的标称阻值。若万用表的指针不动或阻值相差很多，则表明该电位器已损坏。再用万用表的电阻档测活动触点 1、2（或 2、3）两

端，将电位器的转轴按逆时针方向旋至接近极限的位置，电阻值应为0。再顺时针慢速旋转轴柄，电阻值应逐渐增大，表头中的指针在整个测量过程中应平稳移动，当轴柄旋至极限位置3时，阻值应接近电位器的标称值。若万用表的指针在电位器的轴柄转动过程中有跳动现象，说明活动触点有接触不良的故障。将万用表拨至R×10kΩ档，一表笔接电位器外壳，另一表笔逐个接触1、2、3焊片，阻值均应为∞，若有阻值或阻值为零，说明外壳与引脚有短路处。

2. 电容器

(1) 固定电容器的检测　小型固定电容器的常见损坏形式有断路、容量变化和漏电，电解电容器常见的损坏形式是因电解液干涸、漏液而造成容量下降或漏电电流增大。

目前数字万用表都有电容测量档，但最大量程通常不超过20μF，所以若要准确测量20μF以上的电容器的容量，需用专用电容测量表。

若没有数字万用表，可用指针式万用表对电容器进行粗略测量与判断。测量前应先将电容器两引脚短接，使电容放电，以防电容存有电荷损坏仪表。测量时，用万用表R×1kΩ档（容量太小的电容可用R×100kΩ档，容量过大的电容可用R×100Ω档）。当用两表笔连接电容器的两端时，万用表内电池将向电容充电，可看到表针摆动一下，然后慢慢回到近似"∞"位置；将两表笔互换，观察表针摆动幅度应大于第一次。电容容量越大，表针摆动幅度越大，由此可粗略判断其容量。对于容量大于0.01μF的电容器，表针有微小摆动；容量较大的电容，表针将会有明显摆动；若容量小于0.01μF，万用表的表针有极小摆动。若表针不能回到近似"∞"位置，说明有漏电电流。

(2) 可变电容器与半可变电容器的检测　可变电容器由于在调谐电台时频繁使用，是易损元件。可变电容器的动片和定片是平行的，并且要求动片转到任何角度都应与定片保持绝缘状态。若动片和定片相碰，则收不到台。调谐时，若动片和定片相碰，扬声器会发出"喀喀"的噪声。

半可变电容器在电路调试时，因将其调整完毕后就很少有触动，其故障不多。通常测量可变电容器和半可变电容器的动、定片间绝缘是否良好以及是否短路，将万用表置于R×1kΩ档，两表笔分别接电容器的动、定片引线，来回转动电容器轴柄或调整螺钉，若表针不动，说明电容器无碰片、短路故障；若转动时表针有突跳，则说明其中有碰片或短路。

3. 电感器

固定电感器可直接将电感量数值标在电感器壳体上，很多采用色码标示法。色码电感器的电感量标示是以色环或色点表示，基本单位为微亨（μH），例如绿、棕、金表示5.1μH，灰、红、棕表示820μH等。不同的电感器，其色码顺序不同，如图4-18所示。图4-18a中电感器上的数字标称电感量，其单位是μH（微亨）和mH（毫亨），图4-18b和c用色点作为标记，但必须注意色点排列方向，图4-18d中电感量的标记也用三位数表示，第1、2位为有效数字，第3位表示在第1、2位数后加0的个数，小数点用R表示，最后一位英文字母表示误差范围。

用万用表检测小电感，应近似短路。若其阻值为∞或很大，通常其内部断线。用万用表检测大电感，其直流电阻很小，若其线圈的绝缘层被击穿或局部短路，则直流电阻将比正常值小；若电阻值为∞或很大，通常其内部断线。

汽车音响上使用的电感器种类较多，如天线线圈、各种振荡线圈、中频变压器（中

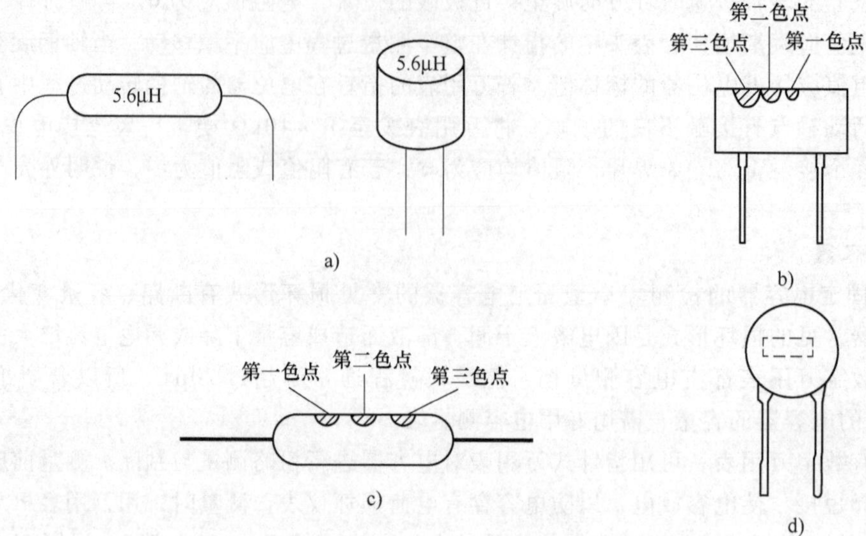

图 4-18　电感器的色码标示
a) LG 型　b) L 型　c) PL 型　d) SP 型

周)、磁头、扬声器。这些电感器的电感量较小，工作在低电压、高频率的电路中。

标准电感量测试，应使用专用电感表（Q 表）测量。

常规检查，用万用表的电阻档测量电感器的通断及其电阻值大小，粗略判断其好坏。

使用电阻档检测，若被测电感器电阻值为零，说明电感器内部线圈短路。测试操作时，要将万用表调零，观察指针右摆的位置是否到达零位，以免造成误判。当怀疑电感器内部短路时，用 R×1Ω 档测试多次，或使用数字万用表测量，以做正确鉴别。

若被测电感器有电阻值，电感器直流电阻值的大小则与绕制电感器线圈所用的漆包线线径、绕制圈数有直接关系，线径越细，圈数越多，则电阻值越大。通常，用万用表 R×1Ω 档测量，只要能测出电阻值，则可认为被测电感器正常。有些电感，如扬声器、磁头等，其参数标注的阻抗值通常大于使用电阻档的测量值。

若被测电感器的电阻值为∞，说明电感器内部的线圈或引出脚与线圈接点处发生断路故障。

最后检测各绕组之间与金属外壳（屏蔽壳）之间有无相碰，而形成短路。

4. 二极管

用指针式万用表测量二极管的正、反向电阻时，其正向电阻为数十欧姆（正向电阻用 R×10Ω档测量；反向电阻用 R×1kΩ 档测量），反向电阻为数千欧姆。若正向电阻为零，说明 PN 结击穿短路；若正、反向电阻为∞，说明该二极管断路。可根据整流二极管发热情况进行故障诊断，若整流二极管过热，则说明该管性能不好或已损坏。

小功率二极管不能用万用表的 R×1Ω 档测量，因为该档电流较大，可能损坏二极管。

(1) 判别正、负电极

① 观察外壳上的符号标记，通常在二极管的外壳上标有二极管的符号。外壳上箭头指向的一端为负极，另一端则为正极；环带标记为负极，另一端为正极。

② 用万用表测量判别。将万用表置于 R×100Ω 或 R×1kΩ 档，先用“红表笔”、“黑表

笔”任意测量二极管两引脚间的电阻值，然后交换表笔再测量一次。若二极管是好的，两次测量结果必定出现一大一小。以阻值较小的一次测量为准，“黑表笔”接正极，“红表笔”接负极。

（2）鉴别普通二极管质量好坏　将万用表置 R×100Ω 或 R×1kΩ 档，测量二极管的正、反向电阻值。完好的锗点接触型二极管（如 2AP 型）正向电阻在 1kΩ 左右，反向电阻在 300kΩ 以上。硅面接触型二极管（如 2CP 型）的正向电阻为 5kΩ 左右，反向电阻为∞。总之，二极管的正向电阻越小越好，反向电阻越大越好。若测得的正向电阻太大或反向电阻太小，都表明二极管的内部断路；若测得的反向电阻接近于零，则表明二极管已经击穿。内部断路或击穿的二极管都不能使用。

数字万用表测量二极管有专用量程，能直接测量出二极管的正向导通压降。锗点接触型二极管（如 2AP 型）正向压降小于 0.3V，硅面接触型二极管（如 2CP 型）的正向压降小于 0.7V，视为正常。

（3）发光二极管的检测

① 普通发光二极管。用指针式万用表检测发光二极管时，应使用 R×10kΩ 档，表内接有 9V 或 15V 高压电池，测试电压高于开启电压，当正向接入时，能使发光二极管导通。检测时，将两表笔分别接发光二极管的两引脚，若万用表指针向右偏转，同时二极管发出弱光，表明发光二极管为正向接入，此时“黑表笔”接正极，“红表笔”接负极。将“红表笔”、“黑表笔”对调后与二极管的两引脚相接，万用表指针应指在∞位置不动。若正向接入或反向接入，万用表指针都偏转某一角度甚至为零或都不偏转，则表明被检测发光二极管已损坏，不能继续使用。

数字万用表有较高的电池电压，由于测量电流极其微弱，很难看出发光状态，可测量其正、反向电阻。使用数字万用表电阻档时，“红表笔”是内部电池正极，这与指针万用表相反。

上述方法也适用于各种 LED 数码管的检测。

② 红外发光二极管。红外发光二极管的正、负电极判别方法如下：红外发光二极管有两个引脚，通常长引脚为正极，短引脚为负极。因红外发光二极管呈透明状，所以管壳内的电极清晰可见。内部电极较宽较大的一个为负极，而较窄且小的一个为正极。全塑料装的 $\phi5$ 或 $\phi3$ 型管的侧向呈一小平面，靠近小平面的引脚为负极，另一端引脚为正极。若用万用表 R×1kΩ 档测量，交换表笔所测阻值为 15～40kΩ 时，“黑表笔”所接引脚则为红外发光二极管的正极，红表笔所接引脚为负极。

（4）光敏二极管　光敏二极管的种类很多，红外接收二极管也称红外光敏二极管，是一种特殊的光敏二极管，多用于音响、红外遥控信号接收。

红外接收二极管极性的检测方法：

① 检测管脚极性。将万用表置于 R×1kΩ 档，用判别普通二极管正、负电极的方法进行检查，即交换“红表笔”、“黑表笔”两次测量二极管两引脚间的电阻值。正常时，其阻值为一大一小。以阻值较小的一次为准，“红表笔”接的引脚为负极，“黑表笔”接的引脚为正极。

② 用万用表电阻档测量红外接收二极管正、反向电阻，根据正、反向电阻值的大小，即可初步判定红外接收二极管的好坏。具体检测方法与检测普通二极管正、反向电阻的方法

相同。

通常，用万用表 R×1kΩ 档进行测量，正常时，红外接收二极管的正向电阻为 3～4kΩ，反向电阻应大于 500kΩ。

③ 将万用表置于直流 50μA 档（也可用 0.1mA 或 1mA 档），两表笔接在红外接收二极管的两引脚上，使被测管的受光面正对着太阳或灯，如图 4-19 所示。此时，万用表指针应摆动。指针向右摆动的幅度越大，表明被测红外接收二极管的性能越好。若接上表笔后万用表指针不动，说明二极管性能不良或已经损坏。

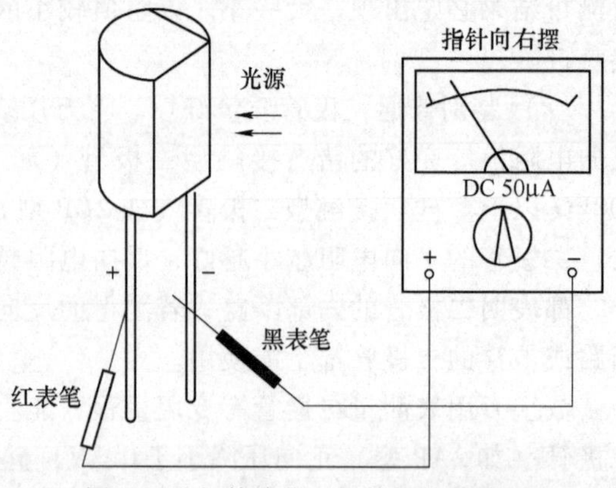

图 4-19　红外接收二极管极性的检测

此种方法还可用于测量其他类型的光敏二极管。

5. 晶体管

（1）判断晶体管的好坏　用指针式万用表测量 NPN 型晶体管时，红表笔接基极，黑表笔分别接发射极、集电极时的电阻为数十欧姆（正向阻值）；黑表笔接基极，红表笔分别接发射极、集电极时的电阻为数十千欧姆（反向阻值）。若正向电阻为零，说明 PN 结击穿；若为∞，说明 PN 结断路。用指针式万用表测量 NPN 型晶体管时，黑表笔接基极，红表笔分别接发射极、集电极时的电阻为数十欧姆；红表笔接基极，黑表笔分别接发射极、集电极时的电阻为数万欧姆。

（2）判别晶体管引脚　若晶体管型号标志清楚，查阅晶体管手册即可查到管脚及参数。当标记不清晰时，先判别是 PNP 管还是 NPN 管，再区分三个电极的排列。

如图 4-20 所示，将万用表置 R×1kΩ 档，用黑表笔接晶体管的某一引脚（假设为基极），用红表笔分别接另外两个引脚。若表针指示的两次阻值都很大，调换表笔再测时，阻值都很小，则此管为 PNP 管，假设的引脚为基极；若表针指示的两个阻值都很小，调换表笔测得的阻值很大，则此管为 NPN 管，表笔固定的引脚为基极。

判定基极后，可进一步判断集电极和发射极。用万用表 R×1kΩ 档，将两表笔分别接除

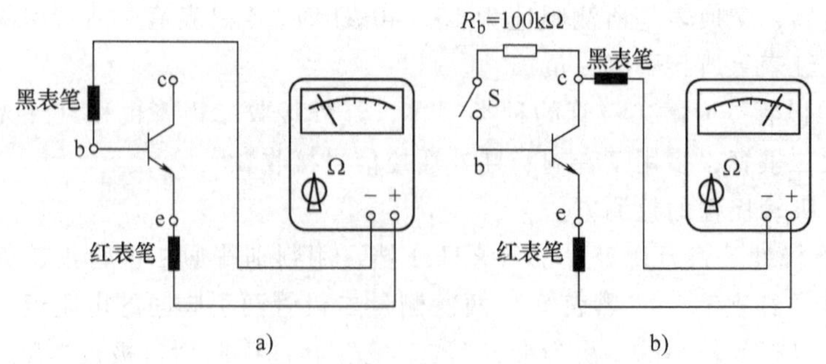

图 4-20　晶体管的测试

a）判定基极　b）判定集电极和发射极

基极之外的两电极。若为 PNP 型管，用一个 100kΩ 电阻接于基极和红表笔之间，可测得一个电阻；将两表笔交换，同样在基极和红表笔之间接 100kΩ 的电阻，又测得一电阻值，两次测量中阻值较小时，红表笔对应 PNP 管集电极，黑表笔对应发射极。

若为 NPN 管，电阻 100kΩ 则接在基极与“黑表笔”之间。同样电阻小的一次“黑表笔”对应 NPN 管的集电极，红表笔对应发射极。测试过程中，也可用潮湿的手指捏住集电极与基极代替 100kΩ 电阻，注意测量时不要让集电极和基极碰在一起，以免损坏晶体管。

（3）估测穿透电流（I_{CEO}）　用万用表 R×1kΩ 档测量，若为 PNP 型管，黑表笔（万用表内电池正极）接发射极，红表笔（表内电池负极）接集电极。对小功率锗管，测量值应在几万欧以上；对于小功率硅管，测量值应在几十万欧以上，表明穿透电流 I_{CEO} 不大。若测量值小，且表针缓慢地向低阻值方向移动，表明 I_{CEO} 大且晶体管稳定。若阻值接近于零，表明晶体管已经击穿损坏。若阻值为∞，表明晶体管内部断路。

有些小功率硅管由于 I_{CEO} 很小，测量时阻值很大，表针移动不明显，不要误认为是断路。对于大功率管，I_{CEO} 比较大，测得的阻值大约只有几十欧姆，不要误认为是已经击穿。若测量 NPN 管，红表笔应接发射极，黑表笔应接集电极。

（4）估测电流放大系数（β）　用万用表 R×1kΩ 档测量，若测 PNP 管，红表笔接集电极，黑表笔接发射极，用一只电阻（30～100kΩ）跨接于基极与集电极之间，万用表读数立即偏向低电阻一侧，表针摆幅越大（电阻越小）表明 β 值越高。采用两只相同型号的晶体管，跨接相同阻值的电阻，万用表示值小的 β 值更高。若测 NPN 管，则红表笔接发射极，黑表笔接集电极。测试时跨接于基极-集电极之间的电阻不可太小，也不可使基极和集电极短路，以免损坏晶体管。当集电极与基极之间跨接电阻后，万用表示值仍不断变小时，表明该晶体管的 β 值不稳定。若未接跨接电阻时，万用表读数已很大，表明该管的穿透电流太大，不宜采用。

（5）判断硅管和锗管　利用硅管 PN 结与锗管 PN 结正反向电阻的差别，可以判断未知型号的晶体管是硅管还是锗管。用万用表 R×1kΩ 档，检测发射极与基极之间、集电极与基极之间的正向电阻，硅管大约为 3～10kΩ，锗管大约为 500～1000kΩ；其反向电阻，硅管通常大于 500kΩ，锗管为 100kΩ 左右。由于不同万用表的内阻及电池不同，一只晶体管用不同的万用表测得的电阻值不尽相同。

（6）使用万用表专用档位测量技术参数　已知晶体管的管脚排列后，也可用万用表专用档位测量放大倍数 β 和穿透电流 I_{CEO} 等主要参数。将管脚正确插入管座，在相应读数刻度线上读出参数即可。由于测量条件、方法和原理不同，万用表示值仅能作为参考。

6. 场效应晶体管

场效应晶体管可分为结型场效应晶体管和绝缘栅型场效应晶体管，结型场效应晶体管又可分为 N 型沟道结型场效应晶体管和 P 型沟道结型场效应晶体管，N 型沟道结型场效应晶体管应用较多，如图 4-21

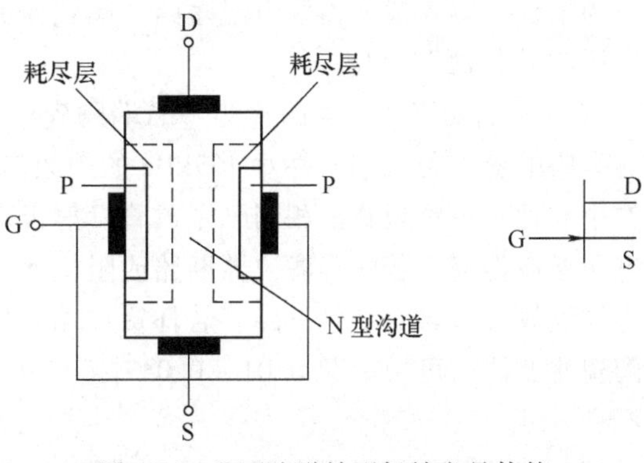

图 4-21　N 型沟道结型场效应晶体管

所示。绝缘栅型场效应晶体管（简称 MOS 场效应管），可分为增强型与耗尽型，每种又有 N 型沟道和 P 型沟道之分。

（1）结型场效应晶体管（JFET）的检测　将万用表置于 R×100Ω 档，黑表笔接任一个电极，红表笔依次触碰另外两个电极，若两次测得阻值基本相等，且为低阻值（几百欧至 1000Ω），则为 JFET 的正向电阻。此时黑表笔接栅极 G，且被测管为 N 型沟道结型场效应晶体管。若两次测量值都很大，则为 JFET 的反向电阻。黑表笔接栅极 G，被测管为 P 型沟道结型场效应晶体管。

结型场效应晶体管的源极和漏极在结构上具有对称性，可互换使用，两个电极不必再进一步区分。当用万用表测量源极 S 与漏极 D 之间的电阻值时，正反向电阻均相同，正常时为几千欧。对于已知引脚排列的 JFET，根据上述规律，即可基本判明其好坏。

（2）绝缘栅型场效应晶体管（MOSFET）的检测　在多媒体电路中，常用一种双栅极 MOS 场效应晶体管，可认为是两个单栅极场效应晶体管的串联。通常第一栅极 G1 为输入端，第二栅极 G2 为控制输入端，主要用于高频放大器、增益控制放大器、温频器和解调器电路。

MOS 场效应晶体管的检测方法：

① 测量源极 S 和漏极 D 之间的电阻。将万用表置于 R×10Ω 或 R×100Ω 档，测量源极 S 和漏极 D 之间的电阻。正常时，在几十欧姆到几千欧姆之间，不同型号略有差异。当用黑表笔接 D，红表笔接 S 时，电阻值要比红表笔接 D，黑表笔接 S 时的测量值要大。两个电极之间的电阻值若大于正常值或为∞，说明存在内部接触不良或内部断路。若接近零，说明内部已被击穿。

② 测量其余各管脚之间的电阻。将万用表置于 R×10kΩ 档，表笔不分正负，测量栅极 G1 和 G2 之间、栅极与源极之间、栅极与漏极之间的电阻值。正常时，其阻值应为∞。否则，说明晶体管已经损坏。该方法对于内部电阻断路故障无法判断，只能采用“替换法”。

7. 陶瓷滤波器

陶瓷滤波器利用电压效应实现电信号—机械振动—电振动的转换，又称为固体滤波器，在汽车音响中应用广泛，可代替电路中的 LC 组件。陶瓷滤波器的外形、符号及等效电路如图 4-22 所示，二端陶瓷滤波器相当于 LC 的串并联回路，L 为等效电感，C 为等效电容，R 为等效电阻，C_0 为装配电容。三端陶瓷滤波器相当于双调谐回路中频变压器。

（1）陶瓷滤波器的检测　用万用表 R×10kΩ 档测量时，阻值应为∞。若有一定阻值或阻值为零，则陶瓷滤波器漏电或短路。陶瓷滤波器断路可用扫频仪观察特性曲线加以判定，也可用“替代法”判定。

（2）二端陶瓷滤波器的检测　二端陶瓷滤波器在收音机中主要是用于代替中放管发射极的旁路电容。若二端器件对 465kHz 的中频信号发生的串联谐振呈现较小的阻抗，则发射极的中放管对搭铁短路。相当于中放管发射极电阻中没有中频电流负反馈，使放大器对中频的电压增益提高。若陶瓷滤波器断路或阻抗增大，则电路对中频不起旁路作用，中频信号反馈将导致放大电路的增益下降。若怀疑二端陶瓷滤波器不良，应采用替代法。若没有同型号的陶瓷滤波器，可用一只 0.01～0.047μF 的电容代替。若收音机恢复正常，说明陶瓷滤波器不良。

（3）三端陶瓷滤波器的检测　三端陶瓷滤波器相当于收音机中双调谐回路的中频变压

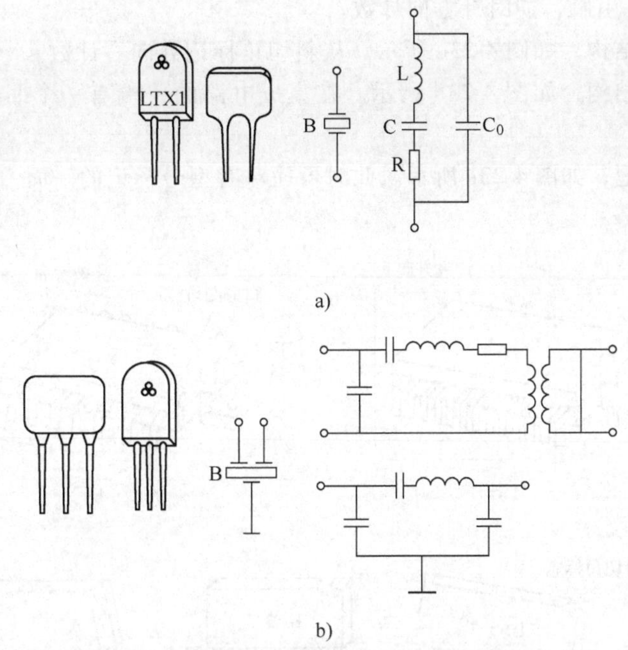

图 4-22　陶瓷滤波器的外形、符号及等效电路

a）二端陶瓷滤波器　b）三端陶瓷滤波器

器，若收音机无声或声音小，则三端陶瓷滤波器断路或中心频率偏移，隔断了中频信号信道。若收音机灵敏度降低，声音时有时无，可将陶瓷滤波器焊下，用万用表测量其各脚之间的阻值，正常时应为∞。若测得阻值在几十千欧或几百千欧之间变化，说明该陶瓷滤波器漏电、损坏，需更换新件测试。若没有相同型号的三端陶瓷滤波器，也可用一只 0.01 ~ 0.047μF 的电容代替。若收音机恢复正常，说明陶瓷滤波器不良。

8. 集成电路

集成电路将整个电路的各个组件以及相互之间的连接同时制作在一块半导体基片上，组成一个不可分割的整体。

检测集成电路时，应了解集成电路的功能，主要电参数、各引脚的作用、各引脚的正常直流电阻值（断路或短路）、各引脚直流电压值和电压波形。若不熟悉上述检测数据，需查阅有关资料。

当检测到集成电路某引脚参数与正常值不符时，不要轻易判定集成电路损坏。音响集成电路的电压有静态和动态之分，有收音状态和放音状态之分，有收音波段不同之分（中波段、短波段、FM 调频段）。有些资料并不详细，可改变和调动电位器的位置，观察电压是否可达到正常值：拨动录放开关、收音波段开关，观察电压是否可到正常值。集成电路外围元件对集成电路的影响很大，对所怀疑的外围元件要逐个检查，有必要时各种检测方法可交叉进行。

（1）集成电路引脚排列顺序　集成电路有多种封装形式和外形，其引脚排列方法如下：

① 扁平型双平列直插式结构，如图 4-23a 所示。标注向上，弧形凹口的左下脚为第 1 脚，逆时针方向计数。

② 双列直插式结构，如图 4-23b 所示。使用两种识别标记，即弧形凹口或圆形凹坑，

凹坑对应引脚为第一引脚，逆时针方向计数。

③ 单列直插式结构，如图 4-23c 所示。从斜切角标记处向右计数。

④ 单列直插式结构，如图 4-23d 所示。在集成电路的一端有一个凹槽标记，该标记对应第 1 引脚。

⑤ 没有明显标记，如图 4-23e 所示。此时可面对有型号标记的一面，管脚向下，从左向右计数。

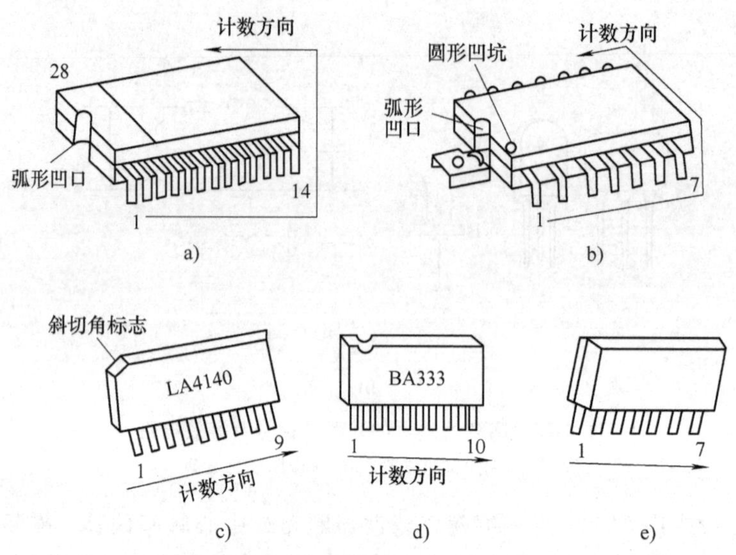

图 4-23　常用集成电路的引脚排列

a）扁平型双平列直插式　b）双列直插式　c）单列直插式 1
d）单列直插式 2　e）没有明显标记

（2）集成电路的检测　检测引脚对搭铁的电压及引脚对搭铁的电阻，并与标准值比较，若不符合标准，说明集成电路损坏，应更换。

① 测量在线电压。拆下集成电路，在通电状态下测量其各引脚对搭铁的电压，并与正常值比较，以判断集成电路本身或其外围元件是否正常。正常电压值可从有关资料、图样或同型号的良好仪器测量得到。因集成电路引脚多且密集，测量点应选在测试点或与集成电路引脚相连的其他元件的焊点上，注意不要让万用表将相邻引脚短路，以防损坏集成电路。另外，在测量 CMOS（互补型金属氧化物半导体）集成电路时，应使用数字万用表。

② 测量非在线电阻。集成电路至少有一个搭铁脚，其他各脚与搭铁脚之间都有固定的阻值。可用万用表测量各引脚与搭铁脚之间的直流电阻，并与正常值比较，若相差过大，则说明电路内部损坏。由于集成电路内部有大量非线性元件，所以测量必须将万用表的两表笔位置互换，即一次用红表笔接搭铁，另一次用黑表笔接搭铁，测量的两组阻值中只要有一组与标准值相差较大，即可判定集成电路内部损坏。不同批量的产品，由于参数的离散性，测量结果可能有差异。另外，不同型号的万用表或万用表电阻档不同的量程，其内电池的电压可能不同，测量结果也可能不同。

③ 测量在线电阻。测量方法与非在线电阻相同，只是将集成电路接在电路中，且在整机不通电的情况下测量。将万用表的黑表笔接在搭铁处（即公共搭铁端），红表笔依序测量

集成电路各引脚电阻，黑表笔依次测量集成电路各引脚的直流电阻值为反向电阻。

9. 贴片元件

常见的贴片元件有贴片电阻、贴片电容、贴片电感、贴片二极管、贴片晶体管、贴片集成电路等，其检测方法与分立元件相同。

4.4.2 音响常用元器件的代换

汽车音响元器件损坏，必须用相同型号的元器件替换。若没有相同型号的元器件，可用功能、特性参数类似的元器件，或经过改动可代换的元器件。注意事项：

① 更换元器件前，应仔细检查外围电路，确定并排除其损坏的原因。

② 更换元器件应尽可能不改动原布线，尤其是高频、低频电路，否则易引起高频自励和低频自励，使音响设备指标下降，甚至无法正常收听。

③ 元器件更换完毕，有些部件需做相应的调整。例如，录放磁头换上后，需调整固定磁头的螺钉，使声音最佳；中频变压器更换后也需做适当的调速使其工作在谐振点上。

④ 元器件代换后，应尽可能装回原处。对一些保护性如金属屏蔽板、螺栓、螺母，应按原样放置并紧固。

1. 普通二极管

二极管有多种型号，许多参数和技术指标，在代换时不可能全部顾及，但应考虑以下几项主要参数。

(1) 普通二极管的主要参数

① 最大反向工作电压 U_{RM}。二极管正常工作时能承受的反向电压最大值。

② 最大整流电流 I_M。二极管长期正常工作条件下，通过的最大正向电流值。若代换的二极管最大整流电流过小，会因发热过度而损坏。

③ 最高工作频率 f_M。二极管接入电路后，能保持原来良好工作特性的最高频率。若将低频二极管接入高频电路，则不能正常工作。

(2) 发光二极管主要参数

① 发光强度 I_v。发光二极管通过规定正向工作电流时，在管心垂直方向单位立体角内所发出的光通量。

② 压降 U_F。发光二极管流过规定电流正常发光时的直流电压降。

③ 最大工作电流 I_{opM}。发光二极管在不损坏的情况下，能通过的最大工作电流。

④ 反向工作电流 I_R。加上规定反向电压后的反向电流，发光二极管反向电流应小于 100μA。

⑤ 正向工作电流 I_{op}。发光二极管正常发光时的工作电流。

(3) 稳压二极管主要参数

① 稳压值 V_z。稳压二极管在正常工作时，其两端保持不变的电压值。稳压管型号不同，稳压值不同，即使是同一型号的稳压管，由于制造工艺等原因，其稳压值也不完全相同，故稳压管标注的稳压值是一个范围。

② 最大稳定电流 I_{ZM}。稳压二极管允许通过的最大电流。在正常使用下，稳压二极管实际工作电流要小于 I_{ZM}，不致因过电流而损坏稳压管。

③ 动态电阻 R_z。稳压二极管在稳定电压范围内，其两端电压变量与稳定电流变量之比。

R_z 越小，稳压管的稳压特性越好，R_z 通常为几欧至几百欧。

④ 电压温度系数 C_{TV}。稳压二极管受温度影响越小越好。代换时可用稳压值 V_z 较低的稳压管串联代换稳压值较高的稳压管。

2. 晶体管

（1）同型号更换　用同一型号的晶体管替换原晶体管。不同厂家生产的同一型号的晶体管，有时主要参数差别很大，互换时应注意。

（2）不同型号代换　参数特性相近的不同型号的晶体管可代换。但应注意选择类型相同、外形相似的晶体管。有些参数可灵活掌握，如其他参数基本相同，可用高频管代换低频管，但不能用低频管代换高频管。开关管可代换高频管。

（3）多管换一管　音响电路中有些晶体管 β 值要求很高，可用两只晶体管组成复合管进行代换。

3. 电感器

音响设备收音部分的电感线圈，尤其是可变电容组成的调谐回路中有的线圈电感量数值要求较精确，代换时所用电感量数值不要超过原值的 ±10%，否则会破坏整机的灵敏度和选择性。

音响设备用在耦合、滤波电路中的通常电感器代换时，不能超过原值的 2 ~ 3 倍。

4. 电阻器、电位器

（1）电阻器的代换　主要考虑电阻值和耗散功率。代换电阻器的阻值不得超出原阻值的 ±20%，耗散功率不小于原电阻的标称耗散功率。通常不应以功率较小的电阻代换功率较大的电阻。

金属膜电阻的温度特性、误差范围均比碳膜电阻好，故可用金属膜电阻代换碳膜电阻。音响设备收音部分调谐电路、振荡电路所用的金属膜电阻，不宜用碳膜电阻代换，应用同型号电阻。

电源去耦电阻、信号限流电阻，工作在甲类放大状态的晶体管发射极负反馈电阻，阻值误差在 20% 以内，不会破坏电路的工作特性和指标。对降压电阻、分压采样电阻、集成电极负载电阻等，则阻值不应有较大的误差。

（2）热敏电阻器的代换　热敏电阻器损坏可用相同阻值的固定电阻器应急代换，或利用晶体管的 PN 结代换。晶体管的 PN 结随温度的不同，阻值会发生变化，与热敏电阻器有相似的特性。

（3）电位器的代换　尽量以同阻值、同类型的器件代用。损坏严重而无法修复的电位器只有更换，更换的耐压、功率应不小于原电位器。

① 低阻值电位器的代换。可用高阻值电位器并接电阻器法代换。

② 高阻值电位器的代换。可用低阻值电位器串接电阻器法代换。

5. 电容器

电容器的代换主要考虑的是电容量和耐压值。电容量在不同的电路中要求不同。在调谐电路及振荡电路中，通常不得超过原电容量的 ±10%；在电路中的旁路电容、耦合电容不得大于原电容量的 2 ~ 5 倍，不得小于原电容量的一半。耐压值通常不得低于原电容器的耐压值或不低于工作电压的 2 ~ 5 倍。

（1）普通电容器的代换　电容器损坏，应选择相同型号规格的电容器进行更换。无相

同电容器，可用类似电容器代换。其中，高频电路应选用云母电容器、瓷介电容器；而退耦电路、低频耦合电路，代换电容器容量应比要求值略大；振荡回路、延时电路、音调控制电路，代换电容器容量应与原电容器一致。代换电容器耐压值应与原电容器相同或略高。

（2）可变电容器的代换　选择体积大小和原电容器基本一致的代换品。对于中波输入回路，电容量小的可变电容器比电容量大的可变电容器所配线圈匝数要多。对于短波输入回路，电容量越小，线圈匝数越多，反之，电容量越大，线圈匝数越少。至于不同的双连可变电容器，应选用不同的振荡线圈，而且本振回路的调整电容也需相应改变。

6. 扬声器

（1）内、外磁式扬声器的代换　大多音响设备使用外磁电动式扬声器，有些音响设备采用内磁电动式扬声器。通常只要功率和阻抗基本相同，可互相代换，但内磁式扬声器价格较贵。

（2）扬声器功率偏小的代换　若所代换扬声器的功率偏小，扬声器音圈易烧坏，可在音量电位器上串联一个电阻器，阻值大小可在调整中决定，并选择合适的功率，以限制整机输出功率。

（3）扬声器阻抗不匹配的代换　采用将两个扬声器串联或并联的方法解决，也可通过串接电阻法解决。

7. 陶瓷滤波器

陶瓷滤波器用彩色标志（在陶瓷滤波器的右上方）表示各种中心频率。在更换和代换滤波器时，应使用同一色彩标志。

8. 集成电路

（1）集成电路的代换原则

① 先了解被代换集成电路的功能、电气参数、外形封装、允许温度范围及相关外围电路。

② 绝对不允许其使用环境、参数指标超过制造厂家所规定的最大值。

③ 代换时应优先选用规格、型号完全相同的集成电路直接对换。无同型号同规格集成电路时，必须从有关代换手册或资料中查明允许直接代换的集成电路型号规格后方可进行代换。绝不允许凭经验、外观形状、脚数等，盲目代换。

④ 对于型号字母不同、数字相同的集成电路，在没有可供参考时，不可盲目直接代换。应通过有关资料了解和查明新旧集成电路引脚功能、内部电路结构之后再决定。

⑤ 对型号字母相同、数字不同的集成电路，先弄清其各项电气参数指标、使用环境及内部电路结构。注意其内部电路结构、参数、功能应基本一致，并注意其改进后的不同点，再采取相应措施后方可代换。

⑥ 对型号字母、数字都不同的集成电路，在查明新旧集成电路相对应的引脚、功能、内部电路结构确实完全相同时，即可直接代换。

⑦ 在线性集成电路中，有些相同功能的集成电路封装不同，不能直接代换，需要采取改进措施。如加长引脚引线，采取绝缘措施，并注意要按引脚实际功能接线代换。

⑧ 有些集成电路功能基本相同，但引脚数不同，需确认新旧集成电路内部电路和功能基本一致，并在具体电路中做过试验后才可代换。对多出的引脚要查明功能，采取相应措施，这些引脚大多是散热管脚或共搭铁脚。

（2）代换方法　代换用的集成电路的功能和主要电气特性应与原集成电路相同或接近。修改代换时要尽可能不破坏原机印制电路板，如各点之间需用导线相接时，走线应尽量短，以免产生自励。

外围元件有差异的集成电路代换时，要对原外围元件按新的集成电路的外围元件要求进行相应的调整，尽量使其符合新的集成电路外围元件，以免影响整机性能。

① 直接代换。不改动外围元件和集成电路引脚，将代换的集成电路直接焊入印制电路板中。

② 用分立元件代换。若买不到原型号集成电路，又无相应的集成电路代换，可按集成电路的内部电路采用分立元件代换，适用于内部结构较为简单的集成电路。音响集成电路在修改代换后，若效果不佳，需进行适当调整，否则不仅使音响整机指标下降，有时还会损坏集成电路。

9. 分立元件电路

分立元件电路常因电路老化或元器件损坏无配件而难以修复，可用集成电路代换，如用78或79系列稳压固定集成电路代换原分立元件稳压电路；用LM386集成电路代换分立元器件组成的功放电路；或用TA7240代换双声道分立件功放电路，用TDA2003代换单声道分立件功放电路等。

4.5　汽车音响的检修

4.5.1　汽车收、放音机

1. 准备工作

汽车收、放音机型号繁多，且各种机型的电路原理基本相同，但其内部结构及各元器件的位置却有所差异。实际检修故障机之前，应做好以下准备工作：

① 了解所修汽车收、放音机的电路结构。根据故障现象，结合电路结构判断故障可能发生的部位，从而使检修工作顺利进行。

② 熟悉所修的收、放音机中各元器件的位置。熟悉电路原理，将原理图中各部分电路及元件与其实际安放位置对号。

③ 准备好待检修的汽车收、放音机电路原理图，尤其是电路原理图。没有图样将直接影响检修速度，甚至无法修理。实际检修时，经常会遇到无电路图的机器，可先测绘出电路原理图，再进行修理。

④ 掌握供电及信号流程。

⑤ 掌握主要器件的正确工作状态。要尽量多地掌握所修汽车收、放音机中集成电路各脚、晶体管各极的工作电压及各关键点上的电压变化情况。一旦发现某一点（或某几点）电压值不正确，便能很快找到故障部位。

⑥ 备齐必要的工具仪表。除万用表及电烙铁之外，还应有一些必备的其他工具，例如尖嘴钳、大小长短不同的旋具、无感旋具（可用不锈钢或硬质塑料或胶木块自制）、钳子、粗细不同的医用针头等。

⑦ 准备常用配件，包括集成电路、晶体管、电阻、电容、熔丝等，以便替换。

⑧ 准备一个具有 12V 及 24V、2A 的稳压直流电源和一对 2～5W、40Ω 的扬声器箱。

⑨ 选择布置好工作场所。选在光线充足（日光或灯光）的位置，且工作台上不要有金属器件，以防金属器件将电路短路（检修情况下）。

2. 汽车收、放音机的检修

（1）熟悉电路原理框图　常见汽车收、放音机的电路原理框图如图 4-24 所示。

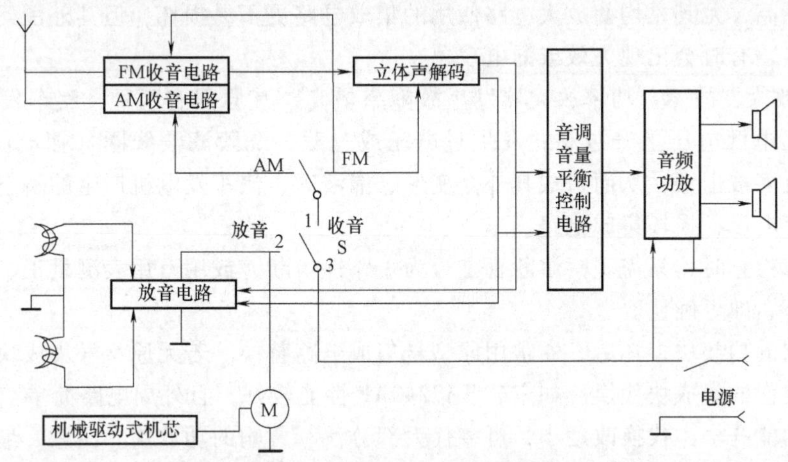

图 4-24　汽车收、放音机电路原理框图

当整机处于收音状态时，开关 S 的 1、3 脚触点接通收音电路开始工作，输出的音频信号经音量音调平衡调整控制电路控制后送至功放电路。当开关 S 的 2、3 脚触点接通时，放音电路工作，输出的磁带放音信号经音量音调平衡调整控制电路控制后送至功放电路。

功放电路将收音或磁带放音信号进行放大后，推动扬声器发声。虽然不同厂家、不同型号的汽车收、放音机的电路以及选用元器件等不同，但其基本电路结构相同。熟记电路原理框图，对看懂各种汽车收、放音机的原理图，迅速判断故障的大致范围非常重要。实际检修中，还要搞清各种信号的流程，即信号流程图。

（2）收音机单元电路的故障规律　汽车音响主要由几个单元电路加上机械传动部分组合而成，其结构、线路和故障发生的原因及部位均有相似之处。

① 机芯系统故障。汽车音响的机芯较普通录放机的机芯简单牢固（自动返带式除外），自身出故障的可能性较小，故障通常由使用不当引起。有些机芯工作不到位、不能出盒或转速变慢等故障，大都是由于机内灰垢堆积太多，且长期不保养、缺油等引起。

机芯需要经常维护、清洗的部位主要有磁头、压带轮等，但这类机器结构又不便于经常维护、清洗也是导致走带不畅、变调及绞带的主要原因。机芯滑板及活动部件缺油是造成按键及磁带进、出不畅的主要原因。

② 收音部分故障。收音部分出故障的机会较小，尤其是高频头组件。若此部分出故障，多数为硬性损伤，例如线圈引脚开焊，电路板有脱焊、断裂处造成的接触不良以及元件损坏等。若不能收音，先检查这些部分，再查外围元件。在确定外围线路元件无损坏后，测量集成块各脚电压是否与标准值相同。若不同，则可判断集成块损坏。

通常集成块及组件故障较少，而其外围线路元件损坏居多，常见故障是电容漏电、电阻变值或振动后出现脱焊和接触不良，且主要发生在微调电阻上。而电路板上积尘太厚，引起

器件之间漏电而造成的故障发生率也较高。

维修时，不要轻易怀疑元件损坏，更不要轻易动可调电阻，可先检查排线插头、插座之间是否松动而造成接触不良。

③ 磁带放音电路故障规律。磁带放音电路出现异常时，会出现放音无声或声小、失真等现象。例如磁头长期太脏，缺乏清洗会导致声音小、高音衰减，甚至无声。放音均衡放大电路故障率不高，尤其是均衡放大电路使用的集成电路更不易损坏，但其外围元件，尤其是小型瓷片电容，有时会出现失效或漏电现象。

④ 功率放大器故障。功率放大器发生故障率最高，其原因有两种：汽车发电机电压调节器不良引起电源电压上升过高，发生过电压或过载，烧毁滤波线圈（扼流圈）等元件，且滤波电容也多被击穿，从而造成其外壳变形、漏液等；汽车发电机产生的瞬态峰值电压接近集成块击穿电压，损坏集成电路。

进行故障检查时，只需观察熔断管是否为短路性熔断，或用万用表测量正、负接线端的电阻，若很小，即可确认。

汽车音响的功放块损坏后，通常用原型号集成电路替换。若无原型号集成块，也可考虑用其他性能类似的集成块代换。如东芝 TA7240AP 性能较好，且外周电路简单、失真小、功率大、保护功能齐全，代换改动小，可替代大部分汽车音响的功放块。注意，最好在集成块与散热器之间涂一层硅脂以助散热，并紧固螺钉，将引线焊牢，必要时也可在各引脚之间点一点胶，以加固和绝缘。

⑤ 其他易损件故障。带开关的音量及音调电位器出现开关接触不良、电位器内部接触不良、转轴折断等。

转轴折断的电位器必须更换。电位器内部接触不良可先滴入少量机油，并旋动几次试一试。若仍然接触不良，则膜片与触点磨损太多，应更换新件。若无原配件可换，也可按以下方法对其进行应急修理。

a. 拆下电位器中轴上的开口卡圈，再用旋具拨开各卡子，将各部分零件分离。

b. 用酒精或汽油对电位器进行清洗后，按原样装好。

注意：电位器的结构复杂，比较特殊，拆卸时应记下原来器件的接法，以便复原。

对于机械开关损坏，可先注入少量机油，开、关几次测试，再拆开修理。若拆装不便，可用静噪开关应急代用，或用原机开关加晶体管做成电子开关替代。

可见，汽车收、放音机故障主要表现在收音、磁带放音两方面，其关系见表 4-2。

表 4-2　故障现象与故障部位对应表

故障现象	故障可能部位
完全无声	电源输入电路，功率放大电路，扬声器电路
放音正常，FM 收音无声	FM 调频头，FM 中放、解调电路，功能转换开关
收音正常，放音无声	磁头电路，放音均衡放大电路，功能转换开关
放音正常，AM 收音无声	AM 变频，AM 中放、AM 检波电路

3. 判断故障的大概部位

(1) 排除机外因素引起的故障　汽车音响故障主要表现在收音、放音等方面，其原因有外部因素（如电台发出的信号异常、外界干扰以及调整不当等）和内部因素（机器内部

故障）。因此，判断故障时，应先排除外部因素，以免将因某些外界因素影响而产生的现象当作故障处理。

① 完全无声。检查提供给音响电源的引入线是否断线或扬声器引线是否脱落或不良。

② AM 与 FM 收音部分均收不到台。天线通常采用机外拉杆天线等，以减小发动机等对收音的干扰。当天线未接上或某些原因脱落时，音响收不到台，只要接上天线，收音部分则恢复正常。检修时可用一根 1m 左右长的软皮线插入音响的天线端代替天线，此时若能收音，说明故障原因是天线未接上或连线不良。

③ 若在某些地域，音响声音小和有杂音，而在另外一些地域音响正常，表明受到电磁波干扰，并非音响故障。

（2）判断故障大概部位

① 无声。贴近扬声器仔细静听有无背景噪声。若有背景噪声，说明收、放音的公共电源电路及低放电路工作基本正常，故障通常出在音量控制电路或音质调节、音频预放电路（收、放音电路同时出故障的可能性不大），应重点检查这些电路；若没有背景噪声，则故障大都发生在电源电路、功放电路、扬声器电路，其中功放电路损坏率最高。

② 放音无声、收音正常。观察机械传动部分是否驱动磁带或碟片运动，磁头是否紧贴磁带运行，激光拾音器是否到位。若正常，则故障大都发生在激光拾音器电路、磁带放音前置放大或激光拾音器信号处理及电源转换开关等处。反之，应重点检查机械传动部分及驱动电动机部分。

③ 放音正常，收音无声。检查是 AM、FM 收音均无声，还是某一波段收音无声。

a. 若 AM、FM 收音均无声，则故障可能发生在 AM、FM 的供电电源或选台调谐电压电路。

b. 若 AM 波段收音无声，FM 波段收音正常，应检查与 AM 收音有关的电路。

c. 若 FM 波段收音无声，AM 渡段收音正常，应检查与 FM 收音有关的电路。

④ 收音或放音均时有时无。该故障在卡带式汽车音响中发生率较高。检修时，应先旋动音量控制电位器。若在某一位置时，时有时无现象消失，则故障大都是由于音量电位器接触不良引起的。

⑤ 某声道无声。检修时先应检查是否收、放音均会出现此现象，若均如此，则故障通常发生在低放及音量控制电路。

若收音正常，放音时某一声道无声，则故障发生在磁头（或激光拾音器）及其信号处理电路。

若调幅收音正常，调频立体声音时某一声道无声，则故障大都发生在立体声解码电路。

（3）快速确定故障部位的方法

① 整机不工作。故障部位及原因在电源开关触点、熔丝熔断、机器对搭铁回路断路、为机器供电的熔丝熔断。

② 收音正常，放音音小。故障部位及原因为磁头脏、录音带陈旧、磁头内磁增大（需消磁）。

③ 一个声道正常，一个声道收放音均不响。故障部位在不响的扬声器处。

④ 放音走带，收放音均不响。故障出在机内功放集成电路。

⑤ 收音响，放音不响。故障部位在机内收放音转换开关放音点处。

⑥ 放音正常，收音不响。故障部位在收放音转换开关收音点及微型电动机处。

4. 对照原理图查找各元器件的实际位置

根据故障现象确定故障的大概位置后，对照原理图找到小范围的故障部位，直至某一元器件。对于简单的故障用直观检查的方法能找到故障的元器件，则无需对照原理图后再去找查故障元器件。但对于大多数故障，都需要对照电路图，找出故障的各器件及其在印制电路板上的具体位置，才能排除故障。

目前，采用集成电路组装的汽车收、放音机，其使用说明书上多不附有印制电路板图，甚至连电路图也不附，对于主印制电路板上标有元器件的标号（或编号）机型，只需对照电路图上的零件编号，直接在印制电路板上即可找其相应的元器件。对于某些没有编号（或仅有零件规格）的汽车收、放音机，按以下方法查找元器件部位。

(1) 先找几个主要元器件的位置　汽车收、放音机的一些主要元器件都有其特殊形状和特殊结构，只要先熟悉几个主要元器件的形状和构造，即可快速地从印制电路板上找到某单元电路的具体位置。

① 根据调频头的位置，确定 FM（调频）中放信号输入端。调频头有几根引线连接到印制电路板上，连接处为调频中频放大电路级，即 FM 收音中频通道的信号输入端。找到 FM 中放电路输入端后，沿着该电路即可找到立体声信号解码电路。

② 沿着天线的接线找出 AM、FM 电路信号输入端。汽车收、放音机的天线为 AM、FM 收音共用，其中 FM 调频头端即为 FM 信号输入端；另一去向的引线为 AM 收音电路的信号输入端。

③ 根据集成块的型号确定各级电路的位置。利用集成电路上标注的型号找到其在原理图上的位置，以确定收、放音机中各级电路所在位置。通常一块集成电路代表一级或一组电路，集成电路周围的零件为该级和该组电路的元器件。再根据集成电路各引脚，对照电路原理图，即可找出各具体元器件。

④ 根据磁头引线走向确定磁头前置放大级及均衡电路的输入端。磁头拾取的信号，大都通过两只“隔直通交”电容进入磁头前置放大电路。因此，只要沿着磁头引出线的走向查找，即可快速找到放音前置放大电路。

⑤ 根据音量（或音调）电位器的位置确定功放电路信号输入端。汽车收、放音机的音量（或音调）大都通过分压式控制输入至低放电路信号幅值进行控制。因此，只要找到音量电位器的中间插头，即可找到低放信号输入端。

⑥ 根据散热器确定功放级。在汽车收、放音机中，其低放部分输出功率较大，故其功放音频的集成块或大功率晶体管（指由分声元器件组成的功放电路）都装有一块散热器与整机铁外壳紧贴在一起（用螺钉固定）。

(2) 根据主要元器件的位置查找元器件　确定各单元电路后，对照电路原理图，即可找到各相关元器件的位置。查找时，以某一个晶体管或集成电路为中心，根据其管脚位置，沿着管脚的印制电路板铜箔连线，对着电路原理图上各接点元件，即可在印制电路板上找到连接的元器件。

(3) 汽车收、放音机主要元器件的安装位置　普通国产（组装）的中、低档汽车收、放音机，通常采用卧式单向走带插入式机芯、单轮驱动方式；高档机器多采用自动回转式机芯。机芯位于机器的正中，固定在机壳的底盘上。磁带入口处装有挡片，起防尘作用。

带电源开关的音量电位器及音调电位器通常装在机芯的左边，采用同轴异步结构，以缩小所占空间。

调谐钮及音量平衡电位器通常装在机芯的右边，也采用同轴异步结构，以缩小所占空间。

机芯上方为调谐刻度盘（或数字频率显示器），内装有刻度盘照明灯、调频立体声指示灯及走带指示灯。

面板上有出带（EJECT）/快进（FF）按键、FM/AM 转换按键，少数机器还装有静噪声（MUT）按键。

调谐指示为拉线指针式（指中、低档机）。调谐器采用调感方式，以减小汽车振动对收听的影响。对频高频头采用模块方式，外有屏蔽盒，置于调感器总成后面。

收音部分的中放及解调板在机芯后面。放音前置放大与功放在同一块电路板上，位置多在机芯左边，并依靠电位器引脚及功放集成块散热片等紧固在机器底板上。各板之间的连接，有些机器采用排线插头插座。

4.5.2　CD 唱机

1. 检修注意事项

① 拆卸、检查和安装 CD 唱机时，要注意保护镜头和精密机械部件。手不要触及镜头透镜，清洗镜头时注意不要让棉纱和尘埃留在镜头上。

② 检修时，不要用眼睛直视激光光路来确定其是否接通。眼睛应尽可能保持远离激光拾音器 30cm 以上，以免对眼睛造成伤害。

③ 注意防静电。人体通常都带有静电，一般不会有危害，但激光音视设备中的 IC 均采用 COMS 技术，其输入阻抗很高，人手上的静电碰到 COMS 电极会产生较高的电压，击穿电极造成 IC 损坏。对静电最敏感的部件是激光拾音器，它很容易受人体静电作用而被损坏。正确的方法是工作台不要铺普通绝缘橡皮，应铺上防静电制品。可取一段导线将桌子与自来水管连接当搭铁线，有条件时可穿戴防静电工作服和手套。

④ 不要随便调整电路板上的电位器。打开机盖后，不要随手调整电路主板上的电位器。这些电位器在机器出厂时已经过严格校对。

⑤ 拆卸时要切断电源，同时要防止振动和用力过大而损坏内部器件。

⑥ 小心拆卸表面安装 IC。通常外围元件损坏的概率比 IC 损坏的概率大，不要随意拆卸 IC。判明 IC 损坏时，应小心拆卸，尤其是表面安装 IC。现在激光音视设备的前置放大器、伺服电路、CL484、CPU 等 IC 的焊接大多采用表面安装技术，与传统的 DPI 插脚安装方式的最大不同是其安装密度大，减少了 PCB 印制电路板的面积。

⑦ 电源由于长期处于高温工作环境，易出故障，是检修判断故障的重点。

⑧ 激光音视设备使用的 IC 大多是数字电路，按时钟信号的节拍工作，时钟信号的丢失会造成 IC 不工作。而时钟频率不起振和接线断路是经常出现的故障，检查 IC 故障时要注意检查时钟信号是否正常。

⑨ 由于激光音视设备的机械系统结构精密，若未确定是机械系统故障，则不要拆卸。若必须拆卸，应按图样要求进行拆装。

⑩ 维修电路板时，烙铁的温度应保持在 270℃ 左右；烙铁在电路板同一导线上的接触不

能超过 3 次；焊接或焊开时，不能给电路板施加过大的力。

⑪ 通电情况下测量电压要小心，以防止将 IC 引脚短路，烧毁 IC。建议使用 DF890 类数字万用表，其内阻大，准确度高，表笔也较细，适合数字设备检修。

⑫ 当 CD 唱片变脏时，可用一块软布沿着放射线方向从中心向周边擦拭唱片表面，不要使用传统的磁带清洁剂清洗或抗静电保存。

⑬ 更换芯片元件时，不要使用已拆下的芯片元件；电容的负极不要过热。

2. CD 唱机检修流程

CD 唱机故障类型主要有开机故障、读取故障和声音故障，其检修流程如图 4-25 所示。

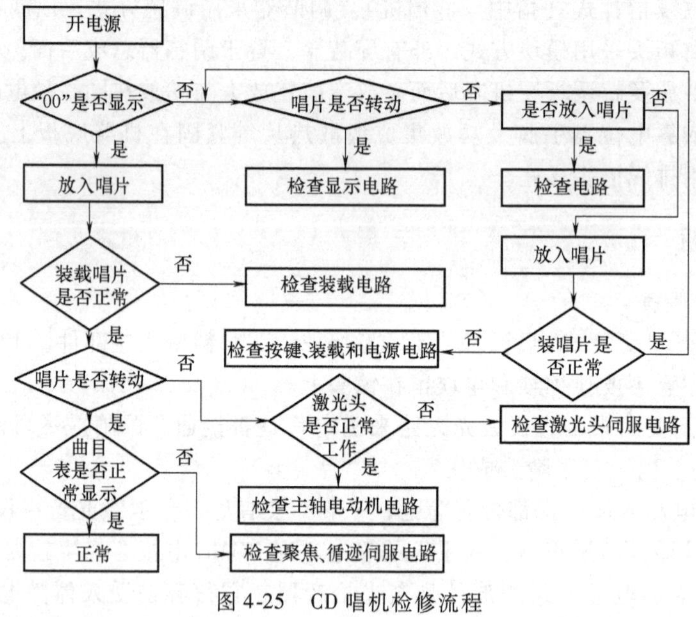

图 4-25　CD 唱机检修流程

3. CD 唱机故障检修

(1) 常用检修方法

① 检修 CD 唱机放音机芯部分

a. 不读碟。放 CD 碟片时，经常不读碟，显示无片字符，则故障主要在激光拾音器识读部分。可能是激光拾音器聚焦不良，激光拾音器不到位或线速度不恒定等。

b. 显示无曲目和分秒计数或计数不稳。由于碟片已经转动，说明激光拾音器聚焦、主轴、循迹伺服控制均无问题，故障主要是由信号弱、线速度不恒定或放大部分存在故障，需进行调整或检修。

c. 显示正常但无声。显示器显示的曲目及分秒计数均正常，说明机芯部分从机械到 DSP 电路工作均正常，故障在机芯之后。

② 检测激光拾音器电路

a. 检测激光二极管及其供电电路。激光二极管或其供电电路不良，会使激光拾音器无激光束发出，读不出光盘信息，CD 唱机显示无盘。

CD 唱机装入光盘后，激光拾音器在进给电动机的驱动下先移动到光盘信息的起始位置，即目录信号记录位置。到达该位置后，应有激光束从激光拾音器的物镜中发射出来，即

使不装光盘，激光拾音器也应有动作，不装光盘时因没有激光束反射到激光拾音器，CD 唱机判定无盘而自动停机等待。利用该特点可对 CD 唱机进行试操作，以检查激光拾音器工作是否正常。

检查时，可将 CD 唱机的外壳打开，露出激光拾音器。操作出舱键时应有出盘动作，在不装光盘的情况下使托盘进入机舱。当光盘托架到位后，激光拾音器应有进给动作，而后聚焦镜头进行搜索动作。在聚焦镜头动作的同时，有红色激光束从激光拾音器中发射出来，从侧面一定角度可以观察到。若无激光束发出，则激光二极管可能损坏或其供电电路不正常，检修时，应先除去物镜上的灰尘。

检测激光二极管的供电电路。集成块输出电压约为 4.4V，激光二极管输出电压为 0.2V 左右。CD 唱机在开始工作时，微处理器将启动信号送到集成电路，开始为激光二极管供电。若有供电电压，而激光二极管不发光，说明激光二极管损坏。

b. 检测进给系统和聚焦环路。装入光盘或空的托盘进机舱后，应先有进给动作，然后有聚焦搜索动作。若无进给动作，应先检查进给电动机及其传动机构，再检查进给电动机驱动集成电路，主要是测其各引脚的直流电压。

如无聚焦搜索动作，应检查聚焦线圈和驱动集成电路。聚焦线圈的直流电阻约为 6 ~ 15Ω。驱动 IC 主要检查其各引脚直流电压。

③ 检测系统控制电路。若 CD 唱机不能启动、某些动作失常或操作失灵等，则表明系统控制电路工作失常，其故障原因有电源供电、系统控制电路外围元器件不良或系统控制电路本身异常等。检查时，先检查电源供电电路输出电压，再检查系统控制电路的外围元器件及相关的电路，最后检查系统控制电路，尤其是微处理器。

系统控制部分的故障检查应根据故障现象，对相关电路进行检查，主要是被控制电路或接口电路。例如，操作出碟键时光盘托架弹不出，应查操作时微处理器是否有控制信号输出。若有输出，则故障在驱动电路或电动机传动机构；若没有控制信号输出，则故障在微处理器。

微处理器的检测：

a. 检查供电及工作电压。检查微处理器各引脚的直流工作电压，若某引脚电压与标准值不符，应进一步检查该引脚的外围电路。

b. 检查时钟振荡电路。用示波器检查振荡信号的幅度、频率和波形，应与标准值相等。若无信号，应更换晶体元件后再做进一步的检查。

c. 检查复位电路。接通电源时，复位电路为微处理器提供复位信号。若复位信号没送到微处理器，微处理器会工作失常或不工作。

d. 检查微处理器的串行数据和时钟信号输出，这些信号都是 5V 的脉冲信号。

e. 检查微处理器的传感信号输入端。若信号异常，应检查传感器（各种检测开关）及其接口电路。

（2）CD 唱机常见故障检修　车用 CD 唱机常见故障：托盘不能开启；激光二极管无输出；唱机目录不能正确读出；激光拾音器聚焦不正确；激光拾音器跟踪轨迹有误；转盘（唱机）电动机转动不正常及信号处理电路失常等。

① 按“OPEN/CLOSE”键，托盘不能开启。故障原因：托盘电动机故障、断线；按键接触不良或电路不良；微处理器或加载驱动电路故障。

CD 唱机均设有托盘到位检测开关或称加载限位开关，安装在加载机构组件上。当托盘到位时，此开关闭合，微处理器检测到此信号，启动 CD 唱机；当盘舱机构变形、加载机械故障或到位开关本身损坏时，微处理器将无法检测到此信号，CD 唱机无法进入复位启动状态。

② 放入唱片开机后，显示“NO DISC”，不能读出总曲目表。故障原因：CD 唱片严重划伤；激光拾音器聚焦不良；伺服电器 IC 故障；激光拾音器被卡住。

CD 唱机开机后，微处理器首先检查盘舱是否处于“CLOSE”位置，若不是，则发出指令驱动抽屉式盘舱滑进，直至盘舱开关闭合。接着微处理器检查激光拾音器是否处于内圈零轨位置，若不是，则发出指令驱动激光拾音器向内圈移动，直至激光拾音器检测开关闭合。然后微处理器发出“LDON”指令给 APC 电路，以开启激光。与此同时，聚焦伺服控制激光物镜上下移动 3 次左右，以搜索最佳聚焦点。当无聚焦正确（FOK）信号返回时，微处理器判定无 CD 唱片存在，CD 唱机将停止工作；当有 FOK 信号返回时，微处理器立即驱动主轴电动机旋转，同时聚焦与循迹伺服工作，此时激光拾音器拾取的 RF 信号经前置放大处理后输出。当 RF 信号正确时（或不产生 DEFECT 信号），RF -OK 信号驱动伺服处理 IC 进行 TE 和 FF 闭环控制，同时数字信号处理电路 IC 对 EFM 信号进行 PLL 锁相，以恢复 4.32MHz 位时钟，并产生主轴电动机控制偏差信号，对主轴电动机实行 CIV 控制。解码电路对 EFM 信号进行 EFM 解调及 CIRC 解码，解码信息从唱片的 TOC 区输出并驱动显示。若无 RF-OK 信号输出，则 5s 后显示出错信息，表示无法导入 TOC。

根据 CD 唱机的启动过程，对无法导入 TOC 的故障检修时，先检查激光拾音器能否内移，若激光拾音器已在最内圈，则可用手转动滑行电动机拖动齿轮，将激光拾音器拉到外圈，再通电观察激光拾音器是否能内移。若激光拾音器不能内移，则可能是滑行驱动电动机拖动机构出现故障。其次，检查激光拾音器物镜能否上下移动，当激光拾音器移到最内圈后，聚焦伺服会驱动物镜上下移动几次，以搜索最佳聚焦位置（物镜不能上下移动时，表明聚焦伺服有故障，如聚焦线圈断路）。最后，按“PLAY”键，若主轴电动机能够转动，表明聚焦伺服基本正常，因为只有当 FOK 信号产生时，主轴电动机才能旋转。主轴电动机旋转后仍无法读出 TOC，则故障可能发生于循迹伺服。

③ 开机放入唱片后，激光拾音器不动作。故障原因：激光二极管受损或位移；聚焦线圈故障；线路 IC 损坏；机械部分故障。

当激光拾音器不能聚焦或聚焦不良引起唱机不能放音时，先采用观察法判定此故障是否由聚焦伺服系统引起。打开后盖，装入唱片试放，观察激光拾音器开机后是否立即上下移动 2～3 次做聚焦搜索，然后停在某一位置。若激光拾音器无动作或动作不正常，则可能是聚焦系统发生故障。应先查聚焦线圈，用万用表 R×1Ω 档测聚焦线圈阻值，其正常值为 20Ω（循迹线圈阻值为 4Ω 左右），若阻值过大或过小，说明线圈存在故障。有些唱机，没聚焦线圈阻值时，传动机构会稍有运动。

④ 唱机“死机”。通电后激光拾音器组件不能滑动，激光物镜没有聚焦搜索，甚至没有激光发出，CD 唱机无任何反应，面板按键失灵，液晶或荧光显示器无显示或显示混乱、闪动。

检修时，先打开唱机机盖，将激光拾音器组件缓缓推向外侧，打开电源，注意观察激光拾音器组件有无滑动，激光物镜有无聚焦搜索，有无红色的激光发出。若唱机有上述反应，

则说明微处理电路和伺服电路能进行基本工作，并未完全“死机”。用于推动激光拾音器组件部分时，应注意其齿轮的受力，不要把齿牙推断。然后检查机械部分和接插线是否被卡死或松脱。

a. 检查供电电路。CD 唱机通常使用三端稳压器或专用的稳压集成电路，直接在电源电路部分检查输出电压，并测量和检查集成电路供电的各管脚和搭铁线脚，以防虚焊或搭锡粘连等。

b. 检查集成电路复位端的电压。CD 唱机电路中使用了单片机、复位电路使单片机中程序计数器指向起始地址，重新开始执行程序。正常工作时，复位端的电压为高电平（+5V）。若接通电源一段时间后，复位端仍不能跳为高电平，则数字电路处于不工作状态。

引起复位端不能升为高电平的原因：某个集成电路复位端被击穿；线路之间短路。复位电路通常采用斯密特触发器将低电平延时一段时间。

c. 检查晶体振荡器电路和其他特征点的脉冲波形。系统工作需要稳定的时钟振荡源产生系统时钟，时钟源由晶体振荡器产生，即将振荡电路做在芯片内，对外引出两个端点连接晶振。在 CD 唱机的线路中，晶振提供的是 16.9344MHz 或 8.4672MHz 频率的脉冲。有的唱机中微处理器和数字处理器各使用一组晶振，有的则是一组晶振经分频电路后，引入多组功能电路。当晶振不能提供相应频率的脉冲时，会导致整个系统瘫痪，出现无显示、显示混乱或闪动以及面板按键失灵等故障。

d. 检查单片微处理集成电路。单片微处理器及其外围电路发生故障，导致 CPU 不工作而死机。可按照厂家给出的集成电路数据，对各引脚的电压和波形进行测试。

另外单片机的某些外围组件，可使唱机出现机板按键或遥控器失灵、显示混乱等。打开机壳后盖，接通电源，观察激光拾音器有无滑动和聚焦搜索。若有，则说明微处理器和伺服电路都能工作，应着重检查外围电路。

⑤ CD 唱片位置不正确。若 CD 唱机在装好唱片并按动放音键后无声音，检查唱片是否放正。开机后若未显示唱片的曲目数，而是显示符号，说明激光唱片的位置未放好。打开唱片舱，将激光唱片重新摆正后即可放音；检查激光唱机与放大器之间的信号线，将信号线反复拔插或左右互换，以判断是否接触不良或断线。

⑥ CD 唱机放音时不进片。若 CD 唱机放音时不进片，应先检查唱片是否损坏。可取出激光唱片对光检查，看有无漏光处或明显的划痕、油污。上述问题会引起激光拾音器失灵，造成放唱中断。

若 CD 唱片正常，可反复按动放音键，观察能否恢复正常放音，因为激光唱机内产生的误动作也会使放音中断，重新启动几次可恢复正常。上述方法不能奏效时则要打开机壳，检查激光拾音器是否有脏物。若有脏物，可用擦镜头纸蘸酒精清洗激光拾音器，然后开机，用一张好唱片放音试听。在检查和清洗激光拾音器时，应在断电情况下进行，以避免激光灼伤眼睛。若机内电路损坏，应检修电路。

4. CD 唱机的调整

（1）机械调整　当更换或拆卸光盘旋转机构、激光拾音器组件及进给传动机构部件时，通常应进行机械调整。

① 调整光盘旋转平台高度。为使激光拾音器聚焦透镜与光盘间距不超出聚焦伺服调节机构的调节范围，调节方法如图 4-26 所示。

② 调整激光拾音器座倾斜度。为使激光拾音器系统的光轴垂直于光盘，可调整激光拾音器座切向/径向倾斜调整螺钉，使检测波形达到最佳。

（2）光学电路部分调整

① 最佳眼图调整

调整目的：使聚焦参考电压为零，以设定聚焦系统的工作范围。

调整方法：调整 VR 电位器，使 RF 波形最大且最清晰，如图 4-27 所示。

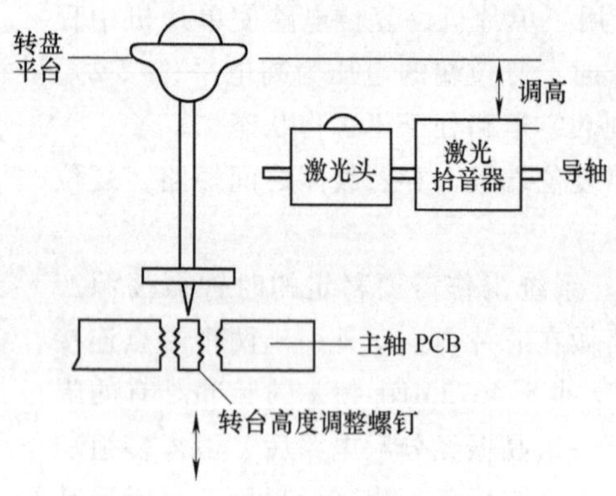

图 4-26　调整光盘旋转平台高度

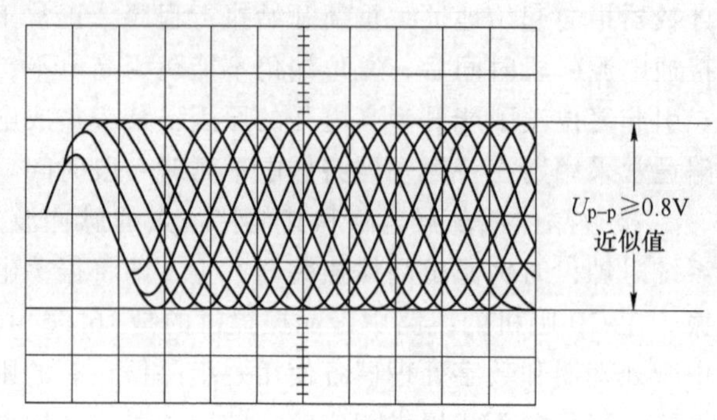

图 4-27　最佳眼图调整

② 聚焦增益调整

调整目的：聚焦增益太小时，聚焦比较困难；聚焦增益太大时，聚焦不稳定。因此，必须使聚焦增益调到最佳点，即将聚焦增益特性曲线 750Hz 的增益设定为 0dB。

调整方法：断开聚焦伺服回路，在聚焦测试点 TP_2 输入 750Hz 的信号，当信号通过聚焦伺服回路出现在测试点 TP_1 时，调节聚焦增益可变电位器 VR，使 TP_1 和 TP_2 两点的电位相等，即图 4-28 中的 $a = b$。注意：并非所有的 CD 都以 750Hz 作为基准，需视具体情况而定。

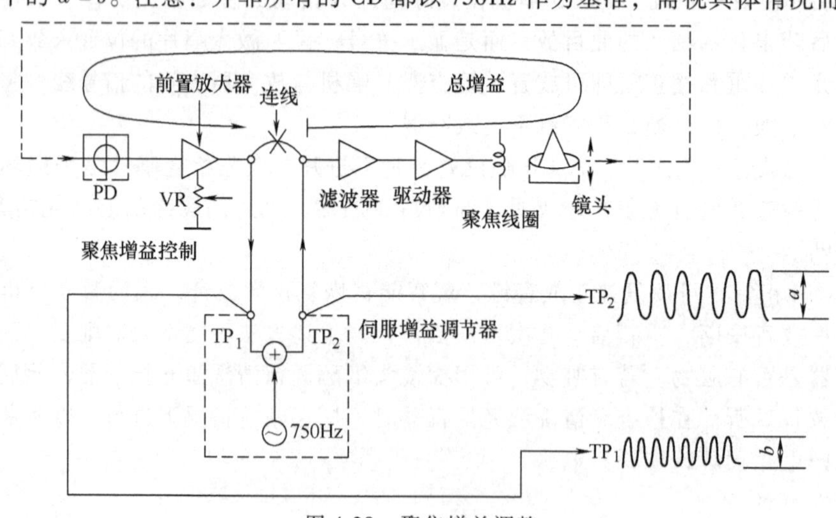

图 4-28　聚焦增益调整

③ 循迹增益调整

调整目的：在光盘制造过程中，由于模具等的误差使光盘偏心，通过调整循迹增益，即能克服这些不足，使激光束始终落在轨迹上。

调整方法：断开循迹增益回路，在循迹增益测试点 TP_2 输入 1.0kHz、1.2kHz 或 1.5kHz 信号，当信号通过循迹增益回路出现在测试点 TP_1 时，调节循迹增益可变电位器 VR 使 TP_1 和 TP_2 两点的电位相等，即图 4-29 中的 $a=b$。

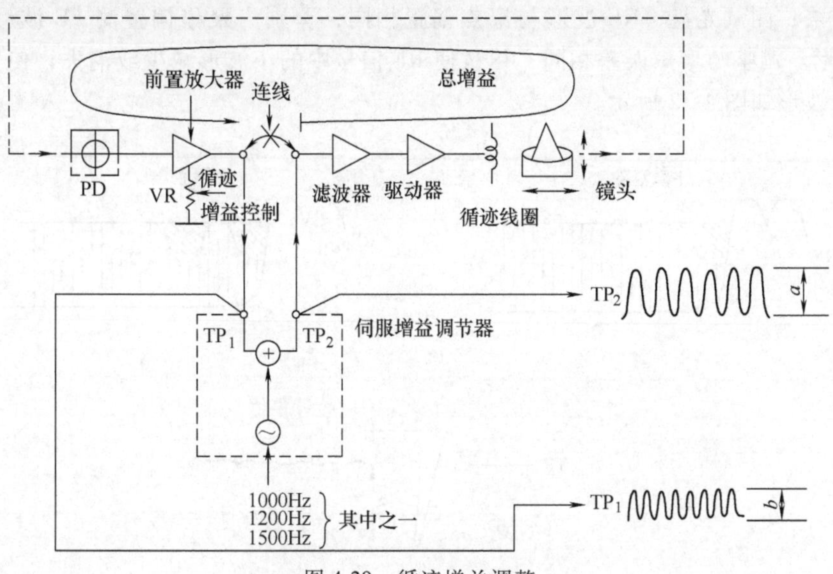

图 4-29　循迹增益调整

④ 聚焦偏置调整

调整目的：使聚焦伺服电路能弥补光盘在制造及使用过程中造成的缺陷。当激光拾音器在跟踪轨迹时，若光盘表面有灰尘或其他杂物，其聚焦深度将有所变化。若不能正确聚焦，循迹伺服也将受到影响，有可能出现跳迹现象。要求激光拾音器在探测到音轨上有异物时，聚焦伺服电路尽可能调整聚焦深度，进行有效聚焦。

调整方法：用带有黑带的测试盘片模拟光盘缺陷或尘埃颗粒，如图 4-30 所示。调整后应使 RF 波形中的小波形尽量减少；FE 波形中 $a=b$，能达到图 4-31 的理想波形为佳。

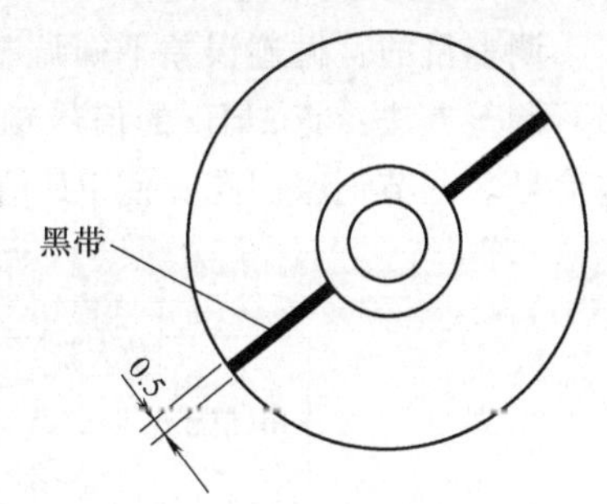

图 4-30　带黑带的测试盘片

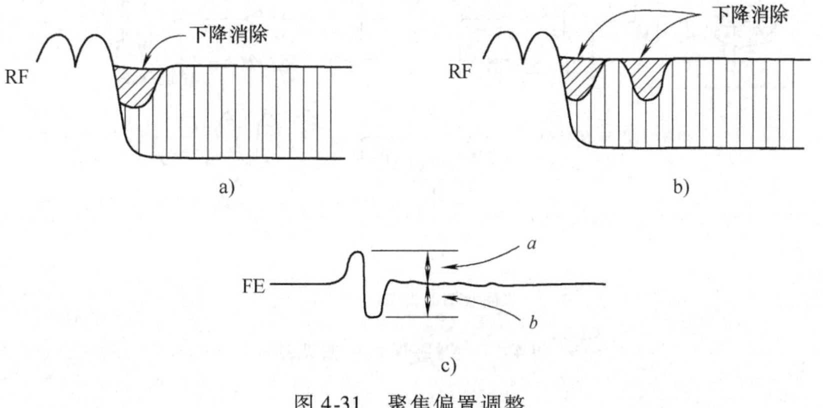

图 4-31　聚焦偏置调整

⑤ 循迹偏置调整

调整目的：与聚焦偏置调整相同，为循迹伺服工作范围设定参考点，但聚焦偏置进行垂直方向补偿，循迹误差进行水平方向补偿。

调整方法：测试光盘、RF 波形与聚焦偏置相同，差别为聚焦偏置测 FE 波形，循迹偏置测 TE 波形。调整与聚焦误差相同，尽量使 RF 信号中的小波形减少或消失，使 TE 信号中 $a=b$。信号波形如图 4-32 所示。

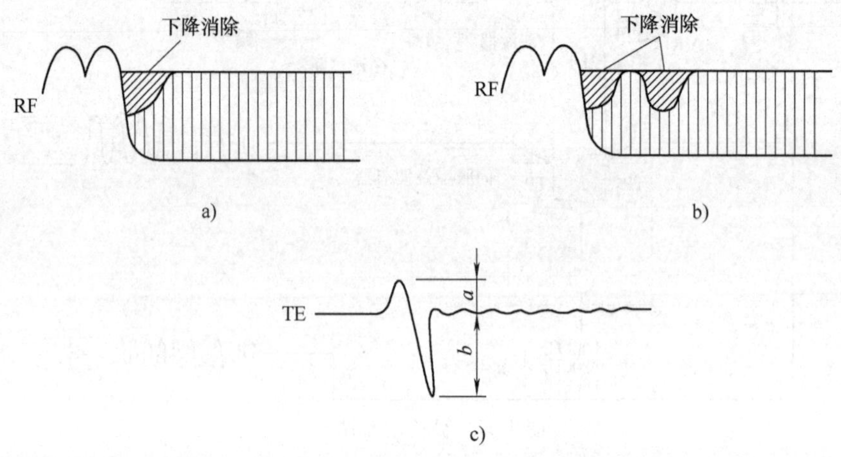

图 4-32 循迹偏置调整

⑥ 循迹误差平衡调整

调整目的：循迹误差平衡调整目的是为提高循迹能力。

调整方法：将 1kHz 的信号输入至循迹伺服电路，使激光束沿音轨左右晃动，以模拟误差信号。调节伺服回路，使 RF 信号达到平衡。调整方法及其波形如图 4-33 所示。

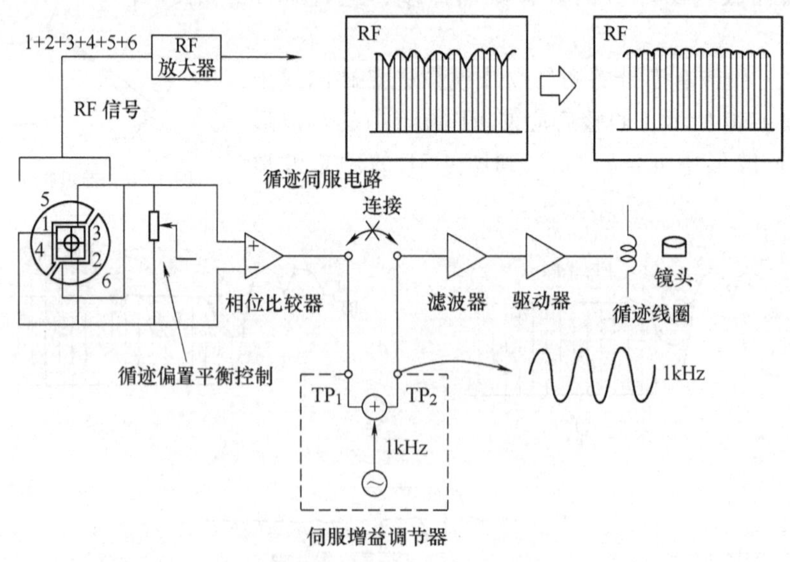

图 4-33 循迹误差平衡调整

⑦ 锁相环（PLL）调整

调整目的：调整 VCO（压控振荡器）电路，使 4.3218MHz 时钟锁定在其工作范围内。PLL 的参考频率不断地与从光盘上提取的同步信号进行比较，当两频率相等时，PLL 被锁定；若 PLL 调整不当，将引起光盘乱转或信号失落等现象。

调整方法：如图 4-34 所示。

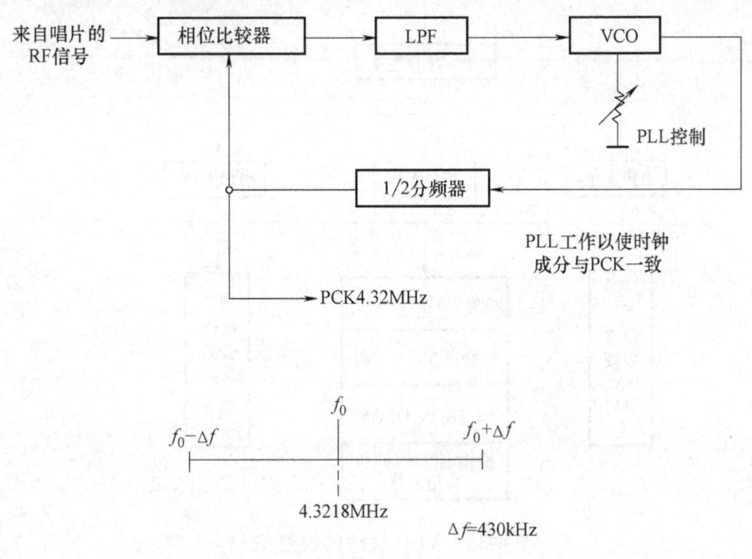

图 4-34　锁相环调整

4.5.3　VCD 影碟机

1. 检修流程

检修 VCD 影碟机时，可借鉴检修 CD 唱机的方法，其故障检修流程如图 4-35 所示。

2. VCD 的检修

（1）VCD 的检修方法　当 VCD 出现故障时，如无声无像、声像不稳等，先判断 CD 部分是否出现故障，CD 是声像的公共通道。播放一张 CD 音乐碟片，若能正常播放，显示稳定均匀，则故障不在 CD，若 CD 碟片也不能正常播放，则先检修 CD。

当故障在 VCD 时，应根据图像和声音的有无，进行故障部分划分。当声像全无时，应检查 CD-ROM 解码器和 MPEG-1 解码器，因为这是数据的公共通道，而且由于声像解码互锁的关系，无论是音频解码或视频解码损坏，都会引起解码停止。对于 CL480 系列单片解码芯片，无论是音频解码或是视频解码损坏，都必须更换 CIA80 系列芯片。

另外，检修声像全无的故障时，还应考虑解码芯片和外围电路，如电源电路、时钟电路、DRAM 电路和 EEPROM 电路，若所有硬件和接线都未出现故障，可将同型机的 EEPROM 更换测试，观察 EEPROM 内部软件是否有误。

当声音和图像只出现其一时，问题必然在解码输出以后，包括解码器至 DAC 电路的引线、DAC 电路、时钟信号电路、同步信号电路、参考电压电路等，还有 DAC 以后的电制式编码电路和复合同步信号电路，彩色载波信号电路、电源电路以及输出放大电路。

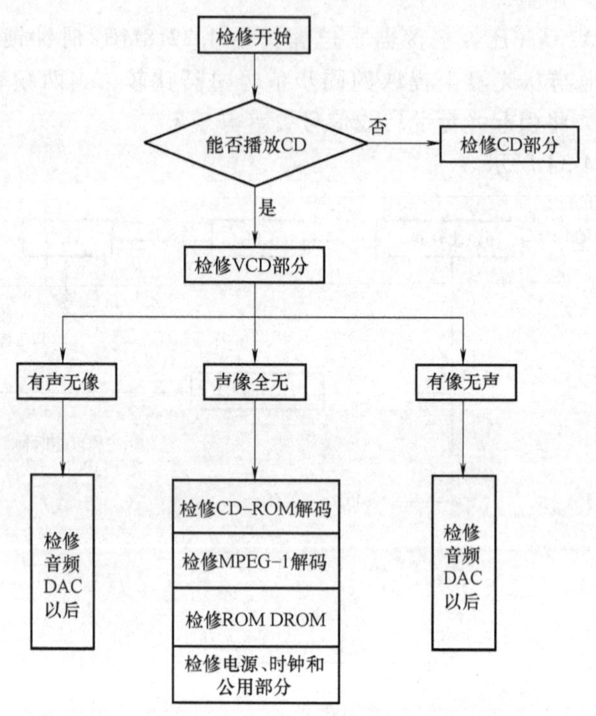

图 4-35　VCD 故障的检修流程

（2）VCD 常见故障的检修　其常见故障有碟片不旋转和无法读取目录信号等。

① 碟片不旋转。初步诊断时主要观察激光拾音器组件的滑动控制、聚焦搜索和激光控制情况。激光拾音器进入内圈时，聚焦物镜应做上下搜索动作，同时激光管点亮呈暗红色。对于主轴电动机，应主要判断其旋转趋势，若存在旋转趋势，则可将检修判断位置移到主轴驱动单元。

FOK 信号是详细诊断的关键检查信号，对主轴电动机是否旋转有直接影响。碟片不旋转故障的诊断流程如图 4-36 所示。

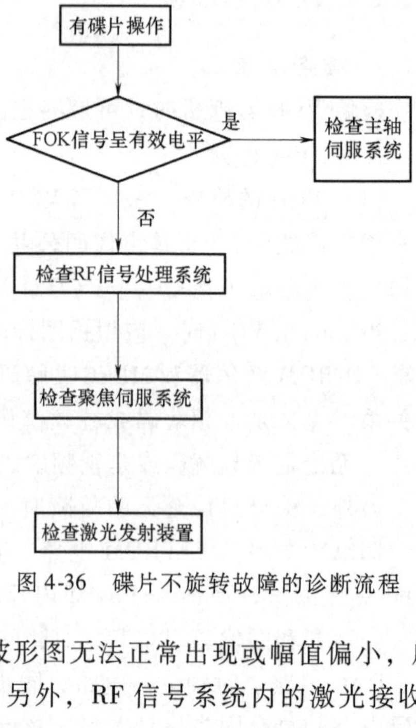

② 无法读取目录信号

初步诊断：检查激光组件滑动机构，在主轴电动机旋转时，激光组件离开原来静止的起始位置运行，激光拾音器读取目录。若检查时发现主轴电动机旋转后，激光组件很快由内向外滑行，说明跟踪伺服系统存在故障，可进一步检查滑动机构是否卡死、传动不良。

有碟片操作

FOK信号呈有效电平

是

检查主轴伺服系统

否

检查RF信号处理系统

检查聚焦伺服系统

检查激光发射装置

图 4-36　碟片不旋转故障的诊断流程

详细诊断：RF 波形必须符合要求，维修手册通常提供该数值。其次注意眼图菱形孔的清晰程度。若 RF 波形图无法正常出现或幅值偏小，应检查跟踪伺服系统，包括跟踪线圈和跟踪激光传感器。另外，RF 信号系统内的激光接收、

RF 信号放大的异常都会引起眼图幅度下降。若 RF 波形正常，可检测数字信号处理内的锁相环频率是否正确，若频率偏移过多，会使锁相失锁，以致影响位同步信号的提取。目录信号读取显示与子码译码和传输均有关联，排除故障时应逐一检查判断。检查流程如图 4-37 所示。

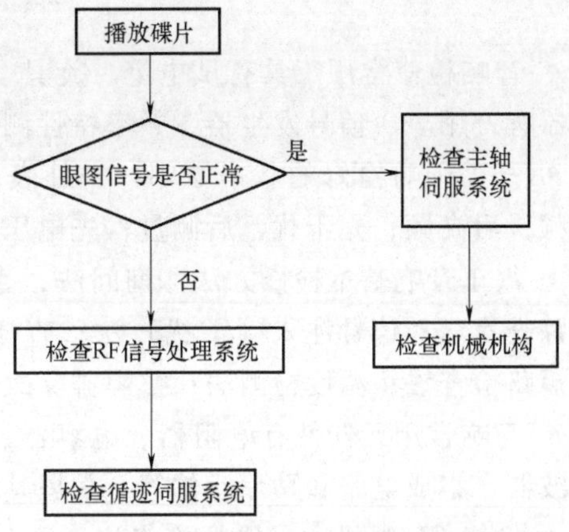

图 4-37　无法读取信号故障的诊断流程

4.5.4　DVD 影碟机

1. DVD 影碟机检修注意事项

DVD 影碟机和 VCD 影碟机同为激光数字音视设备，除了激光拾音器、MPEG-2 视频解压缩电路、A-3 或 MPEG-2 音频解压缩电路以及电源电路与 VCD 影碟机有所不同外，其他工作原理和机械结构与 VCD 机基本相同。

检修汽车 CD、VCD 的注意事项完全适用于汽车 DVD，此外检修汽车 DVD 时还应注意以下事项：

① DVD 碟片是双面结构，DVD 影碟机机芯上装有 U 形导轨，以便 DVD 激光拾音器读碟时从 A 面转到 B 面或从 B 面转到 A 面用。U 形导轨润滑不足或有异物阻挡都会使激光拾音器不能转换到位，出现播放故障。

② DVD 影碟机电源大多采用开关电源，而 VCD 影碟机大多采用直流—串联稳压电源。开关电源容易出现振荡管或振荡集成电路停振，无电压输出，使 DVD 影碟机不能工作。电源电路是 DVD 影碟机排除故障的重点检查部位。

③ DVD 影碟机可向下兼容播放 CD 和 VCD 碟片，有些机型另设一个激光拾音器来完成该项工作。该激光拾音器出现故障，机械运行不到位，会造成 DVD 激光拾音器无法到位拾取信号，出现播放故障。

④ DVD 影碟机大多加有地区密码，不是该地区的 DVD 碟片，不能在该地区 DVD 机上播放，修理时需辨别清楚，以免误认为是 DVD 影碟机的故障。

⑤ DVD、VCD 和 CD 信号均送入数据处理集成电路进行数据同步识别，再分别送 CD-DA 数据处理集成电路和 CD-ROM、DVD-ROM 数据解压集成电路进行数据处理。可先播放 CD 唱片，再播放 VCD 碟片，最后播放 DVD 碟片，以分离故障部位。CD 唱片能正常播放，而 VCD、DVD 碟片不能播放，则故障必定在数据处理集成电路以后。

⑥ 音频经 AC-3 解码集成电路解码后，输出 5.1 声道数字信号送音频输出接口电路。音频接口电路经 DAC 变换后分别输出前左、前右、后左、后右声道信号，中央声道信号和超重低音信号。若只有一路信号无输出，则 AC-3 解码电路无故障，故障可能出现在相应接口电路；若各路都不输出，则 AC-3 解码器发生故障。大部分机型提供 AC-3 的 5.1 声道数据流信号输出，若音频无输出，也可试从该端口输出，若是 AC-3 解码器故障，该端口也无输出。

2. 车用 DVD 机故障检修

车用 DVD 机故障的检修与车用 VCD 机相同。

本 章 小 结

• 音响检修常用工具有试电笔、旋具、电工刀、电工钳、电烙铁和热风枪等，检修常用仪器有万用表、信号发生器、频率特性测试仪、示波器等。

• 汽车音响检修的基本原则：先外表，后内部；先观察，后检修；先电源，后电路；先低频，后高频；先干扰，后测量；先电压，后电流；先调试，后更换。

• 汽车音响基本检修方法：询问法；直观检测法；具体位置定位法；清洁检查法；顺线跟踪查找法；信号注入（干扰）法；直流电压检查法；电流测量法；电阻测量法；割断法；短路检查法；温度检测法；重焊排除故障法；元件替代法。

• 音响常用元器件有电阻器、电容器、电感器、二极管、晶体管、场效应晶体管、陶瓷滤波器、集成电路和贴片元件等。掌握其检测和代换方法，对维修汽车音响至关重要。

• 检修 CD 唱机时，根据检修注意事项，按照检修注意流程，对 CD 唱机部件进行检修，最后对 CD 唱机机械部分和光学电路部分进行调整。

复习思考题

一、选择题

1. 汽车音响检修常用工具主要有__________、__________、__________、__________和__________等。

2. 试电笔又称__________，用于检测__________和__________是否有电，检测电压范围为__________V。试电笔常做成__________或__________两种。

3. 一字旋具的规格用握柄以外的刀杆长度的毫米数表示，__________mm、__________mm 和__________mm 等规格常用。十字旋具专供紧固或拆卸十字槽螺钉，有__________种规格常用，适用于直径__________mm 的螺钉。

4. 电工钳分__________、__________、__________和__________等。

5. 电烙铁主要由__________、__________、__________等组成。根据烙铁头的加热方式不同，电烙铁可分为__________和__________。

6. 印制电路板焊接的顺序：先焊__________，后焊__________；先焊__________，后焊__________。

7. 音响检修常用仪器主要有__________、__________、__________和__________等。

8. 普通万用表用于测量__________、__________、__________、__________及__________等。较高级的万用表还可测量__________、__________和__________等。

9. 模拟万用表主要由__________、__________和__________等组成，由万用表表头指示测量值。

10. 数字万用表的面板上有__________、__________、__________、__________和__________等，数字万用表的测量值直接由液晶显示器以__________显示，读取方便。有些数字万用表还带有__________功能。

11. 信号发生器分__________和__________。

12. 示波器用于观察和测量各种时域信号波形，可直观地反映信号的__________；还能定量地测量电信号的各种参数，如__________、__________、__________、__________等，

有助于分析、判断故障所在部位。目前，常用示波器的工作频率为________MHz。

13. 电位器开关故障类型：________；________；________。

14. 音响元器件主要有________、________、________、________、________、________、________、________、________、________、________、________、________、________、________、________、________、________等。

15. 汽车音响检修的基本原则：先________，后________；先________，后________；先________，后________；先________，后________；先________，后________；先________，后________；先________，后________。

16. 汽车音响基本检修方法：________；________；________；________；________；________；________；________；________；________；________；________；________；________；________。

17. 直观检测法利用人的感觉器官，________、________、________、________等，对汽车音响进行外表检查，可直接发现机器线路上是否存在明显的故障现象。

18. 常见的贴片元件有________、________、________、________、________和________等。

19. 维修电路板时，烙铁的温度应保持________℃左右；烙铁在电路板同一导线上的接触不能超过 3 次；焊接或焊开时，不能给电路板施加________力。

二、**判断题**

1. 使用试电笔之前，需在电源上检查试电笔氖管能否正常发光，确定试电笔正常后方可使用。（　）

2. 使用电工刀剖削导线绝缘层时，刀面与导线成 30°角倾斜切入，以免割伤导线。（　）

3. 焊接贴片式电阻器、电容器的基片时，焊接温度应控制为 100～350℃，将待焊接的元件先放在 100℃左右的环境里预热 2～3min，每次焊接时间应在 3s 左右。（　）

4. 采用先剪后焊法在印制电路板焊元件时，剪后引线长度为 1.0～3.5mm，焊接后，引线露出焊点的长度为 0.5～1.5mm。（　）

5. 更换的熔丝不可超过原规格，否则，重新通电后有可能烧坏机内尚未损坏的元件。（　）

6. 烙铁不要在印制电路板的某点停留时间过长。（　）

7. 100Ω 以下和 100kΩ 以上的电阻损坏率较高，几百欧到几千欧的电阻通常不会损坏。（　）

8. 大阻值电阻损坏通常被烧焦发黑，容易识别，小阻值电阻损坏时却没有痕迹。（　）

9. 线绕电阻通常用于限制大电流，阻值不大，烧坏时会发黑或表面出现裂纹，也有的没有痕迹。（　）

10. 电容损坏时上面会鼓起，而正常时是平的。（　）

11. 利用万用表测量集成电路各引脚对搭铁的直流电压（使用灵敏度≥200kΩ/V 的万用表，否则测量误差增大，导致误判），与该 IC 正常工作时的标称电压值进行对照，判断是否

存在故障。 ( )

12. 当无光线照射时，光敏电阻呈低阻状态；当有光线照射时，其阻值迅速增加。 ( )

13. 用万用表检测大电感，应近似短路。若其阻值为∞或很大，通常其内部断线。 ( )

14. 用万用表检测小电感，其直流电阻很小，若其线圈的绝缘层被击穿或局部短路，则直流电阻将比正常值小；若电阻值为∞或很大，通常其内部断线。 ( )

15. 使用电阻档检测，若被测电感器电阻值为零，说明电感器内部线圈短路。 ( )

16. 若被测电感器的电阻值为∞，说明电感器内部的线圈或引出脚与线圈接点处发生断路故障。 ( )

17. 用指针式万用表测量二极管的正、反向电阻时，其正向电阻为数十欧姆（正向电阻用 $R\times10\Omega$ 档测量；反向电阻用 $R\times1k\Omega$ 档测量），反向电阻为数千欧姆。若正向电阻为零，说明该二极管断路；若正、反向电阻为∞，说明 PN 结击穿短路。 ( )

18. 小功率二极管不能用万用表的 $R\times1\Omega$ 档测量，因为该档电流较大，可能损坏二极管。 ( )

19. 检测集成电路时，检测引脚对搭铁的电压及引脚对搭铁的电阻，并与标准值比较，若不符合标准，说明集成电路损坏，应更换。 ( )

20. 检修 CD 唱机时，不要用眼睛直视激光光路来确定其是否接通。眼睛应尽可能地保持远离激光拾音器 50cm 以上，以免对眼睛造成伤害。 ( )

21. 维修电路板时，烙铁的温度应保持 370℃左右；烙铁在电路板同一导线上的接触不能超过 3 次；焊接或焊开时，不能给电路板施加过大的力。 ( )

22. 当更换或拆卸光盘旋转机构、激光拾音器组件及进给传动机构部件时，通常应对 CD 唱机进行机械调整。 ( )

三、简答题

1. 说明普通型双方向运转机型操作按键的使用方法。
2. 说明 DVD 影碟机操作按键的使用方法。
3. 介绍万用表和示波器的使用方法。
4. 介绍汽车音响检修注意事项。
5. 分析音响主要元件的故障原因。
6. 介绍汽车音响检修的基本原则和程序。
7. 介绍汽车音响常用元器件的检测方法。
8. 分析汽车收、放音机的检修方法。
9. 介绍 CD 唱机的检修方法。
10. 介绍车用 DVD 影碟机的检修方法。

实训项目 11 汽车音响常用元器件的检测

车辆型号	车辆识别代码	音响型号

一、实训目标

1. 了解汽车音响常用元器件的准备工作。

2. 掌握汽车收/放音机检修的基本方法。

二、知识准备

对汽车音响常用元器件的检测与性能判断，是维修工作的基础，检测元器件通常使用________或________，对于特殊元器件还需要用________或________。常用元器件通常有________、________、________、________、________和________等。

三、操作步骤

1. 光敏电阻的检测

检测暗阻：用一黑纸遮住光敏电阻的________，指针基本保持不动，阻值越________，说明光敏电阻性能越________。若此值接近于________，说明光敏电阻已________，不能继续使用。

检测亮阻：将光源对准光敏电阻的透光窗口，万用表指针应有________幅度的摆动，阻值明显________。此值越________说明光敏电阻性能越________。若此值很________，表明光敏电阻内部________，不能继续使用。

检测灵敏性：将光敏电阻________对准入射光线，用________纸片在光敏电阻的透光窗上部晃动，使其________受光，此时万用表指针应随黑纸片的晃动而________。若万用表指针始终在________，说明光敏电阻的________已损坏。

2. 电感器的检测

使用电阻档检测，若被测电感器电阻值为________，说明电感器内部线圈________。若被测电感器有________，电感器直流电阻值的大小则与绕制电感器线圈所用的漆包线________、________有关，线径越________，圈数越________，则电阻值越________。通常，用万用表 R×1Ω 档能测出电阻值，则可认为被测电感器________。若被测电感器的电阻值为________，说明电感器内部的线圈或引出脚与线圈接点处发生________故障。

3. 晶体管的检测

判断晶体管的好坏：用指针式万用表测量 NPN 型晶体管时，红表笔接________极，黑表笔分别接________极、________极时的电阻为数十欧姆（正向阻值）；黑表笔接________极，红表笔分别接________极、________极时的电阻为数十千欧姆（反向阻值）。若正向电阻为________，说明 PN 结________；若为∞，说明 PN 结________。

判别晶体管引脚：将万用表置 R×1kΩ 档，用黑表笔接晶体管的某一引脚（假设为基极），用红表笔分别接另外两个引脚。若表针指示的两次阻值都很________，调换表笔再测时，阻值都很________，则此管为________管，假设的引脚为________极；若表针指示的两个阻值都很________，调换表笔测得的阻值很________，则此管为________管，表笔

固定的引脚为________极。将万用表两表笔分别接除基极之外的两电极。若为PNP型管，用一个100kΩ电阻接于________极和________表笔之间，可测得一个电阻；将两表笔交换，同样在________极和________表笔之间接100kΩ的电阻，又测得一电阻值，两次测量中阻值较________时，红表笔对应PNP管________极，黑表笔对应________极。

四、实训小结

____

____

____

____________________________。

实训项目 12　汽车收、放音机的检修

车辆型号	车辆识别代码	音响型号

一、实训目标

1. 了解汽车收、放音机检修之前的准备工作。

2. 掌握汽车收、放音机检修的基本方法。

二、知识准备

1. 熟悉各元器件__________，将电路原理图中各部分__________及__________与其实际安放位置对号。

2. 准备常用配件，包括__________、__________、__________、__________、__________等，以便替换。准备一个具有__________V 及__________V、__________A 的稳压直流电源和一对__________W、__________Ω 的扬声器箱。

3. 维修时，不要轻易怀疑元件__________，更不要轻易动__________，可先检查__________、__________之间是否松动，而造成接触不良。

4. 故障现象与故障部位对应表

故障现象	故障可能部位
完全无声	
放音正常，FM 收音无声	
收音正常，放音无声	
放音正常，AM 收音无声	

5. 画出收、放音机的电路原理框图

三、操作步骤

1. 完全无声。检查________是否断线或________是否脱落或不良。

2. AM 与 FM 收音部分均收不到台。用一根________m 左右长的________插入音响的天线端代替天线，此时若能收音，说明故障原因是________或________。

3. 放音无声、收音正常。观察机械传动部分是否驱动磁带或碟片运动，________是否紧贴磁带运行，________是否到位。若正常，则故障大都发生在________、________或________等处。反之，应重点检查________及________。

4. 收音或放音均时有时无。旋动音量控制电位器。若在某一位置时，时有时无现象消失，则故障是由于________引起的。

5. 某声道无声。检查是否收、放音均会出现此现象，若均如此，则故障通常发生在________及________。若收音正常，放音时某一声道无声，则故障发生在________及其________。若调幅收音正常，调频立体声音时某一声道无声，则故障大都发生在________。

6. 整机不工作。故障部位及原因在________、________、________、________。

7. 收音正常，放音音小。故障部位及原因为________、________、________。

8. 一个声道正常，一个声道收放音均不响。故障部位在不响的________。

9. 放音走带，收、放音均不响。故障出在________。

10. 收音响，放音不响。故障部位在________。

11. 放音正常，收音不响。故障部位在________及________。

四、实训小结

____

____

____

____。

实训项目 13 汽车 CD 唱机的检修

车辆型号	车辆识别代码	音响型号

一、实训目标

1. 掌握汽车 CD 唱机的检修注意事项。

2. 掌握汽车 CD 唱机的检修方法。

二、知识准备

1. CD 唱机故障类型主要有________故障、________故障和________故障。

2. ________由于长期处于高温工作环境，易出故障，是检修判断故障的重点。

3. 不要随便调整电路板上的________。打开机盖后，不要随手调整________。这些电位器是在机器出厂时________。

4. CD 唱机的机械调整包括________和________。

5. CD 唱机光学电路部分调整包括________、________、________、________、________、________和________。

三、操作步骤

1. 检修 CD 唱机放音机芯部分

不读碟：故障主要在________。可能是________、________或________等。

显示无曲目和分秒计数或计数不稳：由于碟片已经转动，说明激光拾音器________、________、________均无问题，故障主要是由________、________引起或________存在故障，需进行调整或检修。

2. 检测激光拾音器电路

激光二极管或其供电电路不良，会使激光拾音器无________发出，读不出光盘________，CD 唱机显示________。

检测进给系统和聚焦环路。装入光盘或空的托盘进机舱后，应先有________动作，然后有________动作。若无________动作，应先检查________及其________，再检查________，主要是测其各引脚的________。

3. 检测系统控制电路

若 CD 唱机不能________、某些动作________或操作________等，则表明系统控制电路工作失常，其故障原因有________、________或________等。检查时，先检查电源供电电路________，再检查系统控制电路的________及________，最后检查________，尤其是________。

4. 开机放入唱片后，激光拾音器不动作。故障原因：________、________、________、________。

5. 放入唱片开机后，显示“NO DISC”，不能读出总曲目表。故障原因：________、________、________、________。

四、实训小结

____

____

____

____________________________。

实训项目 14　汽车 VCD 影碟机的检修

车辆型号	车辆识别代码	音响型号

一、实训目标

1. 掌握汽车 VCD 影碟机的检修流程。

2. 掌握汽车 VCD 影碟机的检修方法。

二、知识准备

1. 检修 VCD 激光影碟机时，可借鉴检修________的方法。

2. 当 VCD 出现故障时，先判断________部分是否出现故障，________是声像的公共通道。

3. 当故障在 VCD 时，应根据________和________的有无进行故障部分划分。当________全无时，应检查________和________。检修声像全无的故障时，还应考虑______和__________。

4. VCD 的常见故障有________和________等。

三、操作步骤

1. 碟片不旋转

观察激光拾音器组件的________、________和________情况。激光拾音器进入内圈时，聚焦物镜应做________动作，同时激光管点亮呈________色。主轴电动机若存在________趋势，则可将检修判断位置移到________。

2. 无法读取目录信号

检查激光组件滑动机构，在主轴电动机________时，激光组件离开原来静止的起始位置________，激光拾音器________目录。若检查时发现主轴电动机________后，激光组件很快由________向________滑行，说明________存在故障，可进一步检查滑动机构是否________、________。

RF 波形必须符合要求，注意眼图菱形孔的________程度。若 RF 波形图________或幅值偏________，应检查________，包括________和________。若 RF 波形正常，可检测数字信号处理内的________是否正确，若________偏移过多，会使锁相________，以致影响位同步信号的________。

四、实训小结

____

____

____

________。

第 5 章

汽车音响改装实用技术

学习目标：

- 了解汽车音响改装的前期准备工作。
- 了解汽车音响部件的拆解方法。
- 掌握汽车音响改装中的隔音处理技术。
- 掌握汽车音响的布线方法。
- 掌握汽车音响调音方法。
- 能正确设置功率放大器分频点。
- 结合实例进行汽车音响调音测试。
- 了解汽车音响低音箱制作方法。
- 掌握汽车 CD 改 VCD 的技术。

汽车音响改装技术不仅影响到汽车音响的表现能力及使用寿命，还影响到汽车本身的其他线路、外观及功能。汽车音响改装是一门艺术，应能满足人们视觉和听觉上的双重享受。

5.1 汽车音响改装

汽车音响改装设计与装配流程如图 5-1 所示。

5.1.1 前期准备

① 车辆检查。打开车门，检查要拆卸的部位有无撬痕及其他损伤；起动发动机，检查汽车仪表显示是否正常，空调工作是否正常，灯光是否正常。若换装音响系统中的某一部分（如扬声器等），则需测试不换装部分是否完好。

② 检查准备安装的音响。确定准备安装的音响完好无损，配件齐全，并集中存放、保管。

③ 了解需安装的部位及走线部位。

④ 配线的选择与准备。线材电阻越小，线材消耗的功率越少，系统效率越高。

举例：功率放大器的功率为 100W，扬声器阻抗 R_S 为 4Ω，线材电阻 R_L 为 0.5Ω（图 5-2），则扬声器上实际分配的功率为：

$$100 \times R_S/(R_S + R_L) = 100 \times 4/(4 + 0.5)\text{W} = 89(\text{W})$$

因线材损失的功率达到 11%。

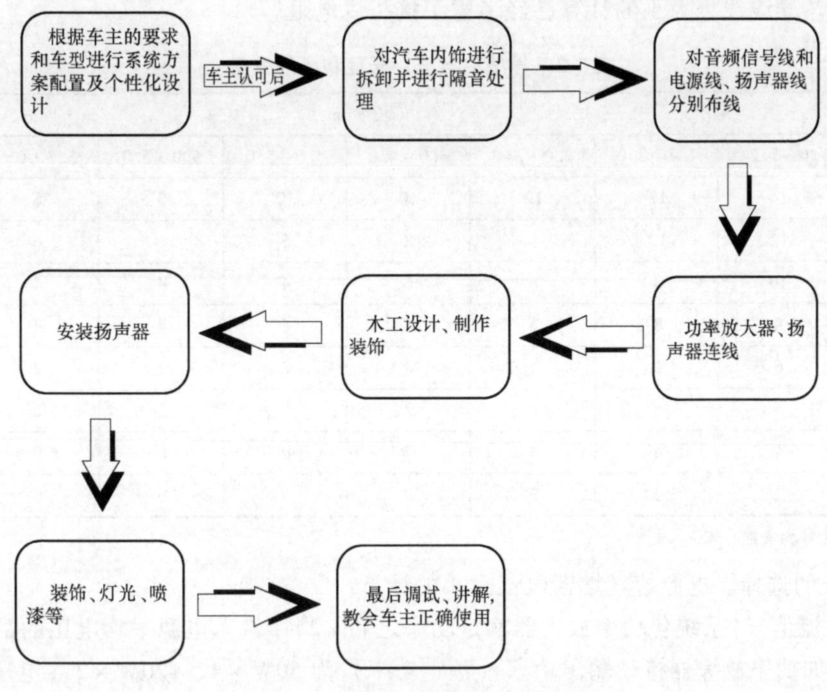

图 5-1　汽车音响设计与装配流程

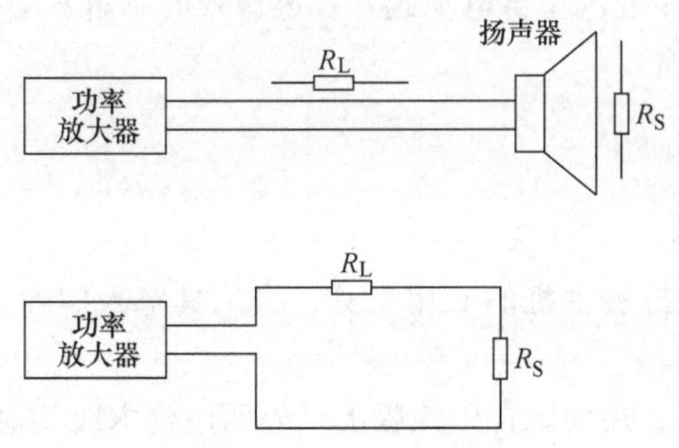

图 5-2　功率放大器电路

线材电阻越小，阻尼系数越大，扬声器的赘余振动越少。线材的横截面积越大，电阻越小，其容限电流值越大，见表 5-1。线材的容限电流越大，则容许输出的功率越大。

若导线上允许有 0.5V 的电压降，则线号的选择见表 5-2。若使用铝线或镀锡线，线号

表 5-1　无氧铜线材横截面积和电阻、容限电流的关系

横截面积/mm^2	电阻/(Ω/m)	容限电流/A	线号(g)	横截面积/mm^2	电阻/(Ω/m)	容限电流/A	线号(g)
0.5	0.0327	12	16	22.0	0.000806	133	4
0.85	0.0208	16	14	30.0	0.000520	168	3
1.25	0.0143	21	12	50.0	0.000337	220	2
2.0	0.00881	28	10	60.0	0.000287	243	1
5.0	0.00352	51	8	85.0	0.000215	300	0
15.0	0.00138	78	6	100.0	0.000168	356	00

注：线号代号为 g。

还应更小些。导线线号大小的计算已经考虑了接头线电阻。

表 5-2 导线的电流、长度和线号关系

总电流/A	长度/m							
	0~1.2	1.2~2.0	2.0~3.0	3.0~4.0	4.0~5.0	5.0~5.7	5.7~6.6	6.6~8.4
0~20	14	12	12	10	10	8	8	8
20~35	12	10	8	8	6	6	6	4
35~50	10	8	8	6	4	4	4	4
50~65	8	8	6	4	4	4	4	2
65~85	6	6	4	4	2	2	2	0
85~105	6	6	4	2	2	2	2	0
105~125	4	4	4	2	0	0	0	0
125~150	2	2	2	0	0	0	0	0

注：线号代号为 g 或 AWG。

⑤ 熔丝的选择。电源熔丝熔断电流大小的计算：

熔断电流值 =（系统各功率放大器额定功率之和 ×2）÷ 汽车电源平均电压的平均值

举例：如功率放大器持续输出功率（额定功率）为 60W×4、120W×2（电压 14.4V），则熔断电流值为：(50×4+120×2)×2/14.4A=66.6A，电源可选用 66A 熔丝。

主电源线的熔丝盒越靠近汽车蓄电池越好。电源线的总熔丝必须在全套设备安装完成并检查完好后，再装入熔丝盒。

5.1.2 部件拆解

1. 中控台音源主机位

① 有些车型原车配有拆装主机的专用工具，将工具塞入拆除主机预留的缝隙，感到工具卡上后用力拉出。

② 有些车型使用螺钉直接固定在中控板上，外面用桃木或其他饰条盖住螺钉。拆卸时，先将饰条撬下，再拧下螺钉，即可拆下主机。

③ 部分低档车的主机装法不规范，有时需拆下整个仪表板面板，而且主机位尺寸大都偏小，安装时需要扩大主机位孔。

拆卸高档的原车主机时，应注意其音响多数都有防盗密码，一旦断电，主机将被锁死。解决方法如下：

① 每辆车的主机都有一张密码卡，通常放在车内的杂物箱内侧或行李箱放备胎处，找到密码，在主机上输入密码即可解码。

② 通电 1h 以上，有些车会自动解码，但车和主机必须是原装的。

③ 用车钥匙反复若干次开启、关闭车门。

④ 询问经销商，在经销商处获取密码。

⑤ 找专门的主机维修点，清除主机内密码记忆元件或 CPU 记忆。

2. 车门内饰

若要在车门上加装或换装扬声器，则需拆除车门内饰板。首先要清楚车门内饰板的结

构，以确定从哪里入手。通常，低档车的内饰板多数只有一块蒙布或人造革的纤维板，结构较简单，只要先将摇窗器把手及开门把手拆下，其余基本为塑料扣，扣件不太紧，依次拆下即可。对于高档汽车，先拆除装有中控开关、电动窗开关等控制件的面板，然后拆下固定螺钉，用薄毛巾包住一字旋具，插入扣件，依次在靠近扣件处撬起。某些车型，装有各种开关的控制件和车门内饰板是一体的，不能撬动，拆卸时应注意。

3. 两侧踏脚板边条

拆除两侧踏脚板边条，主要用于布线。大部分轿车的踏脚板边条用扣件固定，靠近扣件处从车内向车外撬。拆时应注意相关内饰件之间的关系，大多数踏脚板边饰条两头都被其他饰件压在下面，应根据实际情况做出正确判断。越野车通常由自攻螺钉固定，比较容易拆除。

4. 后座平台饰板

部分车型的后置扬声器安装在后座平台上，拆除后座，若平台上有高位制动灯，则先拆下高位制动灯。用卡子固定的高位制动灯，只要用力向后推即可拆下。用螺钉固定的高位制动灯，从行李箱中找到螺钉拧下即可拆下。拆下高位制动灯后，将平台上的扬声器拆下，再将平台饰板向内拉出。

5. 中央通道

当对音响系统要求较高时，则从中央通道走线中拆下 RCA 信号线，使其不受任何干扰。中央通道通常由螺钉固定，左右对称。大多数由两到三节组成，应注意拆除顺序。

6. 前座椅

前座椅通常不用拆，但若要在前座椅头枕上加装显示器，则需要拆卸。前座椅通常有三种装法：

① 前面有一个止推螺钉，后面为滑槽。只要拆下后面滑槽上饰块或饰条，再拧下前面止推螺钉，拉起滑动扳手，将整个座位向后推出即可。

② 四角用四颗螺钉固定。只要拆开四颗螺钉即可。

③ 一头为螺钉固定，另一头由钩子钩住。拆下一头的两颗螺钉，从另一头的两个钩子中退出即可。

7. 后座椅

后座椅的座位和靠背是分体的，其座位用两颗螺钉固定，也有用卡扣固定的。卡扣固定的只要抓住卡扣附近用力向上提即可脱出。用四根头枕撑杆套管固定的后座椅比较难拆，用小旋具在套管的弹出部位，将其往管内方向推，再用大旋具将套管撬出。四个套管撬出后，可将靠背提出；也有在行李箱内用两颗螺钉固定的或在靠背顶端有两个拉杆，这两种后背都是可翻的，若翻下即可满足安装要求，则不必拆卸。另有部分靠背是组合的，拆时应注意次序。

对于配置安全气囊的车辆，在拆除座位后，尤其是前座，严禁再起动汽车。因为安全气囊的一组检测线在座位下有一插头，拆卸座椅时需要拔下插头，若此时起动汽车，仪表板上气囊故障灯会亮起，表示气囊有故障。

8. A 柱

A 柱主要用于安装高音设备。A 柱由扣件固定，要小心撬动。

5.1.3 汽车音响改装中的隔音处理

噪声的穿透力很强，可透过汽车的门、窗、行李箱、地板、车顶等部位渗透到车内。汽车噪声按传播途径可分为结构噪声、空气噪声、共鸣噪声，根据噪声声源的产生可分为风噪、路噪、发动机噪声、外环境噪声等。

治理结构噪声，可应用减振措施以降低介质的共振频点。通过对车体金属板（如车门、地板、行李箱等部位）加装减振产品，使整个车体更加坚固，降低车体的共振频率，同时提高车体金属面板的声耗因数，将振动能转化为热能，有效阻隔外来噪声的侵透，从而达到降噪的目的。

消除汽车室内共鸣声主要靠吸音措施。共鸣噪声是通过室内噪声作用与汽车壁板引起反射而形成的。共鸣噪声主要运用吸音产品进行治理，合格的吸音产品里有开口和闭口的吸音腔，可有效吸收和消耗声能，将声波转化成热能。通过应用吸音材料对汽车室内的混响共鸣噪声进行有效的吸收，消除共鸣噪声，从而有效降噪。

解决空气噪声主要靠密封措施。汽车在高速行驶时，空气与汽车之间将产生很大的运动摩擦，若车体密封不严，高压气体很容易通过缝隙（安装管线的孔洞、锈蚀的空洞、车门的间隙等）进入车内，产生空气噪声。应用汽车密封条填补缝隙，将车门、行李箱盖与车体紧密结合，增强汽车气密性，可有效地减少空气噪声进入汽车室内。

对扬声器在车体的安装缺陷，可通过隔音施工时对车体的减振处理来解决。扬声器安装在薄弱的车体金属面板上，发声时会和车体金属面板发生共振产生杂音，使音质失真，降低音响效果。同样，安装在行李箱里的扬声器发声时，行李箱薄弱的铁皮很容易因低音声能抖动，部分声能被转换成热能消耗掉，同时还会带来相应的板材敲击声，污染原有的音色。

在解决噪声的同时，充分考虑在隔音改装的同时改善音响安装的缺陷，在车门、行李箱进行特殊的减振、降噪处理，消除扬声器因共振产生的杂音，还原失真音色；并将行李箱变为稳固的箱体结构，使扬声器发出的声能不易振动汽车箱体，使更多的声能反射到驾驶室内，直接提升音响原有的声压级，无需加装更多的功率放大器和扬声器，可享受到更震撼的低音效果。隔音工程能使扬声器在车内安装的天然缺陷得到弥补。

对车内噪声的高、中、低频分别进行评价，好的声学材料可以将车内噪声平均降低7dB，最高可降低13dB左右。

5.1.4 汽车音响布线

1. 音频信号线的布线原则

① 用绝缘胶带缠紧音频信号线接头处，确保其绝缘，如图5-3所示。

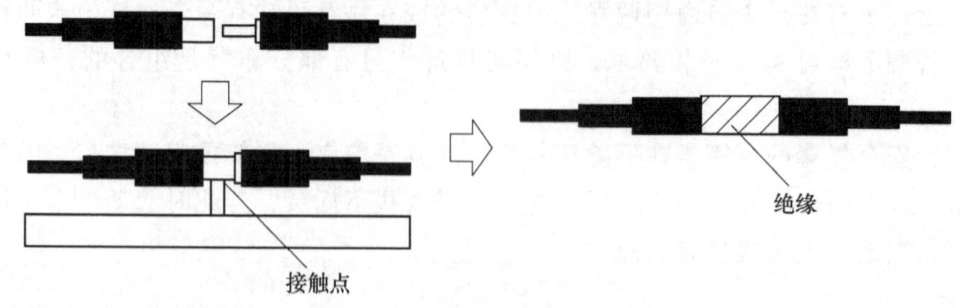

图5-3 音频信号线接头的处理

② 使音频信号线尽可能短。音频信号线越长，越容易受到噪声信号的干扰，如图5-4所示。

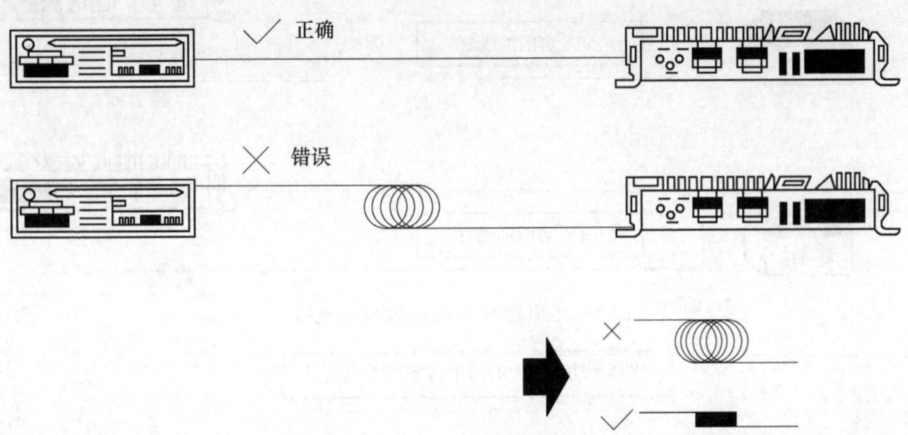

图5-4　音频信号线的布线

③ 音频信号线的布线要离开车载电脑单元和功率放大器的电源线至少20cm。若布线太近，音频信号会拾取到感应噪声。若音频信号线和电源线需要互相交叉时，最好以90°相交，如图5-5所示。可将音频信号线与电源线分开布在驾驶座和前排乘客座两侧，如图5-6所示。

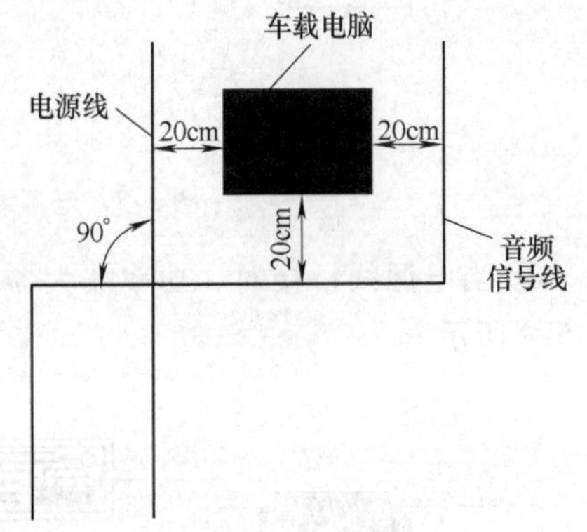

图5-5　音频信号与电源线相交布线

2. 电源线的布线原则

① 选用电源的电流容量值应等于或大于与功率放大器相接的熔断电流值，如图5-7所示。若采用低于标准的线材做电源线，会产生交流噪声且严重破坏音质。

② 当用一根电源线分开向多个功率放大器供电时，从分开点到各个功率放大器布线的长度与结构应相同。将120A容量的电源线分成两股给两个功率放大器供电（图5-8），或用两根单独60A容量的电源线分别给两个功率放大器供电。

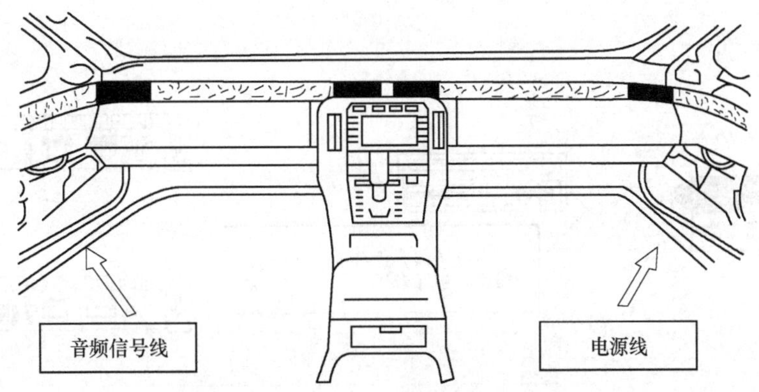

图5-6　音频信号线与电源线分开布置

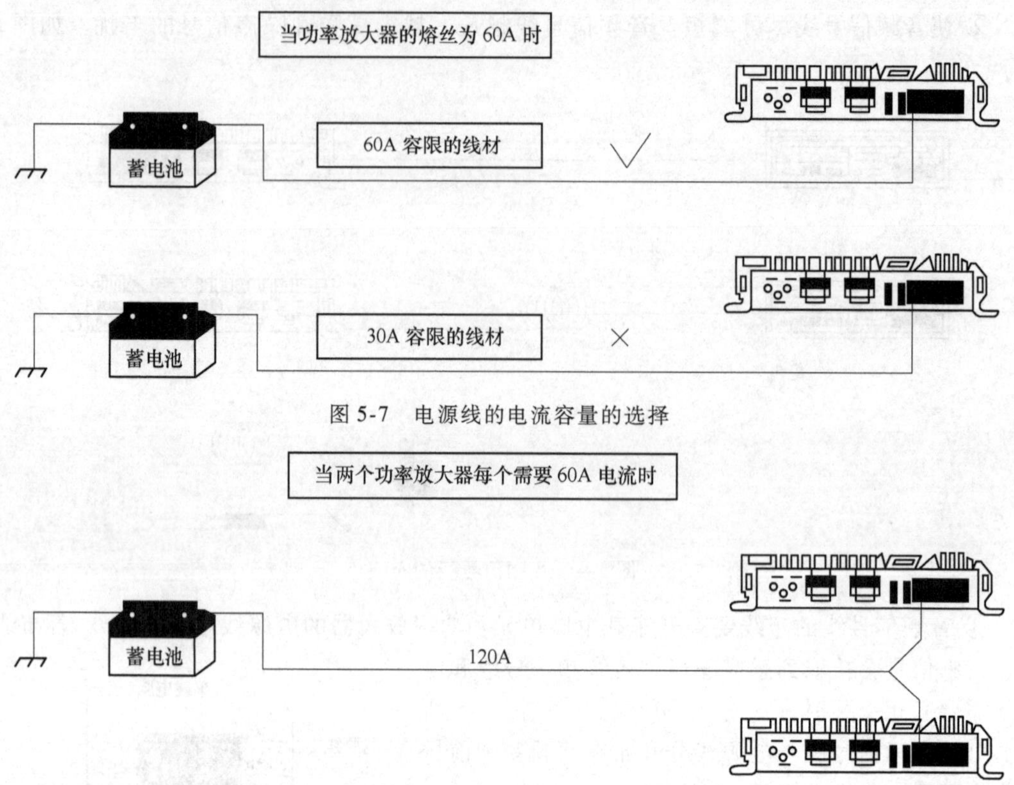

图 5-7 电源线的电流容量的选择

当两个功率放大器每个需要60A电流时

蓄电池

120A

图 5-8 电源线分成两股给两个功率放大器供电

③ 当电源线桥接时，功率放大器之间出现电位差会导致交流噪声，严重破坏音质，如图 5-9 所示。

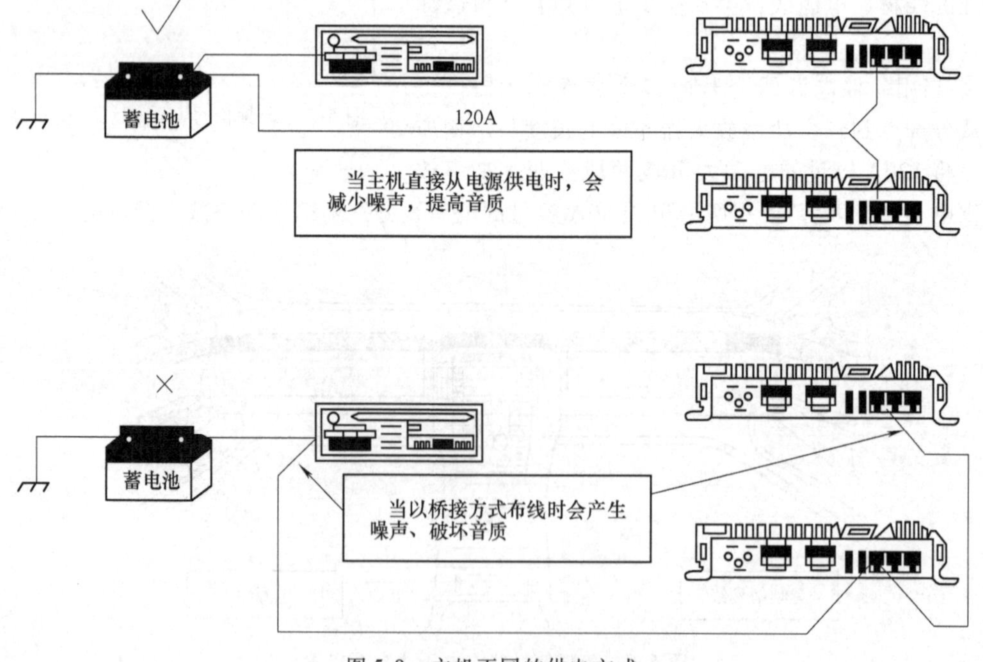

图 5-9 主机不同的供电方式

④ 将蓄电池接头的脏污彻底清除，并拧紧接头。若电源接头很脏或没有拧紧，接头处会有接触电阻，接触电阻会导致交流噪声，从而严重破坏音质。

⑤ 在汽车动力系统内布线时，应避免在发电机和点火装置附近走线。发电机噪声和点火噪声会对电源线产生辐射。

⑥ 在车体内布电源线和布音频线所遵循的原则一致。

3. 搭铁的方法

① 用砂纸除去车体搭铁点处的油漆，若车体和搭铁端之间残留车漆，会使搭铁点产生接触电阻，从而产生交流噪声，破坏音质。应将搭铁线与车体紧固。

② 将音响系统中各个模块的搭铁集中于一处，如图 5-10 所示。否则，音响各组件之间存在的电位差会产生噪声。但主机和功率放大器应分别搭铁。

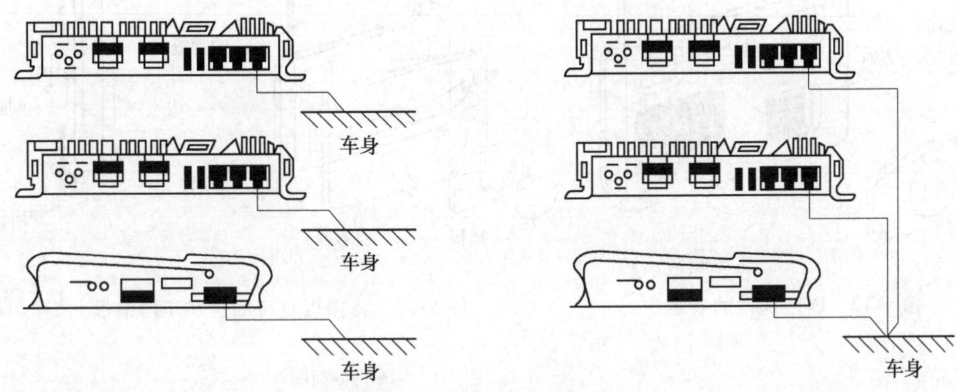

图 5-10　各模块集中搭铁

③ 在电源和搭铁间用粗线材布线，如绞股线，可有效地抑制噪声，提高音质。

④ 不要靠近车载电脑布线。主机搭铁点靠近车载电脑的搭铁点或固定点时，会产生行车电脑噪声。

5.1.5　扬声器和功率放大器的安装

1. 扬声器的安装

将扬声器与安装部位固定，在扬声器和安装部位之间不留间隙，如图 5-11 所示。尽量

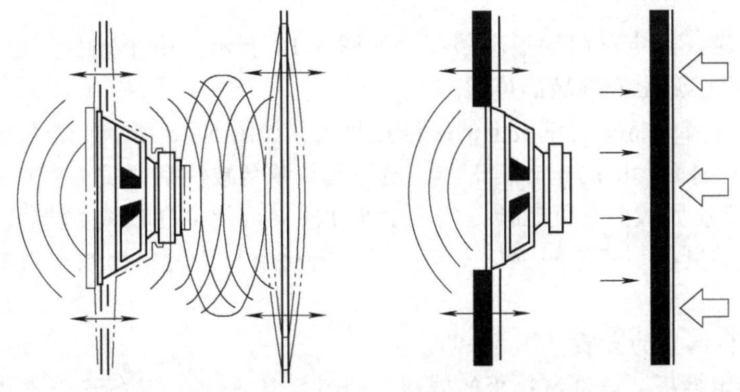

图 5-11　扬声器的安装

减少安装扬声器部位周围的振动。若扬声器本身产生振动，则与其相连的钢板也将产生振动，会影响音质。

（1）前门部件的安装（图 5-12）。

① 挡板的固定。将挡板直接固定在车门的钢板上，如图 5-13 所示。可利用加强表面来提高刚性尚不充分的部分，如图 5-14 所示。将挡板固定在车门钢板上，可提高钢板部分的刚性，抑制共振。音质在低频表现出质感，中高频域更清晰，可改善由于钢板共鸣（共振）而引起的失真。

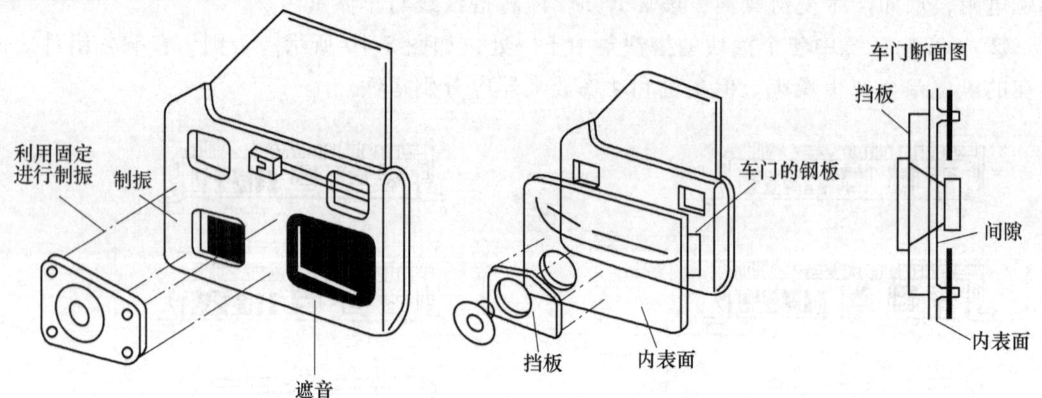

图 5-12　前门部件的安装

图 5-13　将挡板直接固定在车门钢板上

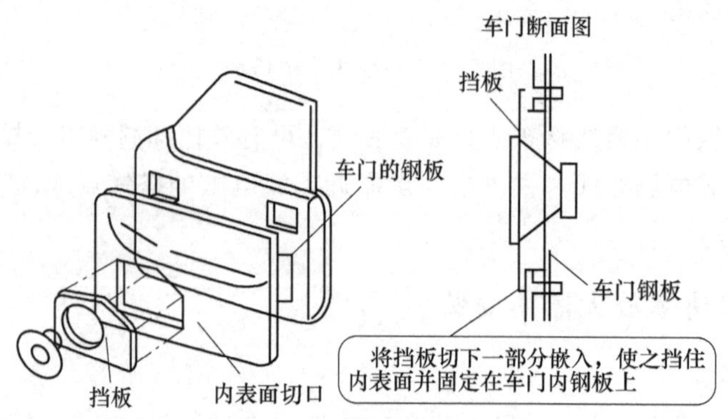

图 5-14　挡板嵌入车门钢板

② 螺钉的固定。固定车门钢板和挡板，如图 5-15 所示。由于减少了车门钢板的共鸣，可降低失真感，可感觉出低频域的迫力感。

③ 维修孔的遮音。将车门钢板上的维修孔封闭，如图 5-16 所示。若从扬声器背面发出的反相的声音与从前面发出的声音相干涉，使得低频域衰减特别严重，则利用铅板或铝板等将维修孔封闭。音质频域向更低延伸，能产生速度感，可使中高频域更清晰。

④ 车门钢板的制振。若车门钢板发生共振，则利用制振材料抑制车门钢板的共振，如图 5-17 所示。

（2）后车窗台部分的安装（图 5-18）。

① 用螺钉固定挡板，以抑制挡板的振动，如图 5-19 所示。从扬声器的周围向中央部分边听边调整。若完全固定住，低频域将向下延伸，且不漏声音。若减少螺钉固定点，则低频

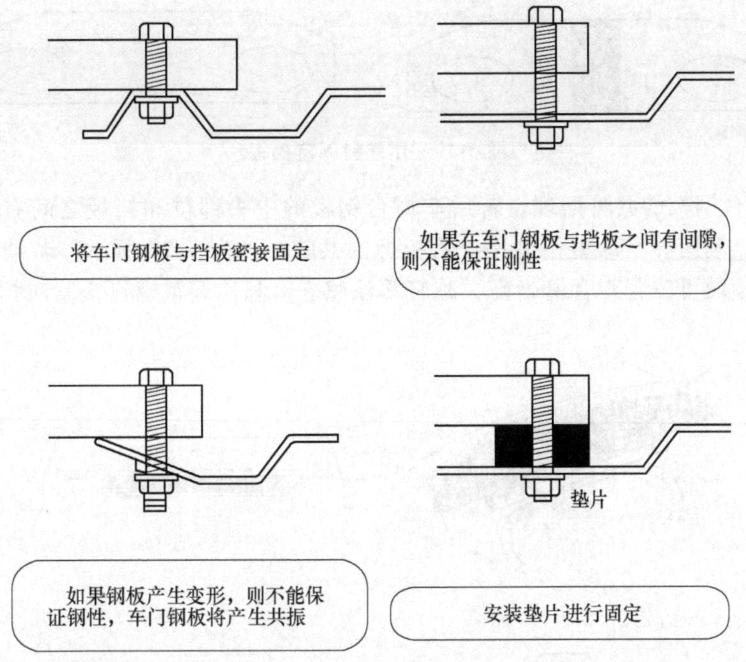

图 5-15　固定车门钢板和挡板

域不能向下延伸，易在低频域产生低鸣声。

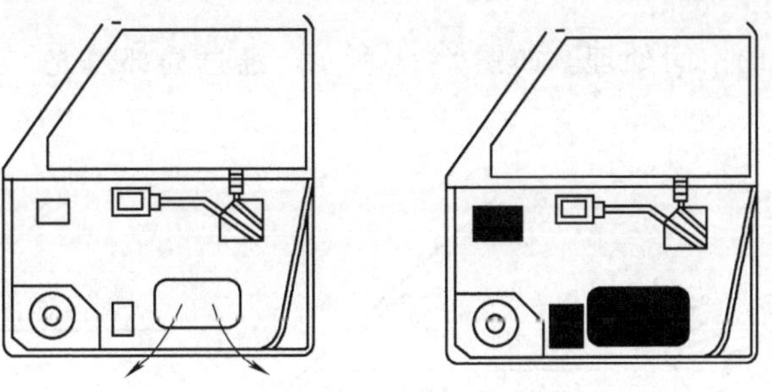

图 5-16　封闭车门钢板上的维修孔

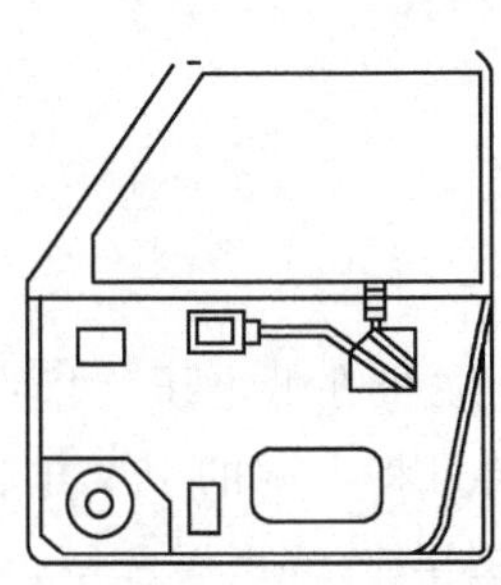

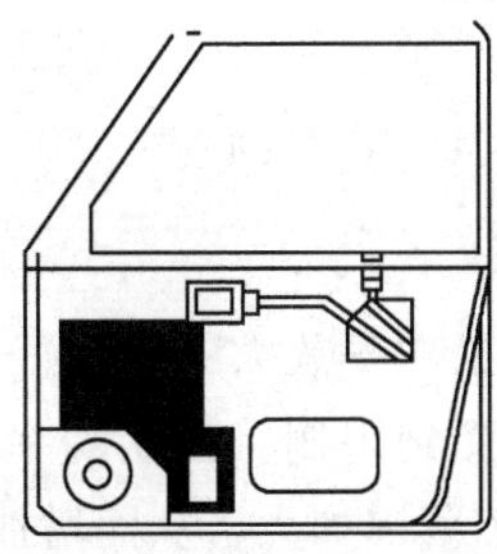

图 5-17　加贴制振材料

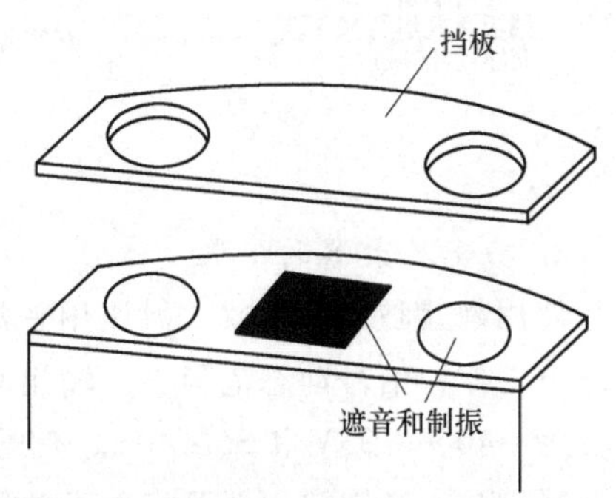

图 5-18　后车窗台

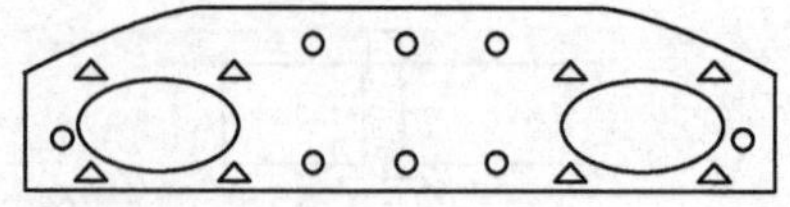

图 5-19　用螺钉固定挡板

② 后车窗台钢板的共鸣处理。若后车窗台钢板的中央部位和挡板之间有较大空隙，钢板易发生共振。利用异丁烯塑料垫片或铅板抑制共鸣，如图 5-20 所示。若使用过多，则声音发紧。在中频域可改善声音清晰度，减轻浑浊感。可利用调整螺钉松紧法抑制共振。

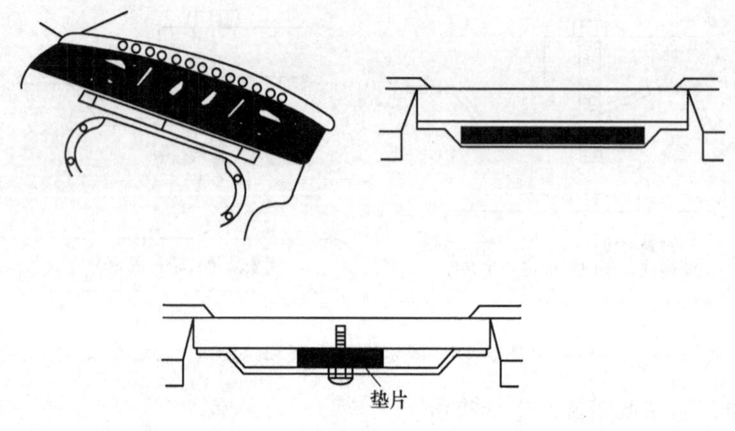

图 5-20　加垫片制振

③ 后车窗台钢板的空间处理。如图 5-21 所示，通过局部填充，可改善低频音域的声音，使其不再浑浊。

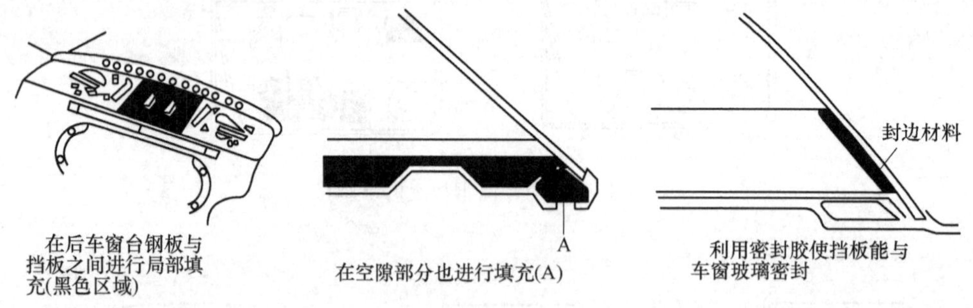

图 5-21　局部填充

2. 功率放大器的安装

使用外置独立功率放大器比用音源内置功率放大器音质好，因为主机在低电压（12V）状态下工作，信号动态范围小，输出功率受到限制。独立功率放大器可将电源的 12V 电压逆变为 -40 ~ -35V 和 35 ~ 40V，信号动态范围加大，从而增加输出功率。

采用独立功率放大器可将由于共用电源而引起的干扰降到最低，从而保证再现完美的音质。选用的功率放大器功率和阻抗应与扬声器的功率和阻抗相匹配，两者的灵敏度也应相对

应，否则效果不佳。

功率放大器的电源工作范围为直流 10 ~ 16V。接线之前先用电压表测量车辆电气系统的供电电压，点火开关关闭状态下，蓄电池电压应在 12 ~ 13.8V 之间。

（1）功率放大器的固定　功率放大器应正面朝上固定，固定位置应保持空气流通，防止潮湿，其周围至少要留有 60mm 的空隙，以延长其使用寿命。避免将放大器固定在超低音箱上。暴露在振动环境下，有可能使功率放大器产生故障。为避免碰伤新功率放大器，可预先打好直径 3mm 的孔，再用螺钉固定。检查安装区域，应避开导线、真空管路、制动管路或燃料管路。

（2）连接

① 前 RCA 输入：将 RCA 连接器连接到音源前面的 LOW LEVEL（低电平）输出端。

② 后 RCA 输入：将 RCA 连接器连接到音源后面的 LOW LEVEL（低电平）输出端。

③ RCA 输出：将 RCA 连接器连接到下一级放大器的 RCA 输入端。

④ 搭铁输入：通过一条电源电缆直接连接到车辆底盘上。

⑤ +12V 输入：通过一条 4g 线电源电缆，再经过同轴熔丝或自动断路器直接连接到蓄电池正极。

⑥ 远端输入：为远端控制功率放大器的开关。当其接通时，12V 电压加到放大器上。若未提供该输入，可将线接于 ACC 位置。

⑦ 熔丝：正确选择指定规格的熔丝。

⑧ 扬声器输出：正确连接扬声器。

（3）功率放大器的操作及控制

① 电源指示灯和状态指示灯（LED）：分别指示电源正常工作或存在任何故障。

② 分频选择器：用于设置分频模式。提供三种选择：OFF（全通）、LP（低频通过）和 HP（高频通过）。

③ 低频通过：当连接到超低音扬声器时，可将低频选择器放在 LP 档，再将分频器频率调在 100Hz 或更低，能过滤掉所有的中频和高频频率。操作错误可能导致扬声器损坏。

④ 高频通过：当连接到小于 6 × 9in 扬声器时，可将分频选择器放在 HP 档，再将分频器频率调在 65Hz 或更高，能过滤掉所有超低音频率。

⑤ 低音提升：在 45Hz 处调节低音提升大小。增益调节范围为 0 ~ 18dB。

⑥ 次声滤波器：滤波频率为 18dB/倍频程。频率设置可以调节，所有低于该频率的超低音频率都被滤除。

⑦ 电平：可以调节输入信号的电平，合理匹配音源与功率放大器。为使控制正确，先将功率放大器电平调至 MIN（最小）端，而音源调至 2/3 音量。同时令 BASS（低音）和 TREBLE（高音）为零。然后缓慢地将功率放大器电平控制调向 MAX（最大）端。若声音失真，可将功率放大器电平向 MIN 端调低。

⑧ 低音控制选择开关：通过调节电位器，在车内可以调节低音的大小。

⑨ 低音控制线插座：控制线用于控制低音控制选择开关。

（4）功率放大器连接实例　如图 5-22 ~ 图 5-26 所示。

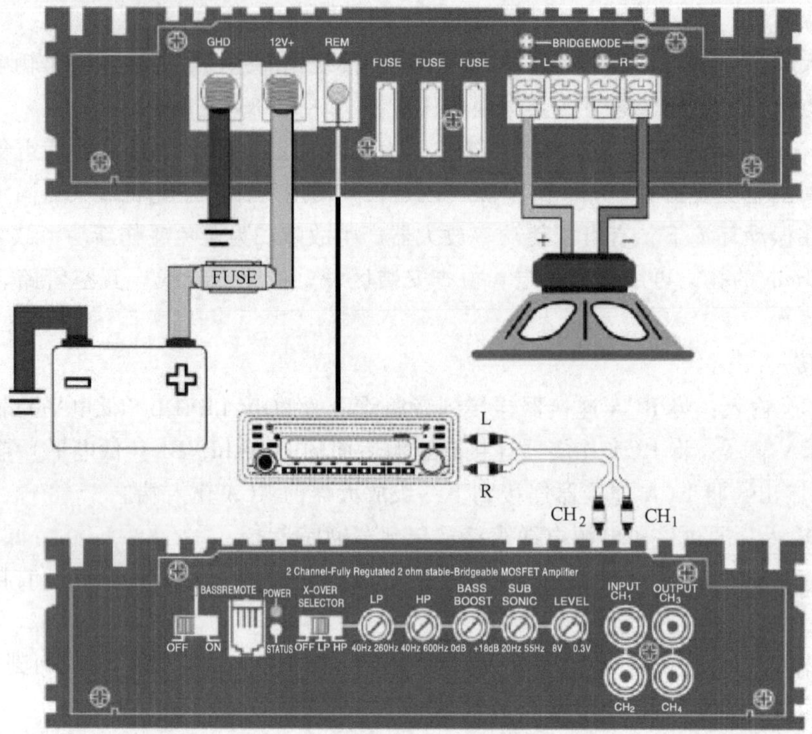

图 5-22　单声道连接（二路功率放大器）

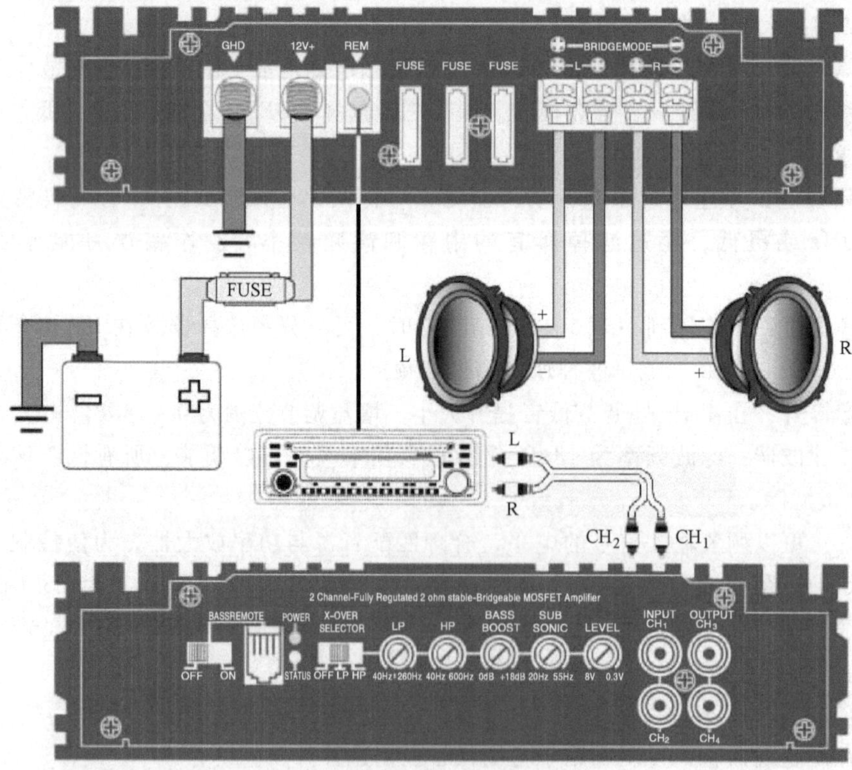

图 5-23　一声道连接（二路功率放大器）

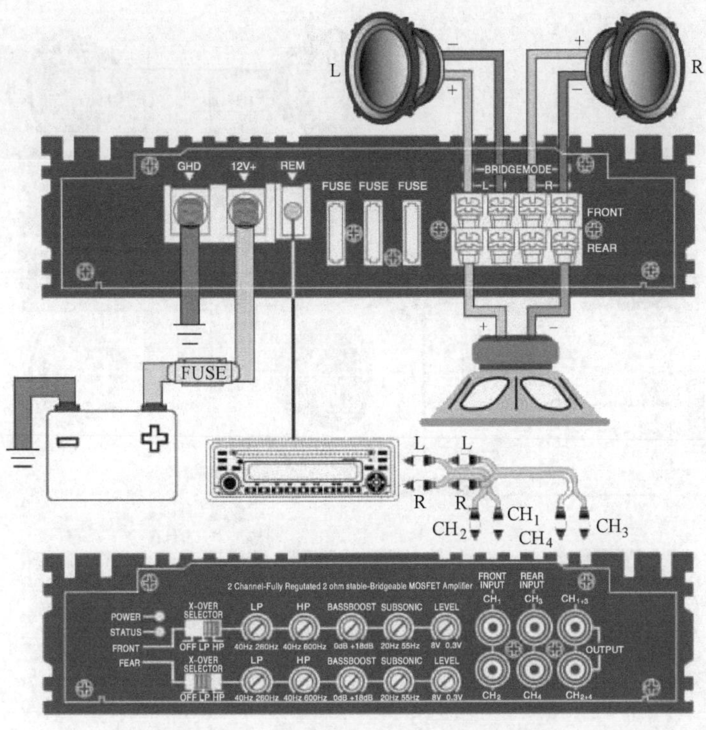

图 5-24　三声道连接（四路功率放大器）

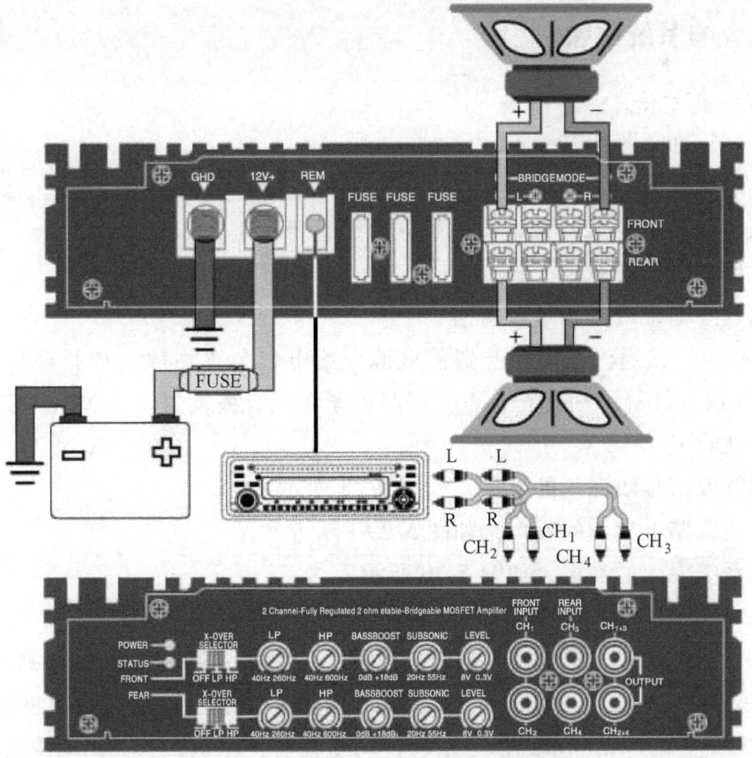

图 5-25　二声道连接（四路功率放大器）

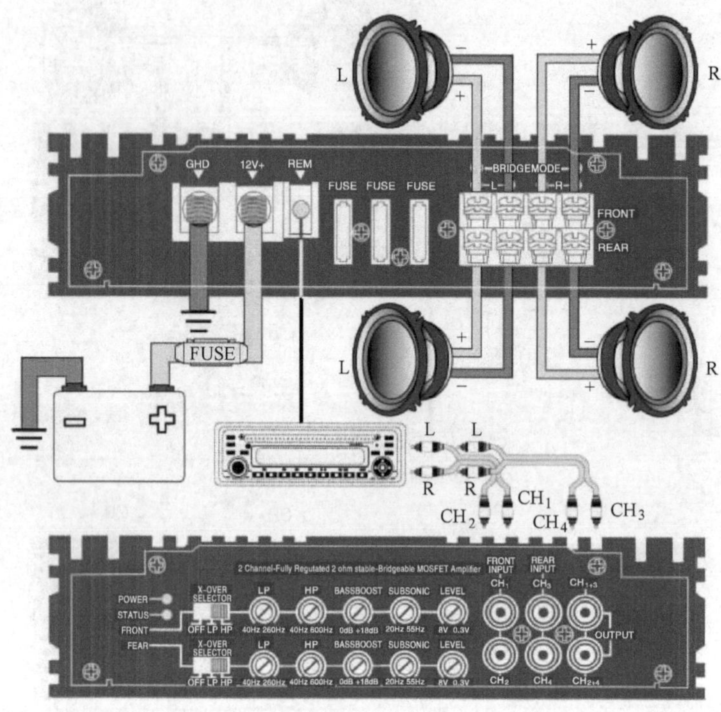

图 5-26　四声道连接（四路功率放大器）

5.1.6　汽车音响系统防噪

1. 噪声的检查方法

（1）检查蓄电池（图 5-27）。

① 蓄电池的电解液是否充足。

② 蓄电池电压是否在 12V 以上，电解液密度是否在 $1.23g/cm^3$ 以上。

③ 蓄电池的电量是否充足。

④ 蓄电池的终端接线端子是否锈蚀。

（2）检查噪声　接通汽车电气装置的电源，给电气装置加载（如打开灯光、空调、电热线、刮水器和信号灯等）后进行检查。同时关紧车门，发动机室盖关闭严实。

2. 噪声产生的途径

① 自电源线或信号线混入的噪声，如图 5-28 所示。

② 自主机或线路上混入的噪声，如图 5-29 所示。

③ 自天线系统混入的噪声，如图 5-30 所示。

3. 交流发电机噪声

（1）确定噪声的混入途径　将声音调大或调小后，确定噪声是来自电源还是信号系统。若噪声不随声音大小变化，噪声来自电源系统或辐射在电线上、蓄电池正极线或附件线路；若噪声随声音大小变化，噪声来自信号系统，偶尔辐射至主机；若关闭电源时听到噪声，打开电源时噪声消失，则为扬声器系统的辐射。

(2) 搭铁检查　检查主机周围，均衡器、分配器、放大器等；汽车配线搭铁会产生噪声，应禁止使用汽车配线搭铁；检查车身搭铁位置是否适合，可改变几个位置调试；检查搭铁线的长度是否合适，应尽量短；检查是否除去了车体接点的油漆；检查终端搭铁线的直径与长度是否合适。

(3) 检查主机周围的电源线和信号线

① 装卸检查如图 5-31 所示。往外拉时，检查是否可听到噪声。若无噪声，则可能为主机等辐射噪声；若有噪声，则可能为线路噪声。将电源线和信号线分开捆束，安装时尽量将电源线和信号线分开，如图 5-32 所示。

② 检查蓄电池正极（+B）和附件（A_{CC}），如图 5-33 所示。确认噪声是在蓄电池正极还是在附件。通常，附件线路上有噪声的可能性大。

③ 使用噪声滤波器防噪，如图 5-34 所示。

④ 附件上混有噪声时，使用继电器消除噪声，如图 5-35 所示。继电器由蓄电池正极供电。

(4) 检查均衡器、分配器和放大器的电源线和信号线

① 配线参照基本布线法进行连接。音频信号线尽可能短，若太长，不能盘绕，如图 5-36所示。

② 使用滤波器时，注意滤波器的安装位置、容量和搭铁。

③ 使用中减少功率放大器输入增益，如图 5-37 所示。

4. 辐射噪声

① 机体及电线等的噪声排除措施，如图 5-38 所示。

② 网络内部线圈上有感应噪声，应改变网络位置或重新给扬声线布线，如图 5-39 所示。

③ 拆下天线，关闭增压器电源。使天线基座的搭铁牢固。

5. 点火器噪声

① 安装前检查。火花塞和高压线应为合格产品，检查是否增装火花塞强化装置，确认噪声是否与音量大小有关系。

② 检查主机周围，均衡器、分配器、放大器等处，改变搭铁位置和安装方法。使蓄电池、发动机、主机的搭铁牢固，如图 5-40 所示。

③ 检查电源线和信号线，应远离点火高压线，如图 5-41 所示。

6. 计算机噪声

调节音响的音量，确定噪声是否与音量大小有关系。检查主机、均衡器、分配器、放大器的搭铁线、电源线和信号线的布线是否远离计算机，如图 5-42 所示。

7. 爆裂噪声

① 安装前的检查。检查是否装备了很多电器单元装置、与其他公司产品的组合状态以及蓄电池电量是否充足。

② 检查各单元电器装置搭铁位置和安装方法是否正确。

③ 检查工作电压与电源电压是否相差太大，附件及电线容量是否足够，遥控线的电流是否足够。使用多个功率放大器时，遥控线电流消耗过大，可利用继电器接入主电源，如图

5-43 所示。与其他厂家的产品组合时，检查电源技术参数是否相匹配。

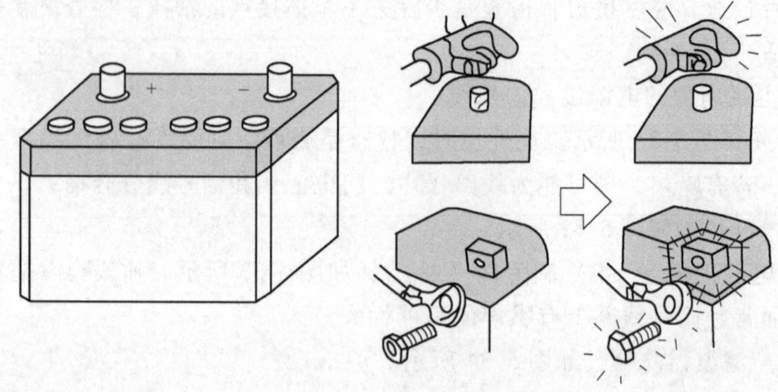

图 5-27 检查蓄电池

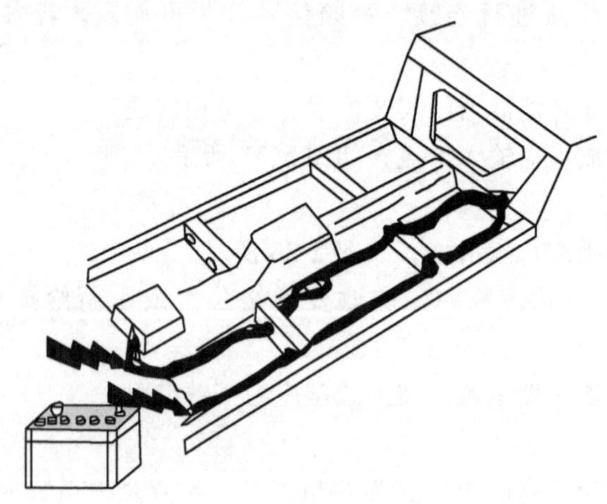

图 5-28 自电源线或信号线混入的噪声

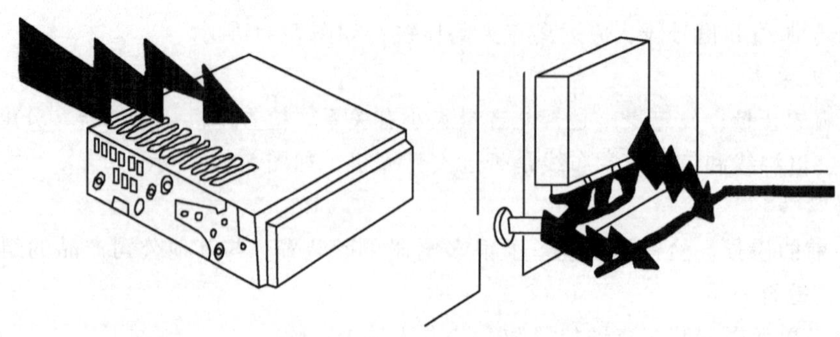

图 5-29 自主机或线路上混入的噪声

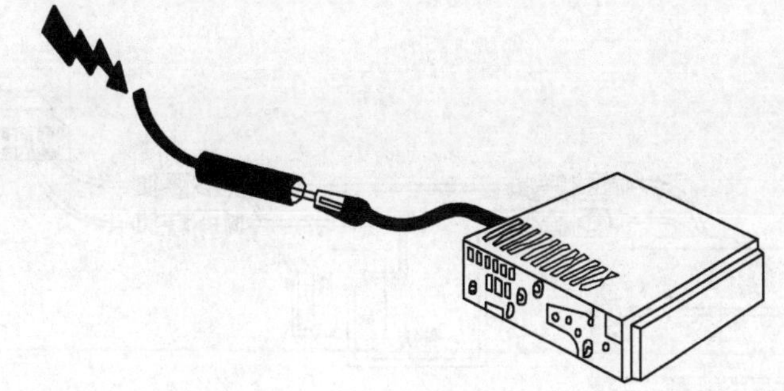

图 5-30　自天线系统混入的噪声

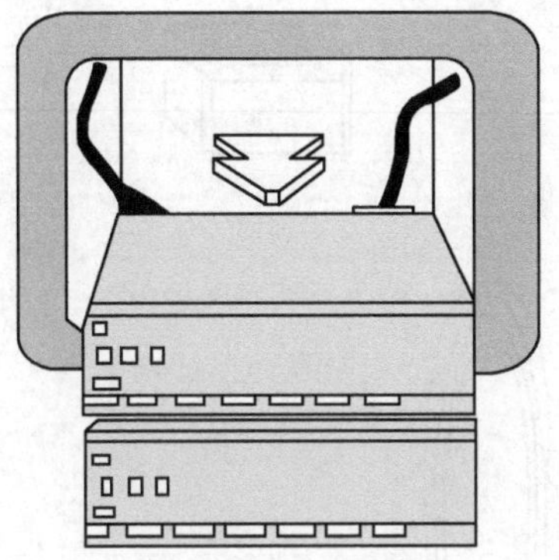

图 5-31　检查主机

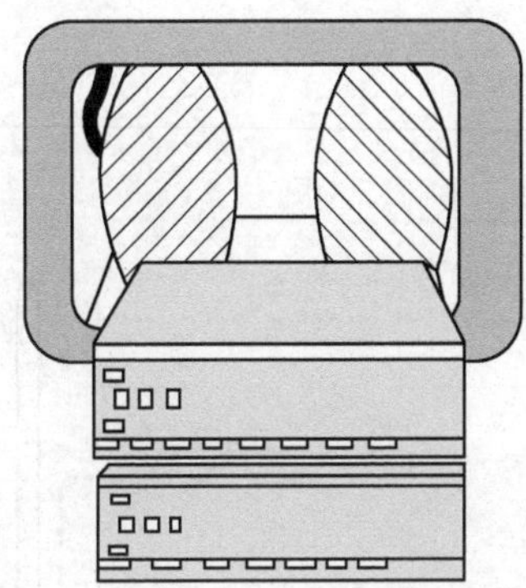

图 5-32　分开线束

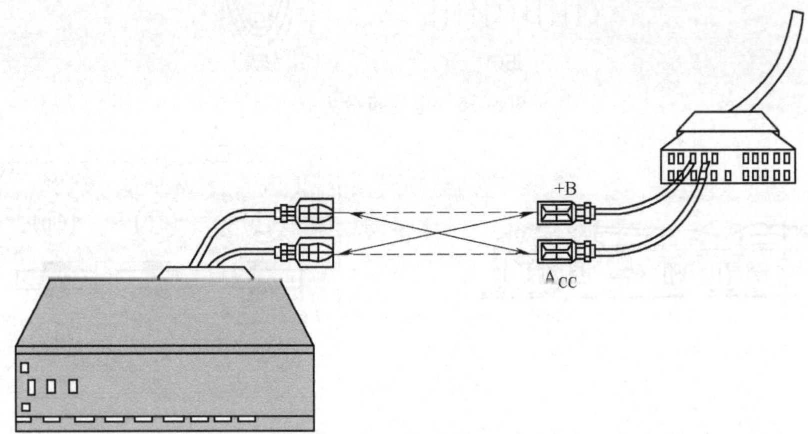

图 5-33　检查附件噪声

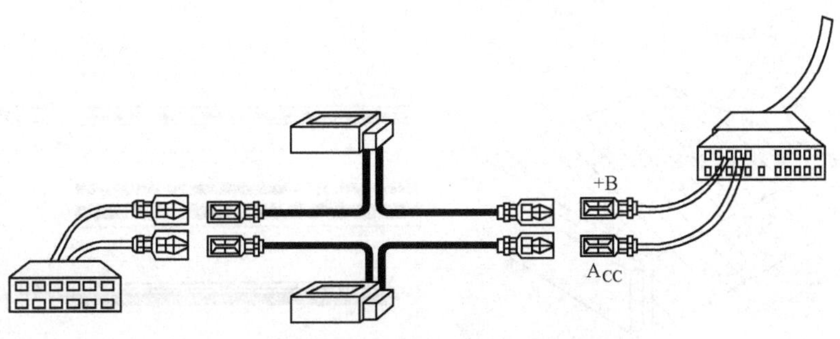

图 5-34　使用噪声滤波器防噪

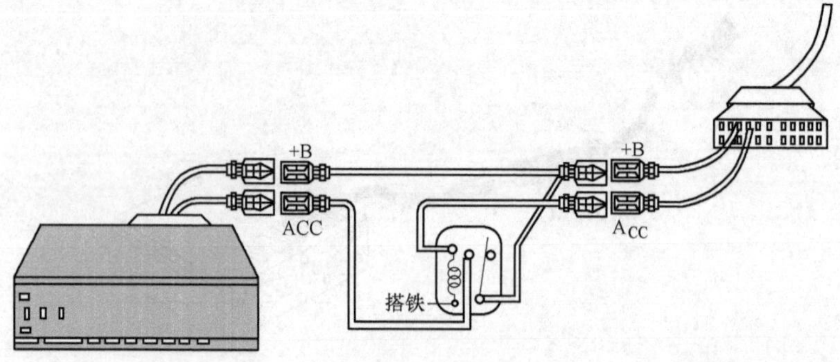

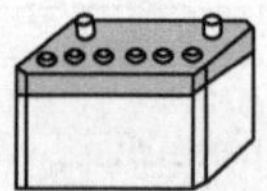

图 5-35　使用继电器降噪

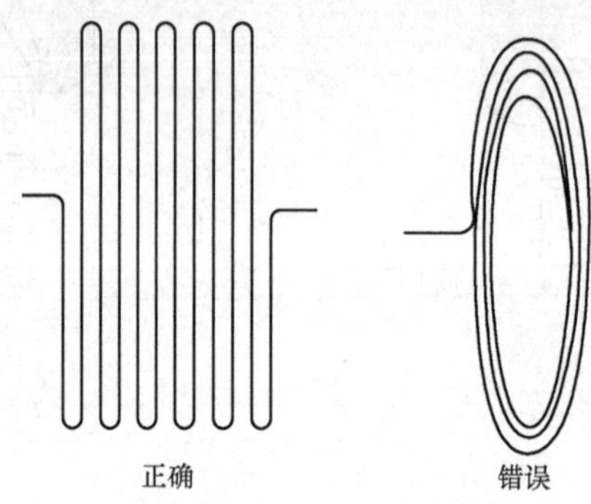

图 5-36　电缆折放方式

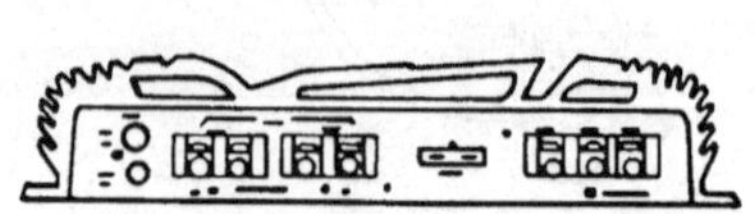

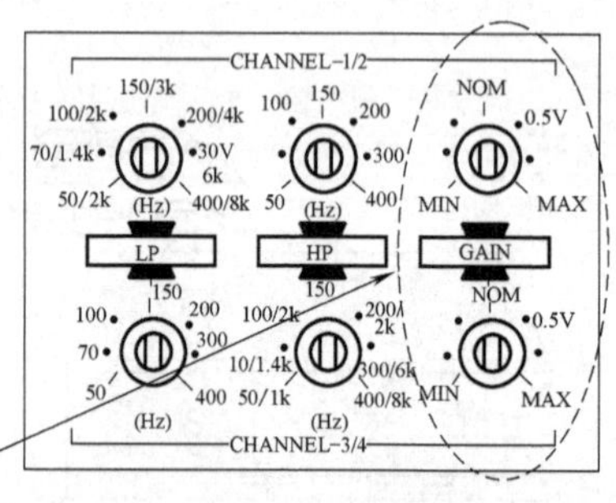

图 5-37　减少增益

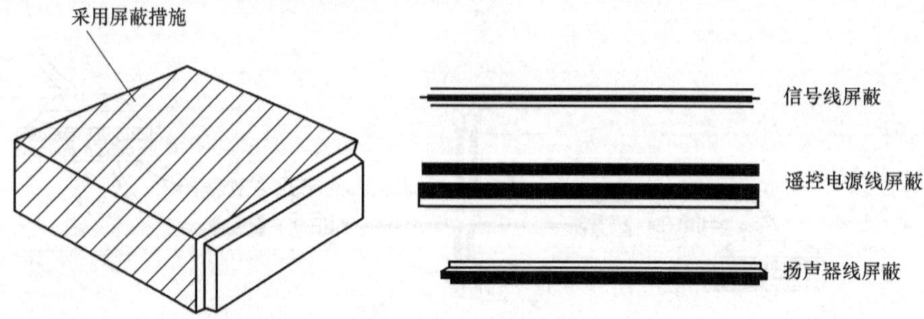

图 5-38　屏蔽防噪

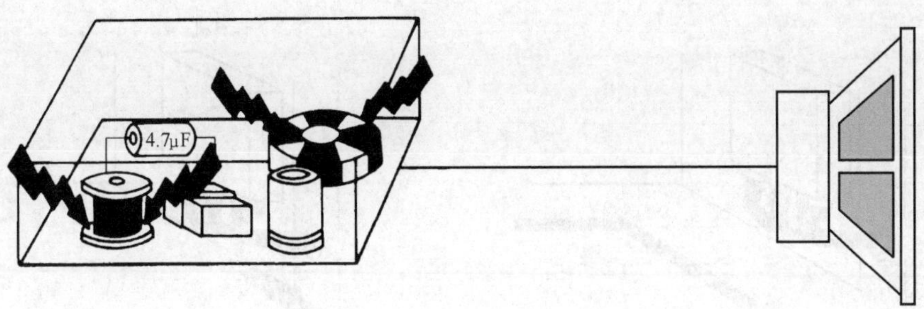

图 5-39　网络内线圈感应噪声

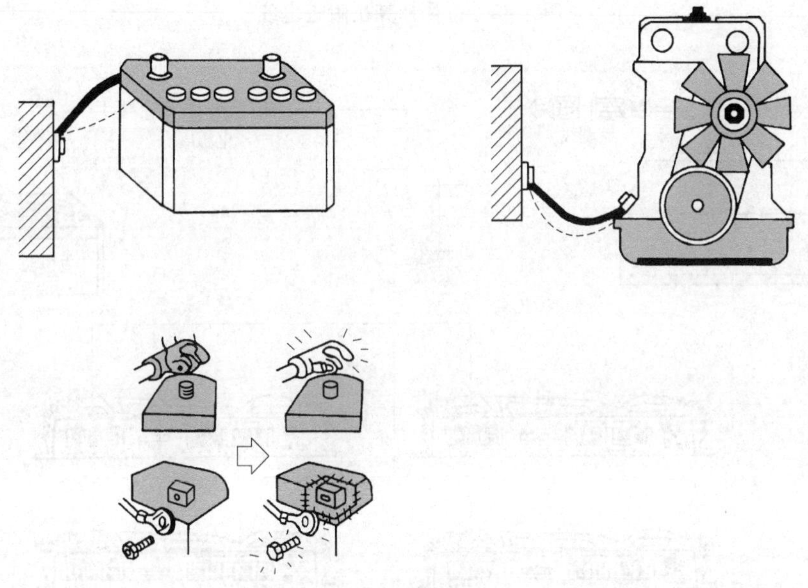

图 5-40　检查搭铁情况

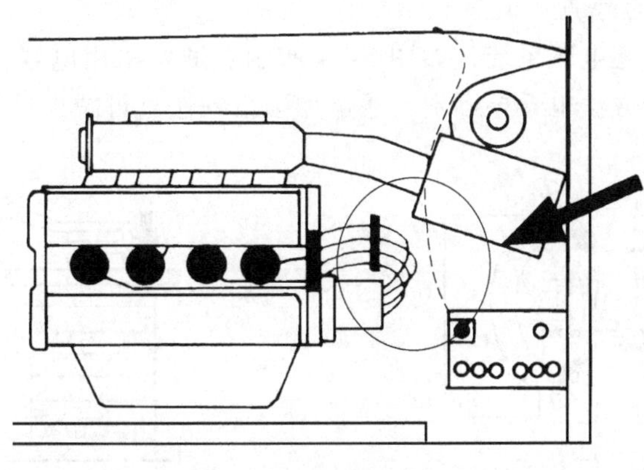

图 5-41　远离点火高压线

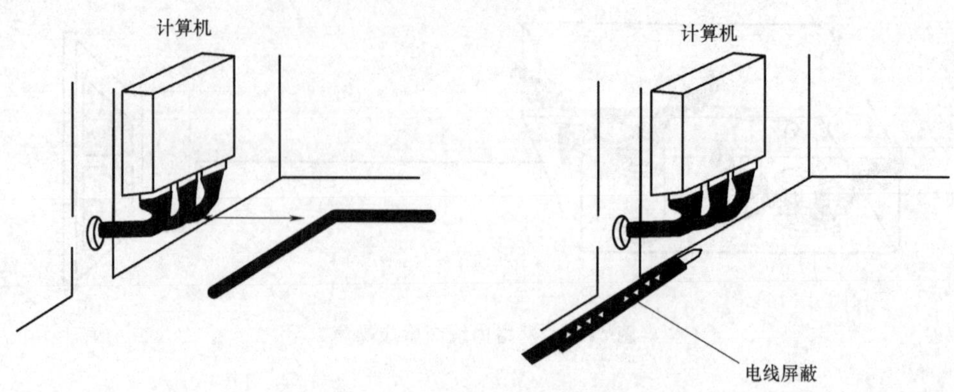

图 5-42　检查计算机附近电线

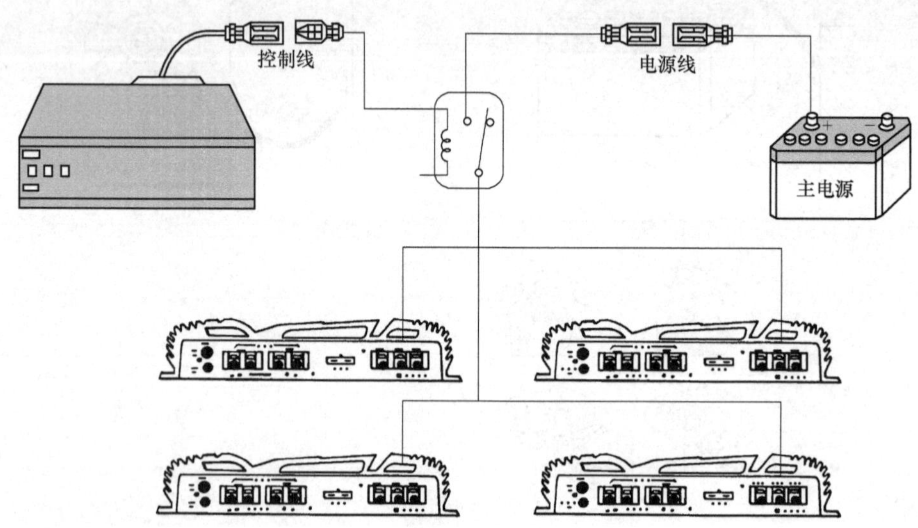

图 5-43　利用继电器接入主电源

8. 汽车电气系统的噪声

检查电动机系统和继电器系统，如图 5-44 所示。通常采用电容器消除噪声，但汽车品牌不同，电容器的连接方法也千差万别。通过加强搭铁法，可减少噪声。

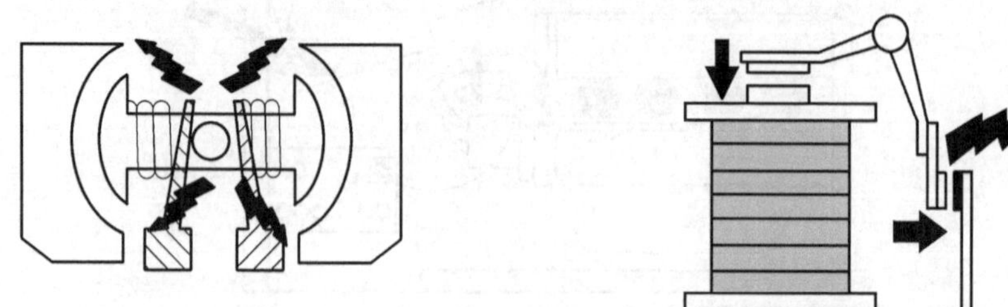

图 5-44　检查电气系统噪声

5.2　汽车音响调试

经过改装的汽车音响，通过调音，使其达到理想效果。调音是指通过设备的各功能键调整声源的频率范围，补充相关高低音，加入适当的现场效果，使语言声更真实、清晰，演唱声更明亮、浑厚、丰满，器乐声里充满意境和色彩。调音的主要工作在于纠正来自系统设计、器材搭配、安装方式及配线方法等方面的错误。

5.2.1　调音步骤

1. 准备工作

（1）线路检查　系统安装完毕后，检查电源线的正、负极是否正确，裸露部分是否搭铁，连接点是否牢固，是否在安装过程中有硬损现象；检查其他线路是否连接准确、牢固。

（2）初调　功率放大器和主机的增益全都调至最低点，电子分频器的分频点、相位调到设计位置，前声场提升高频段输出，衰减低频段输出；后声场提升中低频段输出，衰减高频段输出。设定超低音频段，增益调到最低端。若采用电子分频器，以电子分频器分割频段，功率放大器的频段全部调到全通。若无电子分频器，功率放大器的频率输出：前声场调到高通或全通，后声场调到全通，低音调到低通。若为均衡器，则全部频段放在中间位置，等候调节。

调节频率时应注意：3kHz 以上的频段有很强的方向感，决定声场位置。前声场用高通，后声场用全通或消除 3kHz 以上、70Hz 以下频率的带通。

（3）接通电源　将主电源的熔丝装入熔丝盒。打开主机，使各设备通电。若有电容（带显示），检查电容显示的电压是否与电源差异较大。若电容无显示，可用万用表测量电压。再测量电源电压，通常电源电压会稍高（在 1V 以内）。若超出该值，应考虑电源线的选用和安装是否正确。

2. 增益（音量）调节

将一张测试碟片（最好是人声的碟片）放入主机，将音量增益逐渐调高到失真出现，再回调至不失真。逐渐增加功率放大器音量增益，直到不失真的最高点，功率放大器的音量则固定于此，后续音量调节主要用主机调节。

3. 频率调节

调音是对各频段进行分割和调节，使各频段能均衡表现。目前调音普遍只重视高音和低音的表现，对于中音部分不太重视。而决定音质的好坏，中音部分却非常重要，人耳最敏感的也是中音部分。在调节时应使用小音量，音量太大往往会掩盖某些细节，仔细倾听，对缺失的频段进行补偿，以保证全频段的平衡。也可根据个人的喜好，对某一频段进行补偿或衰减。总之，频率的分割和调节涉及很多数据和概念，需要调音者有长期的经验积累，具备一定的音乐素养及良好的听力，也可利用频谱分析仪进行调节。若不具备上述条件，最好使用套装扬声器，扬声器上分音器的频率分割非常准确。功率放大器只要开到全通设置，即可保证全频段的平衡。

4. 音场及音像定位调节

听音乐时，希望音乐从前面流出，而不习惯从背后传来，在车内也是如此，合格的汽车音响的声音应该是源自前风窗玻璃。为此，除了将前声场的高频扬声器尽量靠前安装外，还应消除后声场3kHz以上的高音及80Hz以下的低音。

一般主机可以调节音场的高度、宽度和深度，相对前后左右平衡的调节较简单。

5.2.2 设置功率放大器分频点

各类扬声器都具有不同的重放频率范围，应根据这些特性设置功率放大器的分频点。对于分体组合式扬声器，由于其本身带有分频器，提供全频信号即可。

功率放大器输出信号类型：

1. 高通信号（HP）

功率放大器的“High pass”用于截止分频点以下的频率信号，通过分频点以上的频率信号，适用于驱动中高音扬声器。

2. 低通信号（LP）

功率放大器的“Low pass”用于截止分频点以上的频率信号，通过分频点以下的频率信号，适用于驱动低音扬声器。

3. 全通信号（BY或FULL）

功率放大器的“By pass”用于通过全部20Hz～20kHz的频率信号。适用于有电子分频器或有均衡器的系统，也可用于套装扬声器。

4. 带通信号（BP）

“Band pass”用于高级功率放大器，可同时设置高通分频点和低通分频点，可截断高通分频点以上和低通分频点以下的频率，只通过中间的频段，一般用于驱动次低音扬声器。

5.2.3 调音实例分析

例1：主机+同轴扬声器的调音方法

将音量开大，测试有没有提前失真的声音；高速调节左右平衡，检查有没有180°的相位误差。若某声道的扬声器正负线相反，会产生抵消而没有低音现象。再调整前后声道有没有相位误差，找一张人声、乐器单调的碟片，将主机BASS（低音）旋钮及TREMBLE（高音）旋钮置于中间，测试每一扬声器对人声的表现是否相同，如有频谱测试器，可测试一下高低音的比率。将主机音量关至很小，听高音，若很刺耳，则表示高音量太多，另外加强BASS旋钮，亮度不够或高音太多可调整TREMBLE旋钮，感觉定位情况，如此更换音乐，反复上述步骤数次。

例2：主机+套装扬声器的调音方法

与例1方法基本相同，若高音量较多，可降低高音音量，在分频器与高音扬声器之间串联或并联电阻，获得平衡。

衰减量	串联电阻	并联电阻
-1dB	0.5Ω	12Ω
-2dB	0.8Ω	15Ω

－3dB　　1.0Ω　　10Ω
－4dB　　1.5Ω　　7Ω
－5dB　　1.8Ω　　5Ω
－6dB　　2.0Ω　　4Ω

高音的“＋”端要放正常位置。若分离器有－3db、0db 的位置，由于 3db 的位置分频器内部已有电阻，对于功率放大器，阻抗会改变。

例 3：主机＋功率放大器＋扬声器

设定功率放大器音量增益，将其关至最小，再将主机音量开至 80%，加大功率放大器的音量增益，直到扬声器出现声音失真，然后减小主机音量，以获得最佳的信号杂音比。

例 4：主机＋电子分频器＋功率放大器＋扬声器＋超低音

将主机上的音量控制全部放在中央位置，音量开至 80%，功率放大器音量增益关至最小，电子分频器输入增益调至中间，打开功率放大器输入增益，加大电子分频器输出增益，直到扬声器出现声音失真，再降回一些。

关掉前后声道中高音，单独听超低音，调整分频，使超低音扬声器自然运作，且没有机械杂音与超低音。调整分频比例，将后声道音量调小，测试超低音的相位，在小音量时改变超低音的相位 180°，正负反接或在电子分频器上有 0°～180°选择开关，相位音量较大的为正确相位。当相位及频率范围都设定之后再细致调整，一般超低音的分频点设在 80～100Hz 之间，高通部分中高音扬声器分频点设在 60～90Hz 之间。

5.2.4　调音故障分析与排除

调音故障分析与排除方法，见表 5-3。

表 5-3　调音故障分析与排除方法

故障现象	排除方法
没声音	• 正确调整增益 • 检查所有的熔丝和接线 • 直接将信号从接收机输入到扬声器，以确认扬声器工作正常
扬声器盆体颤动不止	• 确保功率放大器的电源和搭铁线牢靠 • 确保扬声器的正负两极有直接接触 • 检查任何接线有无松脱 • 更换线材
只有一路声道有声音	• 确认接收机上的平衡开关位于中间位置 • 确认信号线连接牢靠 • 调换左、右声道信号线位置，检查是否存在信号线内部断裂 • 检查扬声器线是否连接妥当 • 直接将信号从接收机输入到扬声器，以确认扬声器工作正常
输出音量较弱或者声音失真	• 检查输入灵敏度是否设置正确，确保接收机平衡开关位于中间位置 • 确认信号线连接牢靠 • 检查接收机和功率放大器的搭铁 • 检查扬声器线两端是否连接牢靠 • 更换信号线 • 直接将信号从接收机输入到扬声器，以确认扬声器工作正常 • 确认扬声器相位正确

（续）

故障现象	排除方法
在大音量时功率放大器自动切断	• 输入灵敏度设置过高 • 检查功率放大器四周通风是否良好 • 低音控制是否总处于最大状态，等响度开关是否一直开着 • 确认功率放大器搭铁可靠 • 可以考虑使用粗一些的电源线 • 若负载为2Ω，确认功率放大器是否可承受该负载

5.3 汽车音响低音箱制作

改装音响时，加装低音能明显地感受声音变化，加装低音是改装音响中最常见的工作。低音扬声器不能独立工作，只有安装在合适的箱体内才能产生理想的效果。

5.3.1 低音箱的类型

低音箱的类型、原理及特点见表5-4。

表5-4 低音箱的类型、原理及特点

类型		结构原理	特点
密闭式音箱		装上扬声器后密封的箱体，适用于小于10in口径的扬声器	结构最简单，制作容易，比较容易掌握，声音有力度 效率低，有50%的能量被消耗在音箱内，音盆下潜浅，不能重放40Hz以下的声音
反射式音箱		在密闭音箱的基础上，在面板上开一个音孔，并在音孔（倒相孔）内安一管子（倒相管），将音箱内声波的相位倒转180°，再通过倒相孔送出，两者叠加增加了低频的功率，利用了密封式中被浪费的能量。适用于12～18in口径的低音扬声器	效率高，音盆下潜深，能重放低至20Hz的低频信号 倒相孔的开孔位置及倒相管的直径和长度都要认真仔细计算，否则会影响到低频重放效果；对设计和制作人员的技术素质有较高的要求；且倒相孔内反射声波有许多不确定性，因而产生的声音不太稳定
无源辐射式音箱		从反射式音箱衍生出来的。在装倒相管的位置装了个空音盆，箱内的声波使空音盆振动产生声波，该声波和箱外声波频率相位相同，相互叠加后增强了效率	灵敏度高，声音清晰透明，避免了反射式音箱倒相孔产生的不稳定声音

（续）

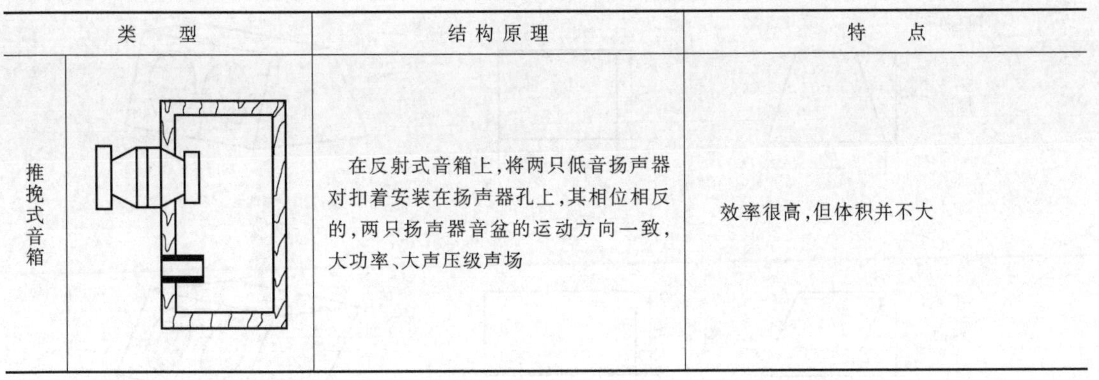

类　型		结构原理	特　点
推挽式音箱		在反射式音箱上，将两只低音扬声器对扣着安装在扬声器孔上，其相位相反的，两只扬声器音盆的运动方向一致，大功率、大声压级声场	效率很高，但体积并不大

5.3.2　低音箱的尺寸与计算

制作低音箱无外形要求，只需注意容积即可。使用容积计算公式计算出想要设计的低音箱体的容积。低音箱体允许置换原材料、扬声器、倒相孔、带通孔，但箱体容积要求不变。扬声器制造厂家已计算过其各部分在箱体内占用的体积（包括磁铁、音圈等），被称为“低音扬声器置换容积”。大多数扬声器制造厂商都会在说明书上标出扬声器的理想箱体尺寸，但该尺寸并不绝对。不同扬声器和扬声器安装方法，对于箱体内容积的要求不同。用正规的测量工具量出车厢的高度、宽度和深度。高度是指从车厢的顶部到底部，宽度是指车厢的左边到右边，深度是指从后到前。当确定了低音箱体的最大外部尺寸后，即可开始在纸上画出低音箱体的形状。

各种音箱的平面图及立体图，如图 5-45 所示。各种箱体的计算公式见表 5-5。

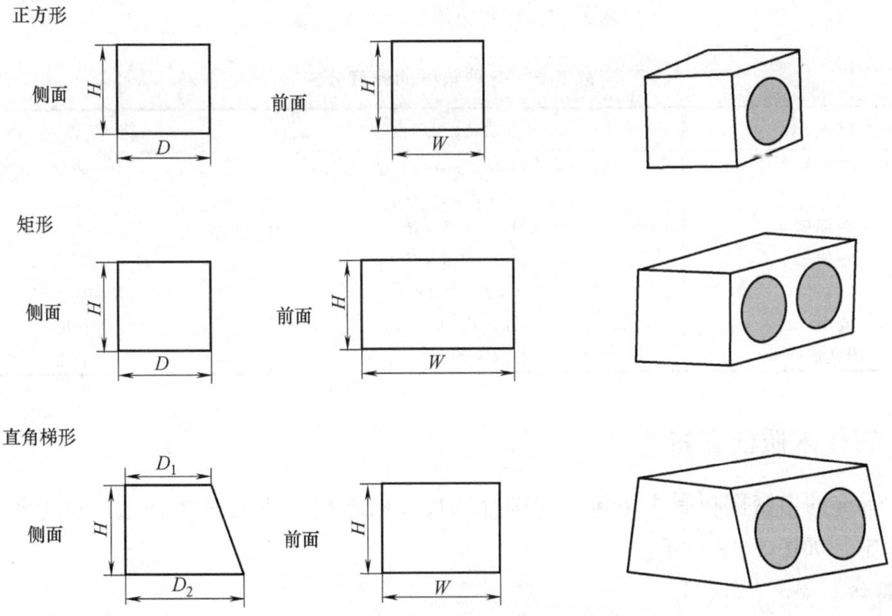

图 5-45　各种箱体的计算图

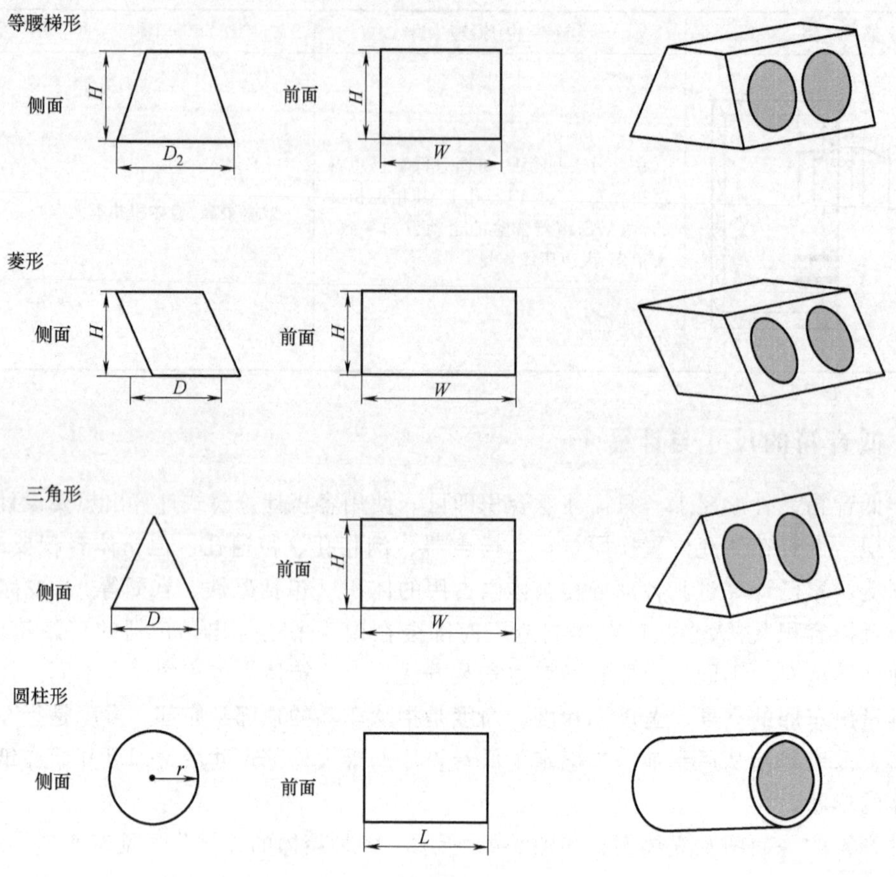

图 5-45 各种箱体的计算图（续）

表 5-5 各种箱体的计算公式

容积类型	计算公式	符号说明
正方形	$H \times W \times D$	H—高度
矩形	$H \times W \times D$	W—宽度
直角梯形	$(D_1 + D_2) \times 0.5 \times H \times W$	D_1—深度
等腰梯形	$(D_1 + D_2) \times 0.5 \times H \times W$	D_2—底部深度
三角形	$0.5 \times B \times H \times W$	B—基础
菱形	$H \times W \times D$	L—长度
圆柱形	$3.14 \times r^2 \times L$	r—半径

5.3.3 制作木质低音箱

用 18mm 的中密度板制作箱体，切割合适尺寸的木板，将其拼装并在连接处封上白胶，用螺钉固定，如图 5-46 所示。

1. 箱体材料

确定了低音箱的尺寸，并预计低音箱能发出较好的声音，即可开始制造箱体。制作箱体的原材料如下：

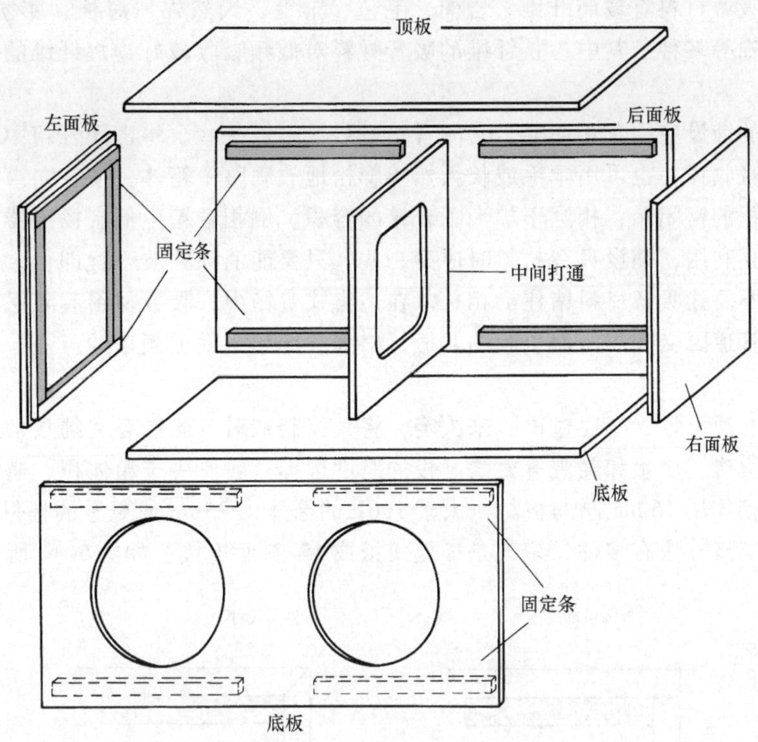

图 5-46　低音箱结构

（1）粒子板　板材经不起重压，否则会裂开，且不防水，遇水后会松化。用该板材时要在内部加装支撑板条。

（2）原木板　由油木、花梨木、杉木、檀木、桦木、黄柏木等木材原料加工而成。用原木板制作的音箱质量好，但成本较高，且原木板材的烘干处理等要求较为严格。

（3）机制板　包括高密度纤维板、中密度纤维板、低密度纤维板、刨花板和多层板等。

高密度纤维板是一种高密度、高刚性的机制板，是很好的制作箱体的材料，坚固、厚实，可耐一定高压，但切割较麻烦，用它制作的音箱效果较好。

中密度纤维板由均匀的颗粒状细木屑经胶合、机压和烘干制成，具有较强的刚性，阻尼特性也较好，是应用最多的一种机制板材。

低密度纤维板由柳絮状木屑经胶合、压制而成，密度低，受潮后易变形，刚性较差。

刨花板由较粗颗粒的木屑经胶合、压制而成。与中密度板相比，其空气缝隙大，刚性较差，受潮后易变形，但价格较低，应用较广。

多层板又称胶合板，由多层薄木皮胶合压制而成。木皮的层数为奇数层，常见为三层和五层，在两层薄木皮之间还通常混合一层硬木或锯末，层与层之间呈间隔的蜂窝状排列，隔音效果较好。这种板材不如中高密度板，但比纤维板和刨花板要好。

（4）箱体填充物　低音箱体内需要加入吸音材料，以消除箱体内的驻波。在密封箱内放上吸音材料后，可提高低频下潜深度和改善音质。

吸音材料用于抑制低音扬声器的谐振峰，吸收声波（减少驻波），改变箱内空气弹簧刚度，调整高、低音的音色。

音箱用的吸音材料有玻璃纤维、岩棉、毛毡、羊毛、天然棉、海棉、膨松棉、喷胶棉、聚酯棉、矿物棉等多种。其中，长纤维的吸音材料对低频吸收较好，短纤维的吸音材料对中频吸收有效。

吸音材料的铺设应因音箱而异，密闭音箱应尽量多铺一些，将密闭音箱中扬声器背向辐射的声波信号吸收掉；也可用羊毛或长天然棉膨松地放满整个箱体，使背向声波受到阻尼最大，对较小容积的密闭箱，相当于扩大了音箱的容积。倒相音箱中低音扬声器的背向辐射声波还要被倒相孔利用，铺设吸音材料时应少一些，只要能消除驻波干扰即可，不能做成强吸声的形式，也不要让吸音材料堵住倒相孔。在迷宫式音箱中，吸音材料起阻尼声压的谐振峰作用，能防止管道因交变声压而引起的共振，增强共振频率附近频率的声强，相对扩展了管道的长度。

吸音材料的铺设量，应通过试听来决定，将其控制在对音质最有利的数量上。选择箱体材料时应考虑价格、质量和美观等因素。板的厚度选择一般取决于箱体积，通常情况下小于或等于 28L 的箱体用 16mm 厚的板材，大于 100L 的箱体用 25mn 或更厚的板材。

板与板的连接方法有多种，多数是板板相抵或45°斜面连接，如图 5-47 所示。在连接处

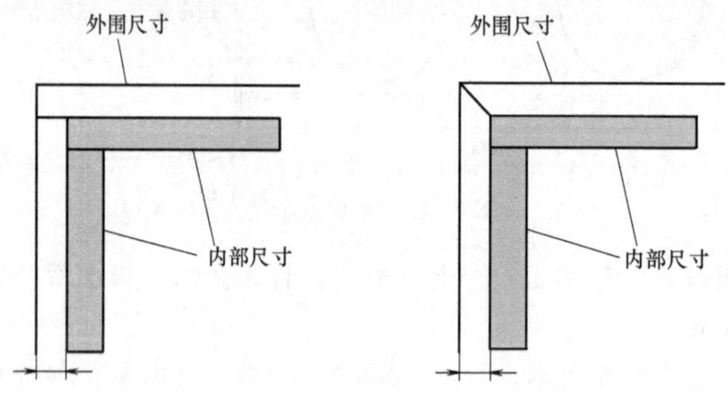

图 5-47　尾端连接示例

涂上白胶和钉上螺钉，使连接更加紧密、牢固。若需再加固，可在箱体内的连接处钉上 25mm 厚的固定条，可使箱体牢固和密封。

2. 工具和原料

电锯、电钻、裁刀、刨子、气钉枪、锤子、地毡、皮革、各类装饰材料、导气管、白乳胶、万能胶、密封胶、铁钉等。

3. 制作步骤

① 测量尺寸，切割木板，将板材和固定条都切割好，用刨将边缘刨齐。

② 在固定条上打定位孔，使固定条和底板定位准确。

③ 在固定条和底板结合处涂上白胶，用螺钉固定。

④ 将旁板放上，要求尽量贴紧底板和固定条且线线对齐。

⑤ 在底板固定条和旁板的结合面上均匀涂上白胶，用螺钉将旁板和固定条钉合，如图 5-48 所示。

⑥ 用螺钉将底板和旁板结合，注意，螺钉和螺钉距离 7cm 左右。

⑦ 按此程序完成箱体上其余板的连接。若箱较宽，可在箱体的中间部位加一块支持板。

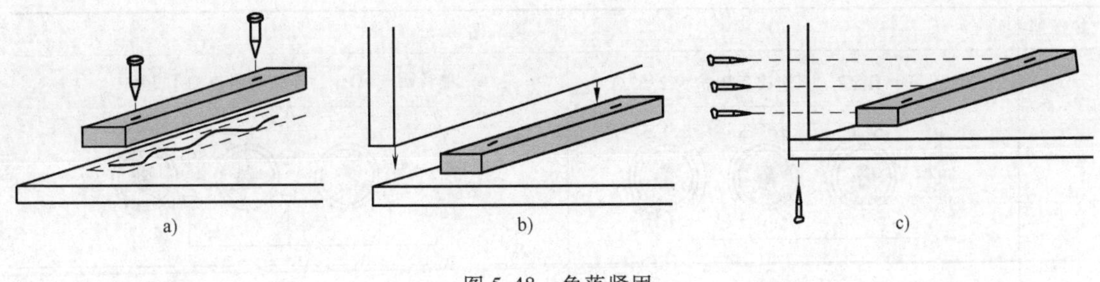

图 5-48　角落紧固

⑧ 开扬声器孔、导向孔和走线孔。

⑨ 用密封胶密封箱体缝隙，毡布用万能胶尽量涂均匀，用钉书钉固定。等到胶干后，拆钉完成。

⑩ 将玻璃纤维或其他吸音棉填满箱内。

⑪ 走扬声器线、固定导向孔。

⑫ 固定低音扬声器。

⑬ 检查箱体的密封性。可用硅胶在箱体内侧的连接处涂一遍或用原子灰将缝隙填满。

5.3.4　低音扬声器的连接方式

为了增强音响低音效果，需要将多个同类型的低音扬声器组合使用。多个同类型的低音扬声器用一台功率放大器驱动时，串联或并联后的阻抗必须与功率放大器所要求的阻抗匹配。否则，不能完全发挥功率放大器的功效，还可能烧坏功率放大器。低音扬声器的连接方式，见表 5-6。

5.3.5　制作 FRP 低音箱

FRP 低音箱以树脂和玻璃纤维布制成，可自由塑形，造型平滑精致，质感好，外观优于木制音箱，但制作用时较长和费用较高。

表 5-6　低音扬声器的连接方式

扬声器	连接图	
单扬声器	单音圈—8Ω　连接后阻抗为 8Ω ⊕ 8Ω ⊖　⊕ 8Ω ⊖	单音圈—4Ω　连接后阻抗为 4Ω ⊕ 4Ω ⊖　⊕ 4Ω ⊖ 8Ω
双扬声器	双音圈—4Ω×2　连接后阻抗为 1Ω ⊕ 1Ω ⊖　⊕4Ω⊖　⊕4Ω⊖　⊕4Ω⊖　⊕4Ω⊖	双音圈—4Ω×2　连接后阻抗为 4Ω ⊕ 4Ω ⊖　⊕4Ω⊖　⊕4Ω⊖　⊖4Ω⊕　⊖4Ω⊕

（续）

扬声器	连接图	
三个扬声器	双音圈—4Ω×2　连接后阻抗为2.67Ω 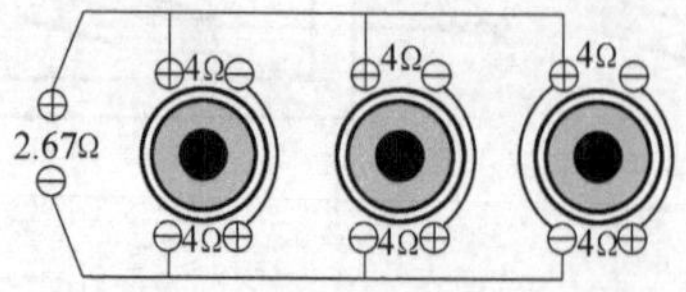	单音圈—4Ω　连接后阻抗为1.34Ω 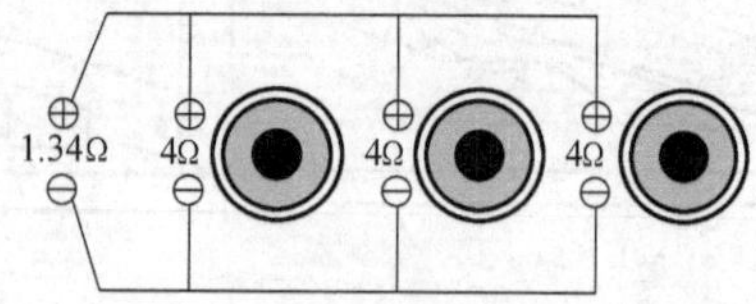
	单音圈—8Ω　连接后阻抗为2.67Ω 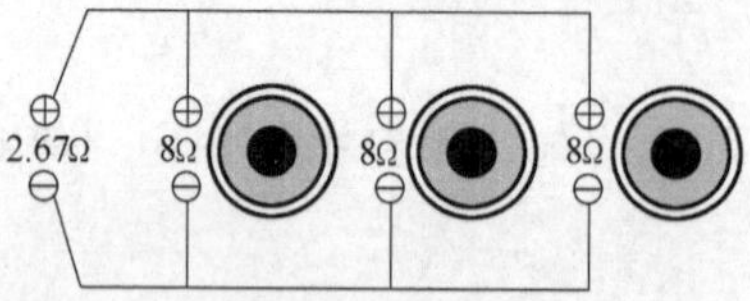	
四个扬声器	双音圈—4Ω×2　连接后阻抗为2Ω 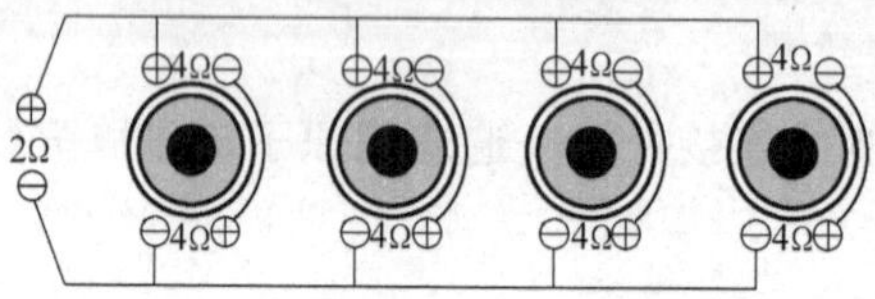	单音圈—4Ω　连接后阻抗为1Ω 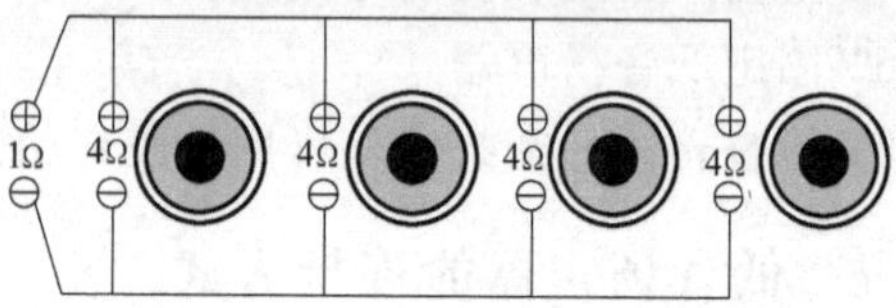
	单音圈—4Ω　连接后阻抗为4Ω 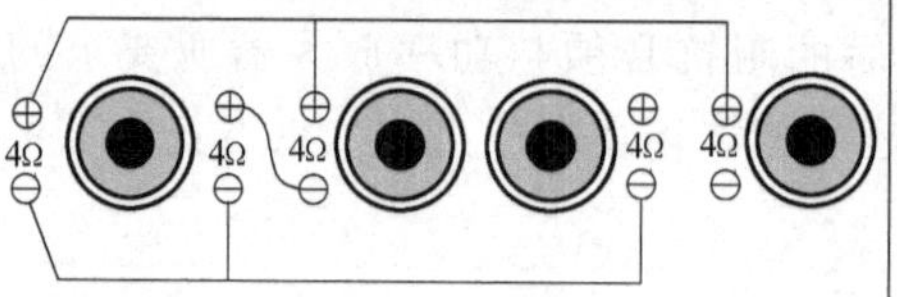	

1. 聚酯树脂的特点

FRP使用不同的热固性树脂制作，目前国内主要以聚酯、环氧、酚醛三大树脂为主，音箱主要是用聚酯树脂制作。聚酯树脂的特点见表5-7。

表5-7　聚酯树脂的特点

优　点	缺　点
(1)材质轻、强度高 (2)耐腐蚀性好 (3)外形可自由设计，加工容易 (4)工具成本低，工艺简单 (5)相对价格较低	(1)采用薄壳结构，刚性差，抗剪切强度低 (2)不能在高温下长期使用 (3)收缩率大 (4)制作过程中，有一定的毒性

2. FRP低音箱的制作工艺

FRP的制作流程：制作模具→涂脱模剂→裁剪玻璃纤维布→配树脂涂料→涂胶衣铺层糊制（反复多层）→固化→整修→脱模→表面处理。

(1) 制作模具　通常为阴模，常用材料为石膏。

石膏模配方：

65份熟石膏+35份石英粉+20份石英砂+50份水

制作方法：

① 用泡沫塑料根据需要挖削成大概的形状和车内接触的过渡面，应反复对比挖削至合缝。

② 用石膏在泡沫塑料上糊制母模，糊成所需形状干燥待用，母模为阳模。

③ 翻制模子：母模干燥后打磨顺滑，涂上脱模剂，将石膏糊在母模上至一定厚度，干燥后脱模，该模为阴模。

将模具涂上脱模剂待用，将玻璃纤维按需要剪裁待用。

（2）配制聚酯树脂涂料

配方 1:100 份聚酯 +2.4 份固化剂 +1.0 份促进剂

配方 2:100 份聚酯 +35 份苯乙烯 +3.5 份固化剂 +1.2 份促进剂

（3）涂胶衣层　脱模剂完全干燥后，涂的第一层涂料称为胶衣层，厚度为 0.25 ~ 0.4mm，即 300 ~ 500g/m^2，分两次涂，第一层初凝后再涂第二层。

（4）铺层糊制　待胶衣初凝，手感软而不粘时，铺上玻璃纤维刷上涂料，逐层叠加糊制，糊制过程中应排出气泡，使布层贴紧，含胶量均匀。

糊制过程：胶衣→两层短切玻璃毡→一层无捻粗沙玻璃纤维布→一层短切玻璃毡→一层无捻粗沙玻璃纤维布→一层短切玻璃毡。

（5）固化　糊制完成后，在常温下固化 24h 即可脱模，在 60℃时 5h，在 80℃时 3h，通过热固化的产品各项性能指标较好。

（6）修整　脱模前先将超过模具边缘的毛边、沙头剪去或凿去，以便顺利脱模。

（7）脱模　用硬木或硬塑料制成的楔子轻轻楔入制品和模具间的恰当部位，撬动脱模。

（8）表面处理　采用烤漆加工工艺处理，温度不能超过 100℃。

5.4　汽车 CD 改 VCD

5.4.1　改机原理及步骤

1. 解码器

（1）工作原理　CD 唱机通过加装解码器，可实现 VCD 解读图像的功能。CD 唱机的 DSP 只能解读 CD 的 RF 信号，在 RF 信号进入原机 DSP 前将其截取送入解码器，经 DSP 处理进入解码芯片解读，将声音和图像信号分离，再分别输出，则完成解码过程，如图 5-49 所示。

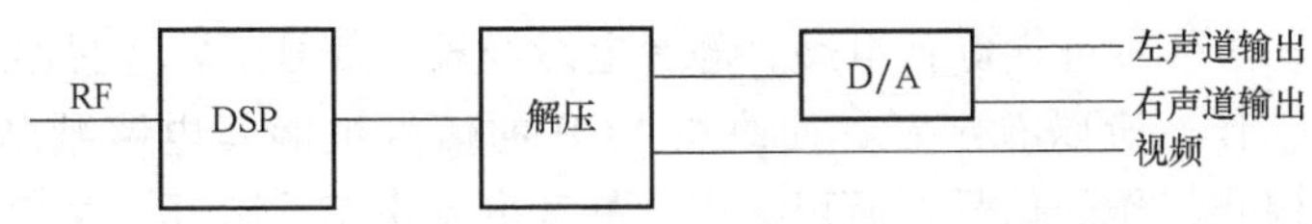

图 5-49　CD 唱机工作原理

（2）解码器类型　分外置解码器和内置解码器两大类。

① 外置解码器。独立于 CD 唱机存在，散热好，性能稳定。

② 内置解码器。嵌入 CD 唱机内剩余空间，电源靠 CD 唱机内供给，与 CD 唱机合为一

体；布线少，价格低。内置解码器没有外壳，外观为一块电路板，也称为解码板。但通用性差，不同机型的解码板不同，散热性能较差，影响 CD 唱机散热。由于内置解码板在使用中长时间开机，由解码板或 CD 唱机的某个被解码板盖住的器件过热导致 CD 唱机停机。

2. 改机原理

改机原理，如图 5-50 所示。解码器从 CD 主机截取 RF 信号，输入到解码器的 DSP 处理成解压芯片可解读的信号进入解压芯片。解压芯片将视频信号和音频信号分离后分别输出，视频信号经处理后输入显示器显示图像，音频信号送到 CD 唱机中声音处理电路的前级，并将从 CD 唱机 DSP 输出的音频信号截断，否则如果两路音频信号不同步，将产生重音。

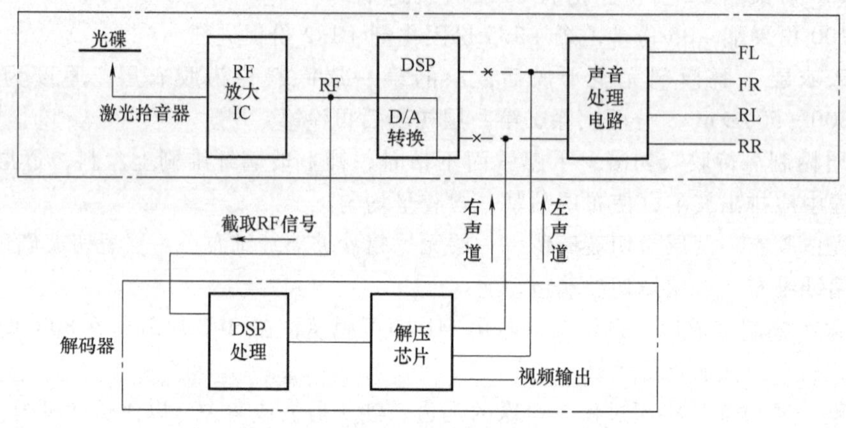

图 5-50　改机原理图

有些碟机在改机后播放 CD 有声音，而播放 VCD 没有声音，这表明具有静音电路，工作原理如图 5-51 所示。

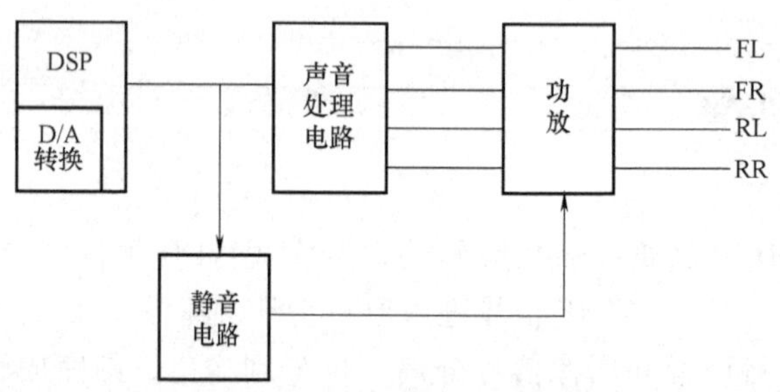

图 5-51　有静音电路的 CD 唱机控制原理

DSP 处理后的一个信号进入静音电路，静音电路经辨认信号正常，再给功率放大器一个信号使功率放大器工作，所以有声音。而改机 VCD 的信号被静音电路判断为不正常信号，给功率放大器一个停止工作的信号，所以无声。静音电路用于消除开、关机的冲击声，且有不正常信号时使功率放大器停止工作，要改机就必须将静音电路取消。有些 CD 唱机采用软件技术，由 CPU 发出数码指令进行静音，通常无法解除。采用一种专门针对软件静音的解码板，读解码板可改变 CPU 指令的数据，使其不会收到静音的指令。总之，解除静音对 CD 唱机的影响非常小，而且大部分 CD 唱机不用静音电路，因而不用解除静音。

3. 改机步骤

（1）判断 CD 唱机是否适合改机

① 将 VCD 放入 CD 唱机内，若能正常播放，说明该机适合改机；若放入就立刻退出，则说明该 CD 唱机不适合改机。

② 打开 CD 唱机外壳，在 CD 唱机工作时用手使碟片停下，若声音立刻停止，则说明该 CD 唱机适合改机；否则，说明该 CD 唱机采用了电子抗震技术，不适合改机。

③ 前置多碟机，如雷克萨斯 300、奥迪 A6、奥迪 A4、帕萨特都不能改，如果帕萨特加装 DP-880/883/88，换碟机则可以解码。

（2）连接线说明

① 电源线：解码器有外接的电源线，独立于其他设备。

② 连接线：相对于电源线的搭铁线。

③ 视频输出线：一般有两路视频输出线 V1 和 V2。

④ 控制线：用于控制左、右声道的转换。

⑤ 解码线：用于连接解码器和 CD 唱机，解码器和 CD 唱机的信号转换都通过该线完成，如图 5-52 所示。

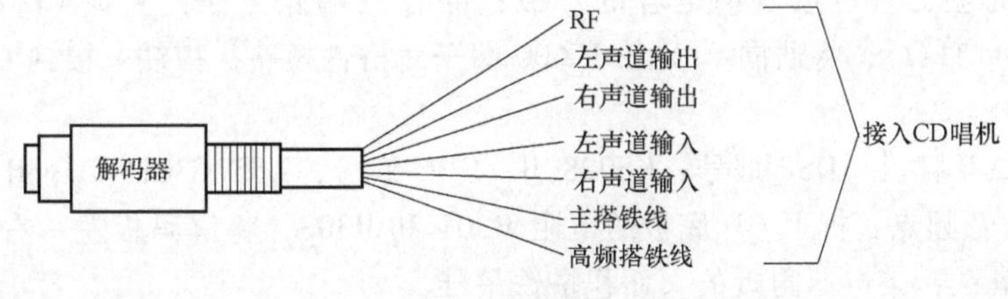

图 5-52　解码线

说明：左、右声道输入通常不用。在改机中搭铁线的接法非常重要，CD 唱机内搭铁点很多，选择不好会严重损害音质，甚至产生噪声。通常搭铁靠近 RF 点，会使读碟好而不利音质；靠近音频接入点，会使读碟不顺而有利于音质。

（3）拆开 CD 唱机查找各接入点

① RF 点：找到 RF 放大 IC 和 DSP，其间会有标注 RF，也有标注 ARF、RF0 和 RF1。

② 音频接入点：通常在机芯与主板连接排线的插座旁，标记为 LCH、RCH，也可按改机资料查询。

③ 搭铁线：搭铁点没有特殊要求，可按解码线说明中的原则查找。

（4）找到接入点　将线和点依次焊接，用玻璃胶或海绵胶固定机内多余的线，再将 CD 唱机复原，改机即可完成。

① 在有些机型中音频接入后，应断开 CD 唱机中来自 DSP 的音频，以免产生重音。

② 有些机型有静音要解除，找到其静音电路，解除其静音功能，也可参照改机资料解除静音。

③ 内置解码板由机内取电，选取电源点应该靠近 CD 唱机电源输入接口处。

④ 解码器具有无信号时自动断电功能。

4. 常用 CD 改 VCD 的技术资料

（1）碟机：阿尔派 7871E　前置放大 IC 型号：TA2153；RF 点：TA2153 第 25 脚；音频

点：TDA7404 第 1、2 脚；电源：P 或 E735 正极。

（2）碟机：索尼 CDX-646　DSP 型号：CXD2598Q；前置放大 IC：LA9241；CPU 型号：CX 2740056；RF 点：CXA2596M 第 16 脚；音频点：将输出板上两音频电感去掉，接入即可；电源：12V。

（3）碟机：健伍 KDC-C715/517FM　前置放大 IC：D63711GC。RF 点：D63711GC 第 80 脚。音频点：接到 CD 主板 LCH、RCH 点上。同时断开所串联的两个 580Ω 电阻（电阻静音点解除方法：去除静音晶体管）。搭铁：A-GND。

（4）碟机：JVC KD-SX850/750　前置放大 IC：TA2109F—X；CPU 型号：TC9462F；RF 点：T32109F—X 第 19 脚；音频点：去掉机芯小板上 R586、R596 电阻，接入音频；搭铁：接电源附近大面积搭铁端。静音点解除方法：将 Q301 的 B、E 极短接解除静音。

（5）碟机：先锋 CDX-P1270　DSP 型号：LC78622N；前置放大 IC：NECD63741. GC；CPU 型号：ECD-0801；RF 点：RFIC 第 70 脚板上“RFO”点；音频点：接到电源电路板上音频输出端，将原串联小电感去掉；搭铁：大面积搭铁。

（6）碟机：松下 CQ-D0101W　DSP 型号：789026；前置放大 IC：LA9241；CPU 型号：ECD-0801；RF 点：RF 放大 IC 9241 第 57 脚；音频点：把 CD 唱机底板 C203、C303 电解去掉，把解码板的左、右声道接两电容的正极；静音点解除方法：去掉 CD 唱机底板上的 R673 贴片电阻（1kΩ），将通向 CPU 的 IC600 端子对搭铁短路；搭铁：接到 CD 唱机底板的 j121 上。

（7）碟机：P 牌机　DSP 型号：KS9282B；CPU 型号：KS57C3016-70；RF 点：RF 放大 IC 的第 66 脚；音频点：拆下 CD 底板的电阻 R301 和 R303，将解码板左、右声道接到两电阻的输出端；搭铁：接电源附近的大面积搭铁最佳。

（8）碟机：来福 RF—9100　DSP 型号：KS928B；前置放大 IC：AN8835；CPU 型号：KS57C3016-70；RF 点：RF 放大 IC 的第 9 脚；音频点：C223、C224；搭铁：12V 附近大面积搭铁。

（9）碟机：菲利浦 PS-VDO　DSP 型号：LCT8620；CPU 型号：NFC780054GC；RF 点：LC78620 的第 11 脚；音频点：将 LC78622N 第 53 脚与 C255，第 56 脚与 C256 间线路切掉；搭铁：大面积搭铁；静音点解除方法：电源电路板第 12 脚接入点接 78622-57。

5.4.2　车载显示器与安装方法

车载显示器大多采用液晶显示器，体积轻薄，图像稳定，耗电量少，发热少，耐高低温。规格从 14cm（5.6in）到 43cm（17in）。目前有 DSTN 和 TFT 两种类型，俗称伪彩和真彩。通过播放图像，可鉴别 DSTN 和 TFT。

车载显示器主要显示图像，也有带电视接收功能的，但其效果非常差。超薄的便携式 DVD 播放器只有一本书的大小，类似小型笔记本电脑，采用彩色 TFT 点阵式显示，清晰度和色彩都非常好，抗振也好，能承受车内振动，兼容 CD、MP3、VCD 和 DVD，无需安装，放在仪表板上即可开机欣赏。其电源为双电源，一是自带电池独立运行，二是插入点烟器即可供电运行。

1. 车载显示器的类型

车载显示器分支架式、内藏式、遮阳板式、吸顶式、头枕式和 2DIN 六种。

(1) 支架式　也称台式，主要安装在汽车仪表板上，尺寸较小（18cm以下）。

(2) 内藏式　主要安装在中央控制台的CD唱机位内，受机位尺寸限制，尺寸在18cm以下。显示器在不用时可收回到机内，用时再弹出，可和中控台合为一体。按回缩和弹出的不同方式，内藏式可分为手动、半自动和全自动三种，如图5-53所示。手动内藏式的显示器在不用时处于收回状态，使用时直接将显示器拉出翻起。半自动内藏式的显示器会自动弹出并翻起，收回时要靠手动。全自动内藏式的显示器使用时自动弹出并翻起，并可遥控其翻起的角度，不用时可自动回收，如图5-54所示。

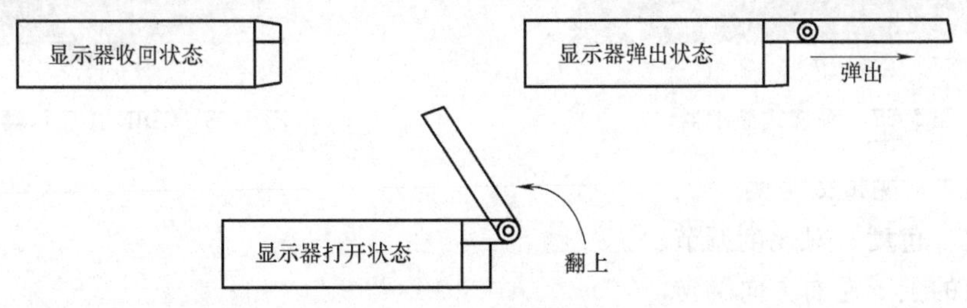

图5-53　内藏式显示器

图5-54　全自动内藏显示器

图5-55　遮阳板式显示器

(3) 遮阳板式显示器　如图5-55所示，此种显示器安装在遮阳板位置上，使用时可像遮阳板一样翻下，不用时可翻上。外观和遮阳板一样，显示器尺寸在14～18cm之间。

(4) 吸顶式显示器　如图5-56所示，吸顶式显示器多用于旅行客车，其尺寸较大，安装在汽车顶篷内饰板上，主要用于后排乘客。

(5) 头枕式显示器　如图5-57所示，此种显示器安装在前排座椅的头枕上，受头枕尺寸限制，显示器尺寸在15～18cm之间。

(6) 2DIN式显示器　如图5-58所示，此种显示器安装在仪表板主机2DIN位置，亮度、色度和对比度可调节，四角度可调节，电子防振设计。

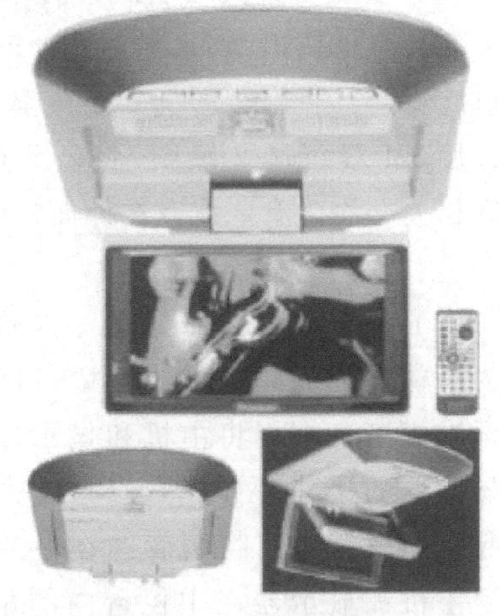

图5-56　吸顶式显示器

2. 车载显示器的功能

① N/P制式转换。

图 5-57 头枕式显示器

图 5-58 2DIN 式显示器

② 视频 1、视频 2 转换。

③ 亮度、色度、对比度调节。

④ 图像的上下左右方向翻转。

3. 车载显示器的主要连线

车载显示器的主要连线有电源线、搭铁线、视频线和停车线，典型主机、解码器、显示器的线路连接，如图 5-59 所示。

（1）电源线 采用 12g ~ 14g 线，从点烟器的导线上接出，靠近接线处应加 7.5 ~ 15A 的熔丝。

（2）搭铁线 采用与电源线相同规格的导线，与主机搭铁线连在一起，以消减噪声。

（3）视频线 显示器有视频 1、视频 2 两组输入线，使用的线可与 RCA（前置信号输出）信号线通用。有些显示器，一组视频输入连接主机或解码器的视频输出，另一组则连接可视倒车雷达。

（4）停车线 停车时，拉起驻车制动杆后显示器开始工作，主要用于塞车或等人时看影碟、听音乐，所有品牌的 DVD 机都有停车线。

4. 安装车载显示器

（1）安装支架式（台式）显示器 安装位置应选择仪表板较平坦处，不能太靠近前风窗玻璃，至少留出 50cm 的距离。若前乘客侧有安全气囊，不能安装在安全气囊盖板上，布线也应避开，否则会影响安全气囊工作。将仪表板上准备安装显示器的部分用酒精擦拭干净，用 3M 双面胶或海绵胶将显示器主体支架粘在仪表板上，将显示器主体装在支架上，连接好相关导线。有些线露在外面，应注意在外面的线的排列和走向，尽量使其简洁、美观、安全。

（2）安装内藏式显示器 内藏式显示器结构最复杂，安装后最美观，能与原车内饰融为一体。内藏式显示器的宽高尺寸正好是一个标准机位的尺寸（即 1DIN），若主机换成标准规格，即可将主机和显示器一并装入。有些车的主机下有一杂物盒，杂物盒尺寸和显示器的尺寸一样，拿出杂物盒正好放下显示器，安装时先将主机取出，显示器上下叠起，用电工胶布将两者缠在一起，将固定在一起的主机和显示器装上支架。支架用于固定主机和显示器在中控台内的位置，支架可自制，可任意伸缩弯折，如图 5-60 所示。图中 $\phi 6$ 为固定孔，40×6 为可调节孔，厚度为 12 ~ 20mm。主机上有许多小螺钉孔可固

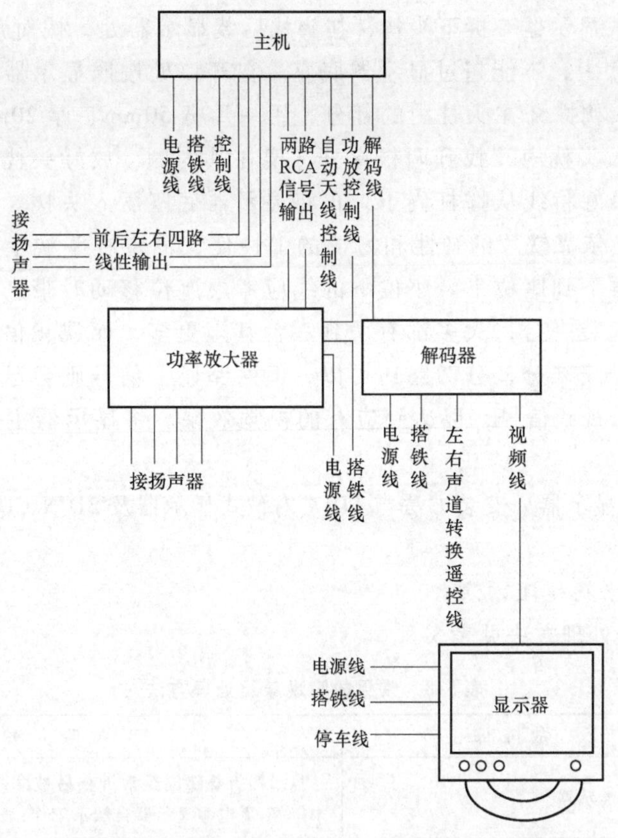

图 5-59　典型主机、解码器、显示器的线路连接

定支架，将主机和显示器一起接好各连线后放入安装位，调整好位置用支架将其固定，再将外框卡上，安装完毕。

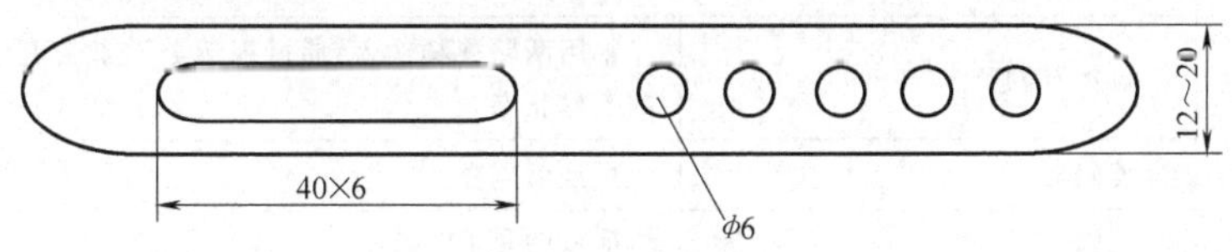

图 5-60　伸缩支架

安装内藏式显示器时，应注意在装好后显示器在向上翻起时是否会碰到障碍物。有些车主机的安装位相对比较内凹，安装后显示器上翻时会碰到相对外凸的一些饰件，不能完全翻起，造成安装失败，在安装前应充分考虑这些因素。

（3）安装遮阳板式显示器　拆下原车遮阳板，装上显示器即可。走线可从顶篷内下到 A 柱，进入仪表板内连接各线。

（4）安装吸顶式显示器　取一块结实的中纤板，截成比显示器底座略大的尺寸，拆开汽车顶篷内饰板（不宜全拆），塞入截好的中纤板，找好位置。将显示器底座用自攻螺钉透过顶篷内饰板固定在中纤板上，通常用 3 ~ 4 颗螺钉，并打一个穿线孔将线穿入顶篷再从 A

柱下，将顶篷装回，显示器安装完毕。

(5) 安装头枕式显示器　拆下头枕，在头枕后装显示器处，按对角线方向割开外皮，呈X形。刀口不要太大，不能超过显示器底座。在开口处按照显示器底座形状挖去一部分海绵，找到两根头枕撑杆在头枕内的部分，用一片宽50mm、厚20mm、长度能架在两根撑杆上的铁片塞入头枕内，找到两根撑杆，架在其内侧，放好头枕内的线，如果撑杆为空心的并够粗，最好将线从撑杆内下，再将显示器底座压入头枕。用自攻螺钉固定在预先放入的铁片上，依靠铁片的弹性和海绵的弹性使其固定在头枕上，线从头枕下穿出进入座椅靠背内，再下到座位下。座位下的线应考虑座位移动时带来的影响。通常安装头枕式显示器不会只装一台，大多都有两到三台甚至更多，而视频信号源只有一个，若简单地用一分二信号线来分，分两路还可以，但两路以上信号则会迅速衰减。使用视频信号分配器分配各路视频信号，以达到应有的视觉效果。将显示器主体杆上线头卡入底座，安装完毕。

(6) 安装2DIN显示器　安装方法与1DIN内藏式显示器及2DIN CD唱机的安装方法类似，可参照安装。

5. 常见故障现象及处理方法

常见故障现象及处理方法见表5-8。

表5-8　常见故障现象及处理方法

故障现象	故障部位	排除方法
有声音无图像	显示器	显示器折叠部位经常折叠易被磨断或卡断;显示器电源线未接好,无电源显示器自然不工作;显示器搭铁线未接好
	视频线	插头端子接触不好;视频线本身有问题;解码器有两路视频输出未找到正确的视频输出连线
	显示器视频输入连接	部分显示器采用两路视频输入,其中一路是给倒车雷达,这路视频输入需有一根控制线连接倒车灯线,有倒车信号才工作
	显示器调整	采用两路视频输入,通过视频1、视频2开关调节,调到正确的工作状态
	解码器	更换解码器
	光碟	播放的是CD碟片
有图像无声音	改机出现问题	判断改机时是否找到正确的音频点;有些解码器采用两路音频输出和两路音频输入,改机时使用音频输出,而音频输入不太用;检查是否将输出和输入接反
	静音电路未解除	参考改机资料解除静音电路
	其他设备	功率放大器或扬声器等其他音响器件或连线有问题
无图像无声音	解码器	解码器未通电,电源线未连接好或电源有问题
	机型问题	不宜改机的进行改机,如有电子抗振功能的主机
	改机问题	参考改机资料,寻找正确的RF点
	连线问题	解码线的7芯插头接触不好,用电工胶带缠几圈,以防止其松脱

（续）

故障现象	故障部位	排除方法
有杂音或重音	音频点未被断开	断开音频点，使 CD 唱机的音频信号无法输出，以得到解码器的音频信号
声音发破、音量增大	改机时音频点找错	参考改机资料找到正确的音频点
	扬声器或其他音响设备	扬声器等其他音响器件或连线有问题
声音明显偏小	改机时音频点未找对	参考改机资料，找到正确的音频点
有本底噪声	改机时电源线和音频线找的位置不对	通常电源搭铁在靠近电源接入点附近，音频搭铁在靠近音频点附近
	其他设备的搭铁线	检查各设备的搭铁线是否集中搭铁，否则，各搭铁点之间的电位差产生噪声
	电源线	高性能的火花塞及点火线会污染电源线
	扬声器线和音频线	扬声器线和音频线受到干扰
播放中图像闪动	视频线	视频线接触不良，更换视频线
	制式不对	调节 NISC/PAL 开关找到适用的制式
	改机中 RF 点不对，焊接到 RF 的检测线上	重新查找 RF 点
播放中图像中断或自动关机	显示器电源熔丝	显示器电源熔丝熔断或接触不良
	解码器电源熔丝	解码器电源熔丝熔断或接触不良
	供电电压	供电电压不足

本章小结

• 汽车音响改装。在做好前期准备之后，拆解音响相关部件，进行隔音处理和正确布线，安装扬声器和功率放大器，进行汽车音响防噪处理。

• 汽车音响调试。在线路检查和初调完成之后，接通电源，进行增益（音量）调节、频率调节、音场及音像定位调节，根据扬声器的重放频率范围，正确设置功率放大器分频点，纠正来自系统设计、器材搭配、安装方式及配线方法等方面的错误。

• 汽车音响低音箱制作。确定低音箱的类型和尺寸，制作木质低音箱，连接低音扬声器，制作 FRP 低音箱。

• 汽车 CD 改 VCD。判断 CD 唱机是否适合改机，拆开 CD 唱机查找各接入点，将线和点依次焊接，用玻璃胶或海绵胶固定机内多余的线，再将 CD 唱机复原，改机完成。选择车载显示器，并正确安装。

复习思考题

一、选择题

1. 改装汽车音响时，主电源线的________越靠近汽车蓄电池越好。

2. 噪声的穿透力很强，可透过汽车的______、______、______、______、______等部位渗透到车内。汽车噪声按传播途径可分为________噪声、________噪声、________噪声，根据噪声声源的产生可分为________噪声、________噪声、________噪声、________噪声等。

3. 消除汽车室内共鸣声主要靠________措施。

4. 对车内噪声的高、中、低频分别给予评估，好的声学材料可以将车内噪声平均降低________dB，最高可降低________dB。

5. 音频信号线的布线要离开车载电脑单元和功率放大器的电源线至少________cm。若布线太近，音频信号会拾取到感应噪声。如果音频信号线和电源线需要互相交叉时，最好以________°相交。可将音频信号线和电源线分开布在________和________两侧。

6. 当系统消耗电流很大时，蓄电池________一定要牢固。在电源和搭铁间用线材布线，如绞股线，可有效地抑制噪声，提高音质。

7. 不要靠近车载电脑布线。主机搭铁点靠近车载电脑的________或________时，会产生行车电脑噪声。

8. 功率放大器应________面朝上固定，固定位置应保持________并________，其周围至少要留有________mm 的空隙。为避免碰伤新功率放大器，可预先打好________mm 直径的孔，再用螺钉加以固定。

9. 汽车音响调音的主要工作在于纠正________、________、________及________等方面错误。

10. 调节汽车音响频率时应注意________kHz 以上的频段有很强的方向感，决定声场位置。前声场用高通，后声场用全通或消除________kHz 以上、________Hz 以下频率的带通。

11. 高通信号（HP）用于截止分频点以下的________信号，通过分频点以上的频率信号，适用于驱动________扬声器。

12. 功率放大器的“By pass”用于通过全部________Hz ~ ________kHz 的频率信号。适于有________或有________的系统，也可用于________扬声器。

13. 制作 FRP 低音箱时，石膏模配方：________份熟石膏 + ________份石英粉 + ________份石英砂 + ________份水。

14. 制作 FRP 低音箱时，糊制完成后，在常温下固化________h 即可脱模，在________℃时________h，在________℃时________h，通常热固化的产品各项性能指标会好些。

二、判断题

1. 线材的电阻越大，阻尼系数越小，扬声器的赘余振动越少。（ ）

2. 线材的横截面积越大，电阻越小，该线的容限电流值越大。（ ）

3. 线材的容限电流越小，则容许输出的功率越大。（ ）

4. 电源线的总熔丝必须在全套设备安装完成并检查完好后，再装入熔丝盒。（ ）

5. 运用专业声学产品进行车体密封、车体减振及车内吸音，不改变车体结构、动力系统、车内电路及管线，既安全又稳妥。（ ）

6. 车内噪声是随机的、动态的、不易集中治理的，所以车内隔音工程对声学产品和技术的要求都很高。（ ）

7. 音频信号线越短，越容易受到噪声信号的干扰，音频信号线应该尽可能短。（ ）

8. 音频信号线的布线要离开车载电脑单元和功率放大器的电源线至少 10cm。 ( )

9. 如果音频信号线和电源线需要互相交叉时，最好以 45°相交。 ( )

10. 选用电源的电流容量值应等于或大于与功率放大器相接的熔断电流值，否则会产生交流噪声且严重破坏音质。 ( )

11. 当用一根电源线分开向多个功率放大器供电时，从分开点到各个功率放大器布线的长度与结构应该相同。 ( )

12. 当电源线桥接时，各个功率放大器之间将出现电位差，会导致交流噪声，从而严重破坏音质。 ( )

13. 若蓄电池接头很脏或没有拧紧，接头处会有接触电阻，接触电阻会导致交流噪声，从而严重破坏音质。 ( )

14. 在汽车动力系统内布线时，可在发电机和点火装置附近走线。 ( )

15. 将音响系统中各个模块的搭铁集中于一处，否则，音响各组件之间存在的电位差会产生噪声。主机和功率放大器可共同搭铁。 ( )

16. 在电源和搭铁间用粗线材布线，如绞股线，可有效地抑制噪声，提高音质。( )

17. 不要靠近车载电脑布线。主机搭铁点靠近车载电脑的搭铁点或固定点时，会产生行车电脑噪声。 ( )

18. 采用独立功率放大器，可将由于共用电源而引起的干扰降到最低，从而保证再现完美的音质。 ( )

19. 功率放大器的低通信号（HP）用于截止分频点以下的频率信号，通过分频点以上的频率信号，适用于驱动中高音扬声器。 ( )

20. 功率放大器的高通信号（LP）用于截止分频点以上的频率信号，通过分频点以下的频率信号，适用于驱动低音扬声器。 ( )

21. 功率放大器的带通信号（BY 或 FULL）用于通过全部 20Hz ~ 20kHz 的频率信号，适于有电子分频器或有均衡器的系统，也可用于套装扬声器。 ( )

22. 功率放大器的全通信号（BP）用于高级功率放大器，可同时设置高通分频点和低通分频点，可截止高通分频点以上和低通分频点以下的频率，只通过中间的频段，一般用于驱动次低音扬声器单元。 ( )

23. FRP 低音箱以树脂和玻璃纤维布制成，其可自由塑形，造型平滑精致，有比较好的质感，外观优于木制音箱，但制作用时较长和费用较高。 ( )

三、简答题

1. 介绍汽车音响改装中的隔音处理方法。

2. 叙述汽车音响布线方法。

3. 介绍汽车音响的调音方法。

4. 如何设置功率放大器分频点。

5. 举例说明调音故障的检测与排除方法。

6. 介绍制作 FRP 低音箱的方法。

7. 介绍汽车 CD 改 VCD 的方法。

实训项目15　汽车音响调试

车辆型号	车辆识别代码	音响型号

一、实训目标

1. 掌握汽车音响的调音步骤。
2. 掌握汽车音响的调试方法。

二、知识准备

线路检查正确后，进行______。功率放大器和主机的增益全都调至__________，电子分频器的分频点、相位调到__________，前声场提升________输出，衰减________输出；后声场提升________输出，衰减__________输出。若采用电子分频器，功率放大器的频段全部调到__________。

调节频率时应注意________的频段有很强的方向感，决定声场______。前声场用高通，后声场用______________________________的带通。

增益（音量）调节。将测试碟片放入主机，将音量增益逐渐调高到______出现，再回调至__________。逐渐增加功率放大器音量增益，直到________的最高点，功率放大器的音量则____________，后续音量调节主要用____________调节。

调音是对________进行分割和调节，使________能均衡表现。可利用________进行调节，或使用套装扬声器上的________进行________分割。

汽车音响的声音应源自__________，前声场的高频扬声器尽量靠前安装，消除后声场________以上的高音及____________以下的低音。

三、操作步骤

1. 汽车音响调试方法

机型：主机+电子分频器+功率放大器+扬声器+超低音

增益设定：将主机的音量控制置________位置，将音量开至________，功率放大器音量增益关至__________，电子分频器输入增益调大至________位置，打开功率放大器输入增益，加大电子分频器输出增益直到扬声器出现________声，再降回少许。

开始调音：关掉前后声道________，单独听__________，调整__________，让超低音扬声器可自然运作，且没有__________________。调整__________的比例，将后声道音量调________，测试________的相位，在小音量时改变超低音的相位__________。正负反接或在电子分频器上有________选择开关，检查相位音量__________为正确相位。当所有的相位及频率范围都设定好之后再细致调整，超低音分频点设为________Hz，高通部分中高音扬声器分频点为________Hz。

2. 调音故障分析与排除方法

故障现象	排除方法
没声音	

（续）

故障现象	排除方法
扬声器盆体颤动不止	
只有一路声道有声音	
输出音量较弱或者声音失真	
在大音量时功率放大器自动切断	

通过上述分析，得出的结论：____。

四、实训小结

____。

实训项目16　FRP低音箱的制作

车辆型号	车辆识别代码	音响型号

一、实训目标

掌握FRP低音箱的制作方法，提高汽车音响改装水平。

二、知识准备

FRP低音箱以＿＿＿＿＿＿＿＿制成，其可自由＿＿＿＿＿＿，造型＿＿＿＿＿＿，有比较好的＿＿＿＿＿＿，外观优于＿＿＿＿＿音箱，但制作用时＿＿＿＿＿＿和费用＿＿＿＿＿。

聚酯树脂的优点＿＿。

聚酯树脂的缺点＿＿。

三、操作步骤

FRP的制作流程：＿＿。

1. 制作模具：通常为阴模，石膏模配方：＿＿＿＿＿＿＿＿＿＿＿＿＿＿＿＿＿＿＿＿＿＿＿＿＿＿。

① 用＿＿＿＿＿根据需要挖削成大概形状和车内接触的过渡面，反复对比挖削至＿＿＿＿＿＿＿＿＿＿＿。

② 用石膏在泡沫塑料上糊制＿＿＿＿，糊成＿＿＿＿＿形状干燥待用，母模为＿＿＿模。

③ 翻制模子：＿＿＿＿干燥后打磨顺滑，涂上＿＿＿＿，将石膏糊在母模至一定厚度，干燥后＿＿＿＿＿＿，此模为＿＿＿＿＿模。

2. 配制聚酯树脂涂料

配方1：＿＿＿＿＿＿＿＿＿＿＿＿＿＿＿＿＿＿＿＿＿＿＿＿＿＿

配方2：＿＿＿＿＿＿＿＿＿＿＿＿＿＿＿＿＿＿＿＿＿＿＿＿＿＿

3. 涂胶衣层：脱模剂完全干燥后，第一涂层为胶衣层，厚度为＿＿＿＿＿＿＿＿＿，分两次涂，第一层＿＿＿＿＿＿＿后再涂第二层。

4. 铺层糊制：待胶衣初凝，手感软而不粘时，铺上玻璃纤维刷上涂料，逐层叠加糊制，糊制过程中应＿＿＿＿＿＿＿＿＿＿＿＿＿＿＿＿＿＿＿＿＿＿。

糊制过程：＿＿＿。

5. 固化：糊制完成后，常温下固化＿＿＿＿h即可脱模，在60℃时＿＿＿＿h，在80℃时＿＿＿＿＿＿h。

6. 修整：脱模前先将超过模具边缘的________剪去或凿去，以便于顺利________。

7. 脱模：用____________制成的楔子轻轻楔入________间的恰当部位，撬动脱模。

8. 表面处理：一般用__________工艺处理，温度不超过______℃。

四、实训小结

____

____

____

____________________________________。

实训项目17　汽车CD音响改装VCD音响

车辆型号	车辆识别代码	音响型号

一、实训目标

1. 正确判断CD唱机是否适合改机。

2. 掌握汽车CD音响改装VCD音响的操作方法。

二、知识准备

汽车CD音响通过加装________可改装为汽车VCD音响。________从________截取RF信号，输入到________处理成解压芯片可解读的信号进入解压芯片，将____信号和______信号分离后分别输出，______信号经处理后输入显示器显示______，____信号回输到CD唱机中________电路的前级，并将从________输出的音频信号截断。

解码器类型：________解码器，独立于CD外存在，散热好，性能稳定；______解码器，嵌入CD唱机内剩余空间，电源靠CD唱机内供给，与CD唱机合为一体；布线少，价格低。

三、操作步骤

1. 判断CD唱机是否适合改机

（1）将VCD放入CD唱机内，若能____播放，说明该机______；若放入就______，说明该机________。

（2）打开CD机外壳，在CD工作时________，若声音________，说明该机______；否则，说明该机采用了__________技术，该机______。

2. 识别连接线

（1）电源线：____。

（2）连接线：____。

（3）视频输出线____。

（4）控制线：____。

（5）解码线：____。

3. 拆开CD唱机查找各接入点

（1）RF点：找到________，也有标注______、________、______和________。

（2）音频接入点：机芯与主板连接排线的插座旁，标记为________、______，也可按改机资料查询。

（3）搭铁线：无特殊要求，可按______说明查找。

4. 进行改机焊接

找到接入点，将______和______依次焊接，用______或______固定机内多余的线，再将______复原，改机完成。

有些机型的音频接入后，应断开 CD 唱机中来自________的音频，以免产生________；有些机型需找到其__________电路，解除其________功能；内置解码器由________取电，选取电源点应该靠近__________________。

四、实训小结

____

____

____

____________________________________。

读者沟通卡

一、申请课件

本书附赠教学课件供任课教师采用，可在机械工业出版社教育服务网（www.cmpedu.com）注册后免费下载；也可扫描二维码关注“爱车邦”微信订阅号获取课件。

爱车邦

免费下载　教学课件、学习视频、海量学习资料

- 扫描二维码，关注“**爱车邦**”
- 点击“粉丝互动”→“视频课件”

二、机工汽车教师服务群

任课教师可加入“机工汽车教师服务群”，与教材主编、编辑直接沟通交流。“机工汽车教师服务群”提供最新教材信息、教材特色介绍、专业教材推荐、样书申请、出版合作等服务。

QQ 群号码：633529383，本群实行实名制，请以“院校名称+姓名”的方式申请加入。

三、微信购书

扫描二维码进入小程序“**机械工业出版社有赞旗舰店**”，即可购买机械工业出版社汽车图书。

四、意见反馈和编写合作

联 系 人：谢元

电　　话：010-88379349

电子信箱：22625793@qq.com

地　　址：北京市西城区百万庄大街 22 号汽车分社

邮　　编：100037